社会権

人権を実現するもの

竹内章郎・吉崎祥司［著］

大月書店

目次

凡例

＊引用・参照した部分の直後の〔　〕内に、巻末の文献表で示す著者名またはこれとともに全集等の略号、および著作の発行年または全集等の巻数を、また必要に応じてコロンの後に該当頁数を示す。頁数は、邦語文献の場合は漢数字、外国語文献の場合は算用数字で示した。

＊引用文中の〔　〕内は、引用文の前後関係から確定しうる本書筆者による補足であり、引用文中の｛　｝内は、本書著者の解釈の入った補足である。

はじめに――社会権とは何か、なぜ再構築が必要か？

世紀の変わり目からこのかた、日本社会では、貧困がますます拡大し、生活と労働の困難と不安が多くの人びとを襲っている。

新自由主義の経済・政治支配のもとでの雇用保障と社会保障への破壊的なまでの打撃が、その直接の原因であろう。一九九〇年代後半から大がかりに展開された雇用政策・労働法制の改変によって、失業や非正規・不安定就業が大幅に増大した結果、貧困が激化した。社会保障は本来、失業や生計を維持できないような低賃金あるいは自営業の不振などにさいして、人びとが貧困に陥るのを防ぐことを、その最重要な機能の一つとしているはずである。しかし、失業や低処遇労働（あるいは倒産）と貧困とを遮断すべき社会保障の諸制度があまりに不備であるため（たとえば失業［雇用］保険を受給できるのは驚くべきことにわずか二〇％前後であり、給付の水準も低く期間も短い）、多くの労働者・勤労者が窮乏に追い込まれることになった。そこでは、この間の生活保護受給者の急増が示すように、失業と貧困が直結しており、社会保障が機能していないのである。生活保護基準に満たないワーキングプアが勤労世帯の二割を占める、という異常な事態が放置されたままでいる。そして、もともと劣弱であった社会保障・社会福祉のいっそうの削減・圧縮によって、母子世帯などひとり親世帯（貧困率五〇％超）・子育て世帯（四分の一強が貧困状態）をはじめとして、無年金・低年金高齢世帯（高齢世帯の貧困率は二〇〜二五％）や単身世帯などの困窮がますます深まっている。

このように、勤労階層の多くが生活と労働の著しい困難と不安にさいなまれているのにもかかわらず、しかし、そのことへの異議申し立ては全体としてさほど強いものではなく、事態の改善は見られない。

このような現状をもたらしている主な要因は、端的には、社会権が、制度としても社会意識・社会文化としても、そして思想や理論においても確立しておらず、むしろ衰退していることにある、と考えられる。福祉国家的基盤の脆弱さ、と言い換えてもよい。雇用や生活の保障に直接の責任をもつ福祉国家の事実上の不在と、国家にそうした責任を求める社会の一般的意識と理論的認識、つまり福祉国家的合意の未成熟が、人びとの今日の苦難を招いている。そして、社会権は、福祉国家の法的・制度的・理論的基盤をなすものである。既成の福祉国家の問題性や限界を克服する「新しい福祉国家」の形成が必要であり、その中核にある社会権の再構築が求められている。

1 社会権とは何か

あらためて、社会権とは何か。

実定法的には、社会権とは、日本の場合で言えば、憲法第二五条の生存権と社会保障権、第二六条の教育を受ける権利、第二七条の労働の権利、第二八条の労働基本権などである。ちなみに、労働基本権が団結権、団体交渉権、争議権を含むように、それらは大きな括りである。また、各国によって、社会権の内容、範囲、規定の仕方は多様である。

歴史的には、社会権は、二つの世界大戦の戦間期に、「現代的な基本的人権」としてワイマール憲法などに法定化された、というのが一般的な理解であろう。

それが「現代的な」基本的人権とされるのは、人身の自由、精神的諸自由、所有権の自由という「三位一体」的構成を中核として成立した「近代的な基本的人権」が、しかしその理念とは異なって「市民権的自由権」*にとどまり、自由と平等をすべての人間についてては実現しなかったことにもとづく。つまり近代的な基本的人権は、その個人的自由の普遍性の主張にもかかわらず、現実には、資本主義経済社会の論理に従い所有権の自由を基軸として展開したため、社会の大きな分裂と極度の不平等、構成員の多数の不自由をもたらした。そこでの耐えがたいまでの困窮と抑圧に、人道主義・博愛主義運動などを含む諸種の社会運動やアソシエーション運動、労働運動や社会主義運動、自由主義革新運動や科学的調査その他の知識人の活動などが対抗したのは必然である。さしあたりは社会保険の諸制度に結実する、それら批判や要求が現代的な基本的人権の端緒を開き、その中軸的内容として、近代的な基本的人権の体系の「不備」を「補い、修正する」社会権が形成されてきたのである。

＊ この「市民権的自由権」を、以下、吉崎執筆部分では「自由権」、竹内執筆部分では「市民権」(あるいは「自由権・市民権」)と表記することが多い。前者の問題意識は、主に、自由主義思想の歴史と現在における自由・権利観念を参照しつつ、一九八〇年代以降顕著となった自由権―社会権という枠組みでの憲法学・人権論(さらには社会保障法学)の問題性に即して、社会権の再建を考えるところにあり、いきおい「自由権」という用語を多用することになった。後者は、主要には、一九六〇年代後半からの法社会学的議論による市民法論や社会法論の難点と市民

主義的権利思想の問題性に即して、社会権の再興を意図し、私的所有権を核とする市民権と社会権との対抗を捉えてきたところから、「市民権」の用語を多く用いることになっている。この二つの用語が示す差異(理論次元の重なりと違い)はそれ自体、今後の社会権論において少なからぬ意味をもつと考えられ、あえて用語の統一を行わないこととした。

したがって、理論的には、社会権は、所有の自由や契約の自由など自由権の一部を制限することによって成立するところに、その基本的性格をもつ。近代的な基本的人権の理念である万人の自由と平等の実現を阻んだのは、中心的には、あるいは社会の基底的な論理としては、神聖不可侵とされた「所有権の自由」と、経済的強者による「契約の自由」の弱者への強制にほかならなかったからである。

もっとも、所有権の自由や契約の自由の制限を本質的な要素とするとはいえ、社会権は、歴史的にも実定法的にも、必ずしもその基本的意義において主張されてきたわけではない。資本主義社会体制の支配層にとって、資本主義の中心原理とも言うべき所有権の自由と契約の自由を制約する社会権は、余儀なくされた妥協あるいは社会統合のための譲歩でしかなく、それ以上のものではなかったからである。したがって、所有権への介入・制限という社会権の本質は、「公共の福祉」といった概念のもとで曖昧にされることを常としてきたのである。

市民権的自由権は、それだけでは自由を実現しない　とはいえしかし、市民権的自由権が、それだけでは自由の実現を保障しないという事実を否定することはできない。

たとえば憲法第二二条第一項は、「何人も、公共の福祉に反しない限り、居住、移転及び職業選択の自由を有する」と、居住の自由を保障している。自由権としてのこの権利は、「公共の福祉」に反しない限り、どこに住もうがその自由を侵すことは許されないことを定めたものであり、それ自体が重要な意義をもつことはもちろんである。しかし同時に、この権利はそれだけでは、住居を欠く人、家族生活にふさわしい住まいを必要とする人などの切実な要求に応えるものでも、一般に人としての生存と生活にあたいする居住を保障するものでもない。言うまでもなく、居住を確保するためには、さしあたり相当量の財産（所得あるいは資産）が必要だからであり、第二二条の居住の自由は、そこまでの権利を保障するものではない。

ところで、不労所得とか相続・親譲りの財産などのほかに、所得や資産を稼ぎ出すのは一般には労働や能力であるから、快適な住まいを得ることができるかどうかは財産と能力しだいと言ってもよいだろう。したがって、財産や能力に欠ける人、それらに恵まれていない人は、住まいの確保に困難をきたしたり、多少とも非人間的な住生活に耐えることを余儀なくされる。居住の自由を実質的に享受できるのは、一定の財産あるいは能力をもつ人びとにとどまり、最低限の居住に必要な財産を欠く人は、そもそも居住する権利をもたないことになってしまう。憲法が保障する居住の権利とは、現実には多くの場合、好ましい住まいを入手しうる財産やそれを稼ぎだす能力の持ち主、つまりは「私的所有者」の居住の自由を定めているにすぎない、ということになる。市民権的自由権は本質的に私的所有にもとづいている、と言われるゆえんである。

居住の自由は、ヨーロッパ諸国の多くが現在そうであるように、大量の公共住宅や社会住宅（安価な賃貸料のそれは居住者数等に対応した室数や面積など厳しい住宅建築基準のもとにある）の建設、あるいは実効的な住宅手当や家賃補助などが整備されることではじめて実質的なものとなるだろう。そうした施策が可能なのは、たとえばフランスに典型的であるように、人権としての「居住権」が社会権としても確立されている（一九九〇年ベソン法など）からにほかならない。そこでは、適切な住環境の整備は国家の社会的責任であり、社会保障の基本的にして重要な一部門である。

しかし、日本においては、憲法第二二条の「居住の自由」を具体化すべき居住の権利は法定されておらず（二〇〇五年社会資本整備審議会答申が「居住権は、包括的な権利として基本法制に定めることについての国民的コンセンサスがあるとはいえない」とするとおりである）、「住宅」は、社会保障の「関連分野」ではあっても、原則的に制度枠組みの外部にあるものでしかない。戦後早期から持家政策をこととする日本の住宅政策は、財政支出の質・量が如実に示すように、きわめて貧弱である。憲法第二二条に規定された居住の権利は、形式的なものにすぎず、ほとんど実質性をもたない。同様のことが、同じ第二二条の職業選択の自由や移動の自由にも、また学問の自由（第二三条）、思想及び良心の自由（第一九条）、あるいは信教の自由（第二〇条）などについてもあてはまる。職業の自由な選択のためには、各人が一定のそれなりの能力を備えていることが求められようが、そうした能力の形成には、家庭や地域、教育や文化などの良質の環境が必要である。だが、親の階層的境遇や階層間格差がそのまま子に受け継がれるという、教育や能力における「階層的再生産」が否定しがたいものとなっており、貧困の拡大が生活を圧迫しているのが現実である。そのような状況のもとでは、生活環境や教育・文化、情報など職業選択のための必要かつ十分な資源がすべての人に提供されることなどありえようはずもないし、職業教育や職業訓練事業もひどく立ち遅れている。学問の自由その他の精神的自由についても同様である。それらの権利の保障は、それだけでは、その種の能力や人格に恵まれなかったり、陶冶・形成の機会や条件を欠く人びとの自由を実現せず、放置したままにすることになる。その侵害や抑圧はけっして許されないという原理の表明として、学問や思想・良心、信教の自由などは、人間存在の基本的な要求と立脚点の一つを示すものであり、決定的なまでに大切である。しかしなお、そうした自由は、すべての人にとっての実質的な権利としては必ずしも機能せず、多くの人びとに真に享受されるものになっていない。

市民権的自由権は、それだけでは自由を実現しない。社会権がなければ、普遍的な自由はありえない、ということである。

市民権的自由権の問題性の核心と社会権の本質　以上によって、市民権的自由権と社会権との本質的関連、市民権的自由権の問題性と社会権の本質的意義が明らかになるだろう。

すなわち、市民権的自由権の「不備」の核心は、この権利が、財産であれ能力であれ、「私的所有」の有無・程度に依存していることによって、それだけではすべての人の自由を保障しないということにある。つまり市民権的自由権は、私的所有を基礎に据えるという本質的制約性をもっているのである。言い換えれば、この権利は、「私的所有」を前提としたうえで自由を権利として保障したもの、つまり、自由の侵害・抑圧は禁止するが、自由が実現されるか否か、その実現の程度などは各人の私的所有の有無・多寡にゆだねた(放置した)ものとして、「私的所有に基礎をおく権利」なのである。

それゆえ、自由の実現のためには、所有の有無・多少に左右されない社会権の介在が不可欠となる。社会権がなければ自由権は自由を担保せず、真正の市民権的自由権は社会権なしでは実質化されえない。そのようなものとして、社会権は市民権的自由権のたんなる補完物ではなく、また、市民権的自由権を一般的前提とする二義的なものでもない。すなわち、社会権は、たんに市民権的自由権の「不備」を

「補い、修正する」ものであるというよりも、その全体を媒介するものである。

こうして、社会権の核心は、市民権的自由権によっては保障されない私的所有（財と能力）の不備・不足の補塡、および所有権の力（契約の実質的強制など）の規制・制御にある。つまり、市民権的自由権の一部（しかし、基軸となる部分）を社会権が制限することではじめて、平等な自由の実現が可能になる。もちろん、社会権は精神的自由や人身の自由を制限するものではなく、また対等な個人間での自由な契約そのものを否定するのでもない。

社会権が拓く地平　資本主義の社会関係のもとでは、一般に、社会権のこのような理論的本質が露わに示されることはない。しかし、日本の場合も含め、実定法上の社会権規定は、以下のように、その基本的特質を相当程度明瞭に示していると言ってよいだろう。

すなわち、社会保障は、財源としての累進課税や法人課税、高額所得付加税・富裕税や相続税などの「再配分」*によって、つまり所有権を制限することで実現し充実しうるものである。万人の自由は、そうした社会保障の権利としての確立という基礎のうえに築かれる。その第一義的要件は、もちろん、生存権（「健康で文化的な最低限度の生活」の保障）の確保である。

＊　経済学などでは財貨に関することを中心に、distribution の訳語には「分配」が使われることが多いと思われるが、本書では、たんに経済的なものにとどまらず、権利や物質的なものには限られないグッズに関することを含ませる観点から、「配分」という用語を用いる。これは、J・ロールズなどの正義論が長らく「配分的正義論」とされてきたこととも つうじており、社会哲学的にはかなり一般化している用法であると考える。もっぱら財貨に関するような「分配・再分配」についても、用語の混乱を避けるために「配分・再配分」に統一した。

また、まっとうな労働に従事する権利、労働権と、そのための労働基本権は、私的所有権のコロラリー（系）としての「契約の自由」という権利の制限によってはじめて、十全に成立する。権勢を握る雇用主と、一般には無力な個々の労働者との関係では、労働者が簡単に失業したり、劣悪な労働条件を押しつけられたりするのは火を見るより明らかである。そこには、対等な当事者間の自由な契約など存在しない。両当事者間の力関係は最初から不均衡なのであり、労働者は「従属性」を刻印されている。そこから、個々人としては非力な労働者が労働組合などによって団結し、雇用主と対等に交渉し、契約する権能をもつことが要求された。労働運動や社会運動のこうした要求が、労働者階級の悲惨までの実態と世論を背景として、労働基本権を成立させることとなった。

同様に、教育を受ける権利の前提にあるとされる教育の自由は、教育に対する不当な侵害を禁じるが、それだけでは、教育の自由の本質をなす人間（子ども・ひと）の発達の権利（学習権）を保障するものではない。たとえば、世界の多くの国々がそうであるような無償の教育や給付制の奨学金制度（「利子付貸与！」の日本）、そして普遍的にして実質のある児童（家庭）手当等（すなわち再配分）によって担保される、教育を受ける権利の具体化によってはじめて、教育の自由の基礎的条件が整えられるのである。

2　日本における異様なまでの社会権の蹂躙

「国の最高法規」である憲法が、国際的にもまれな生存権の明文化をはじめとして、いくつかの社会権を明確に規定しているにもかかわらず、しかし、日本社会においては、社会権の毀損があまりにもはなはだしい。

第二五条第一項の「健康で文化的な最低限度の生活を営む権利」がすべての国民に保障されているとはまったく言えず、同二項で国家の推進義務とされた人権としての社会保障や社会福祉が真摯かつ積極的に追求されているとはとうてい認めがたい。

それ以下では最低限度の生活がかなわないという生活保護基準を下回る貧困世帯が全世帯の四分の一弱を占め、国民の六人に一人、二〇〇〇万人超が貧困状態（一人あたり年収が一二〇万円強の「貧困線」以下の生活）におかれ、ワーキングプアが勤労世帯の二割を超え、今や二二〇万人に達する生活保護の捕捉率がじつは一〇～一五％にとどまるという事態、子どものいる世帯の四分の一が貧困のもとにあり、なかでも母子家庭などひとり親世帯の貧困率が五割を超えて、ＯＥＣＤ諸国中の第一位である等々の現実は、生存権の蹂躙を物語ってあまりある。

そして、もともと低水準であった社会保障のいっそうの削減（社会福祉・社会保障の「基礎構造改革」）が次から次へと、あたかも公然と棄民政策に転じたかのような勢いで遂行されている。社会保障の大幅な後退、雇用保障と生活保障の解体的縮小が、現在のすさまじいばかりの貧困の激化と格差の拡大を招いている。一般にヨーロッパ諸国などでは、縮減を余儀なくされながらも、今なお、ほぼ無償の医療費や教育費、金額・給付期間ともに相当に充実した児童（家族）手当や大量の社会住宅建設と住宅手当・家賃補助などとあわせて、老齢年金や障害年金、失業給付や傷病手当、公的扶助（生活保護等）などの社会保障制度が「最低生活保障」機能をもつものとして構築されている。ところが、日本の社会保障は、最低生活保障機能をもった諸制度を整備するどころか、きわめて不十分な現行制度をいっそう後退させている。そこから、たとえば失業が貧困に直結するような事態（雇用保険の受給率はなんとわずか二割で、しかも給付は低水準であり、まったくの無保障の二〇〇万人以上の失業者が恒常的に存在する、など）が広範に生じることになった。その帰結として、「世界第三位の経済大国」でありながら、二一世紀初頭の日本では、生活苦による自殺や過労死、不法・脱法の生活保護行政に起因する餓死、介護殺人や心中、虐待、保険料や窓口負担の困難ゆえの病死や受診抑制等々が頻発するという、他の「先進国」に例を見ない、驚愕すべき異常事が頻発している。そしてそのことが、一般には日本社会の戦慄すべき痛恨事として受けとめられていない。

第二六条において、すべて国民は、「能力に応じて、ひとしく教育を受ける権利を有する」とされているものの、子どもの一六％超、三五〇万人以上が貧困のもとにあり、その貧困が親から子へと継承されるという「貧困の連鎖」のもとで、教育を受ける権利は、すでに教育機会においても、教育資源や教育環境においてもはなはだしく不平等である。いわんや、多様な子ども「一人ひとりの発達の必要に応じた」教育（「能力に応じて」という規定はそのように解釈されてきたはずである）を受ける権利の享受などは、多くの子どもにとっては画餅に等しい。しかし、教育を受ける権利もまた、教育をめぐる格差や貧困の再生産が少なからず議論にのぼり、また家庭における最重要で切実な問題の一つと感じられながらも、社会的重要事として対処されることがあまりに少ない。それどころか、日本は、税や社会保障による再配分後の貧困率が、ＯＥＣＤ諸国中最も改善されない国の一つである。

そして、「すべて国民が、勤労の権利を有し、義務を負う」と第二七条が保障する労働の権利も、リストラなどによる常時三〇〇万人前後の「完全失業者」に加え、今や勤労階層の四割を超える非正規雇用すなわち不安定・低処遇労働の蔓延によって、多くの人びとにとって生活の維持すら困難な現実の前に、まったく無力なものになり果てている。他方、正規雇用労働者も超長時間・過密労働と低賃金など劣悪な労働条件のもとで苦吟している。年収二〇〇万円以下層が被雇用者のうちの少なくとも一一〇〇万人以上を占めている。それらの極北に、事実上無規制のまま放置されたブラック企業が横行している。権利としての労働権、まっとうな雇用保障は崩壊しており、多くの人びとにとって、労働は人たるにふさわしいもの (decent work) とはなっていない。さらに、労働基本権の侵害も、公務員の権利剝奪をはじめとして、はなはだしい。

これらを社会権の毀損、破壊と言わずして何と言おうか。

3 福祉国家の事実上の不在

こうして、一部の大企業が高利潤・強蓄積を確保しつづけ、富裕層が肥え太る一方で、勤労階層の多くが異様なまでの生活苦・労働苦やその不安をかかえて生きている。そして、そういう事態がまかり通っているにもかかわらず、日本では、この状況に対する社会的批判や抗議の声、抵抗の運動があまりにも弱い。

その理由は、中心的には、雇用と生活の保障に関しては国家が責任をもつ、という政治制度と社会的合意の未成立に求められるだろう。言い換えれば、福祉国家の事実上の不在が現在の窮状をもたらしている。そして、福祉国家の制度と理論の基盤として、その中核にあるものこそ社会権なのである。

雇用と生活に関しては国家が責任をもつという福祉国家的合意が日本で形成されなかったのは、戦後政治において、労働階層の雇用と生活の保障および福祉の大きな部分を企業が担い、農民・自営業者や困難をかかえる「地方」にはそのつどの補助金・交付金等によって対処することで（いわゆる「開発主義国家体制」による福祉国家の代行）、国家による公的な社会保障制度の整備・充実が怠られ、追求されなかったことによる。

企業においては、「日本型雇用」が社会保障と社会福祉の機能を代替した。右肩上がりの年功序列賃金が子育てをともかくも可能にしたし、終身雇用は失業保障制度の必要を切実なものとしなかった。医療や年金、住宅に関する企業内福祉が負担をある程度は軽減したので、これらの公的保障に関する要求も強いものとはならなかった。

福祉国家的合意の不在　そこから、企業別に組織された大企業正規労働者中心で、労使協調主義的な労働運動主流のもっぱらの関心は、企業利益の増大を大前提とした、企業の枠内での賃金の獲得・上昇と相対的に安定した雇用の保障となった。したがって、労働運動の大勢は、国家による雇用と生活の安定の保障という要求を重視するものではなかった。また、社会主義運動その他の批判的社会運動も、福祉国家が、帝国主義戦争のための国内福祉の充実という歴史的来歴や資本主義の延命策としての譲歩といった二面性をもつこと、また「日本型福祉社会」という欺瞞の横行などから、一般に、福祉国家への合意に関しては否定的ないし消極的であった。

こうして、福祉国家の充実した社会保障や社会福祉の施策が行われず、労働運動をはじめとする社会運動もそれを強く要求しないとなれば、国家による雇用や生活の安定の保障を当然とみなし、社会権を重視する社会意識・社会文化、世論が育ちにくかったのもゆえなしとはしないだろう。ヨーロッパ型福祉国家の基礎には、たとえ労働の能力と意欲があったとしても人びとは貧困に陥りうる、という歴史的な経験と事実があった。したがって、稼得と社会保障の両方で生活を営むのがあたりまえだと観念され、社会権に関する意識も高い。ところが日本社会では、「労働能力と労働意欲があれば市場収入で最低生活は可能だという大前提」［後藤　二〇一一：二〇四］に立ってきた。そこから、一般に社会保障は、一時的であれ恒常的であれ、労働能力の喪失という例外的事態に備える以上のものではないという思い込みが醸成され、人権としての社会権という感覚も弱いままだった。

社会のこのような意識状況はまた、日本の知的世界に特有の福祉国家忌避、ひいては国家一般の忌避感とも言うべきものによってもたらされた。基本的人権とは国家権力に対抗するものとしての市民権的自由権にほかならないという伝統的観念が、国家権力の行使による（自由の前提・条件としての）社会保障の実現（福祉国家）という命題の承認をいまだにためらわせていると言えばよいだろうか。この種の感覚が、社会保障権や労働権などの社会権に対する低い評価や無関心、事実上の無視を導き、貧困・生活苦の急増や雇用の破壊・労働苦への思想的・理論的批判を極端に鈍いものにしているように思われる。

そして、現在の日本社会の問題性をもっぱら自由の侵害に見出し、社会保障をはじめとする福祉国家的施策を相対化ないし軽視するこうした傾向は、社会権を人権として確保・確立すべき法学者たちの間でも目立つようになっている。一方で、鋭い社会批判で知られるリベラリスト法学者が、「保護か自由か」という誤った二項対立を設定して、「国家による保護」を内実とする福祉国家は自由を抑圧するとまで主張し、他方で、社会保障における「有責な主体」とか「貢献」原則（受益は負担を伴う）を広言する憲法学者や社会保障法学者が輩出する、といった体たらくである。趨勢であろうか、生存権や労働権などの社会権のこれほどの蹂躙・毀損に対しても、憲法学や人権論からの批判はあまり聞こえてこない。日本でとくに強い知的世界の国家忌避感も、福祉国家的合意の成立と社会権の確立を阻んできたように思われるしだいである。

こうして、一部を除き、労働運動や社会運動からも、社会意識・社会文化としても、また思想や理論の世界においても、大勢としては、福祉国家や社会権に関する合意は得られていない。そのことが、強蓄積を凶暴なまでに追求する資本―国家の論理の攻勢とあわせて、福祉国家の事実上の不在と社会権の機能不全をもたらした。そして、新自由主義の経済・政治政策によって、日本型雇用が崩壊し、もともと脆弱な社会保障が大幅に削減されるに至り、貧困や不安的就業が一挙に深刻化したのである。

新しい福祉国家の形成と社会権の再生・確立　それゆえ、依然として福祉国家の構築、福祉国家的合意の形成が、日本社会の今日の深刻な危機を切り拓く最重要の課題であろう。その場合もちろん、さまざまな重要な問題性をはらむ既存の福祉国家の再建が期待されるのではない。既成の福祉国家に刻印されたジェンダー・バイアスや管理主義的・官僚主義的傾向、一国主義ないし先進国中心主義、経済成長主義などの克服は必須であり、「新しい福祉国家」が展望されなければならない。そして、新福祉国家を日本で構築するさいの理論的課題の端緒でもあり、また中心でもあるのが、社会権の再生・再建である。

本書の主題は、主に貧困と生活困難の急増に関わる上記の諸要因をふまえて、社会権のとくに思想的・理論的課題に迫るところにある。福祉国家の制度と理論・思想の基盤である社会権の意義と性格、根拠をあらためて解明し、これを基本的人権として真に確立すること、そして、社会権の相対化ないし実質上の無視といった社会理論・思想の現在の趨勢に抗して、社会権の復権をはかり、市民権的自由権と社会権との真の統一（「制約された市民権的自由権」と社会権との統一）の可能性を開くべく、市民権的自由権と社会権をめぐる基本的な諸問題を解明することを本書はめざしている。

二〇一七年一月

吉崎祥司・竹内章郎

第Ⅰ部　近代主義的な権利思想の問題性
——自由権・市民権の偏重と社会権の相対化

第1章　近代主義的な人権論の限界——社会的自由主義からの問い

はじめに

日本の憲法学なかんづく人権論の領域では、人権論の近代主義的構成とも言うべき思潮が有力である。この傾向は、他の社会諸科学や全般的な思想動向から見ればいささか奇異にも映るものだが、近年はとくにその影響力を増しているようにさえ見受けられる。しかし、人権論の近代主義的構成は、結論的には、すべての人間の人権の実現・確保という、人権理念の根元を危うくしかねないものと言わざるをえない。人権論の社会的機能が、法的実践、法解釈や法技術への連接という点で、社会諸科学のなかでも抜きん出て大きい現実的効果をもつと思われるだけに、看過しえないものがある。

ここで人権論の近代主義的構成とは、さしあたり、第一に、人権の根拠をもっぱら個人の人格的自律性ないし人格的自律能力（理性）に求める立場であり、第二に、人権を（実質的に）自由権に限定する、あるいはもっぱら自由権の優越を主張する立場である。そして、これらの立論を背景としあるいは触発されて、第三に、社会権を自由主義的に解釈しようとする傾向が目につくようになっている。前者は、社会的弱者・少数者の人権の無視ないし軽視に結果する可能性があり、後二者は合して、現に進行しつつある、生存権や社会権一般の相対化ないし軽視と、福祉国家の否認につうじている。

人権論において近年顕著なこうした傾向の震源は、おそらく、国家や社会の権力のいっそうの強大化と、そのための閉塞状況の絶望的なまでの深化という日本の現況のもとで、個人の自由をいかに確保するかという問題意識にあろう。だがそれはたんに、理論的な典拠としての古典的な個人主義的自由主義の再現とその啓蒙ということにはとどまらず、現実的な帰結として、今や現代の支配的イデオロギーとして君臨している「新自由主義 Neo Liberalism」への(いささか)安易な同調という機能をさえ果たすようになっている。

そのさい躓きの石となったのは、自由主義内部の思想的・理論的葛藤を経て成立した社会権ないし福祉国家の思想的基礎と歴史的経験に関する認識の欠落と関心の欠如であった、と思われる。それゆえ人権論の近代主義的構成に対して、自由主義の内部からの自由主義革新思想としての「社会的自由主義」の諸命題を対置することが有益であり、必要でもあろう。なぜなら「社会的自由主義」は、既往の古典的自由主義の根底からの内省的批判のうえに、福祉国家の理念的基礎や基礎思想を骨太く、先駆的に提起しているからである。

1　人権論の近代主義的構成

（1）「人権」の基礎としての「人格的自律性」――「自律能力基底的人権論」

一九八〇年代（とくに後半）以降、憲法学・人権論において人権の基礎を個人の人格的自律におく見解が有力になっている。

その主唱者、佐藤幸治によれば「人権とは、人間の人格的自律 personal autonomy に基礎をおき、そうした自律を全うせしめるためのものである」［佐藤　一九八九：八〇］。なぜなら、「人間を尊厳をもった存在と考えようとすれば、人間を人格的自律性をもった存在と考えなければならない、という前提から出発」［同：八五］せざるをえないからである。そのさい人格的自律能力には潜在的なもの、「潜在能力」も含まれる（「拡張自律説」）。つまり自律能力が不十分ではあっても、人権の享有主体から排除されはしない。また諸個人が〝自己の生の作者〟となるには、その前提となる社会的・制度的諸条件、つまり「自律的な生の条件」、理性的な諸活動に「ふさわしい生の環境」とくに「十分な選択肢」の存在を無視しえないところから、社会権や政治的権利も人権として承認する。別言すれば、自律した個人といえども〝挫折〟することがあるから社会権があってよく、集団のなかでの自己確証や個性の彫琢が個人の自由をもたらす面もあり、国家権力への対抗力という機能をもつことなどから、集団の意義を否定する必要もないことになる（［佐藤　一九八七］も参照）。

このそれなりに目配りのきいた、いわば無理の少ない構成により、人権の基礎を従来のように〝抽象的な「人間の尊厳」〟にではなく、人格的自律性・自律能力におく理解（「自律能力基底的人権論」*）は、憲法学・人権論研究の主流を占めつつあるかのようである。

＊「自律能力基底的人権論」「拡張自律説」や後出の「真正自律説」「リベラリズム社会権論」などの用語は、笹沼［一九九六：一八七〜一八八］による。

そうした佐藤理論に対して、より先鋭に人権の基礎を強靭な一個の自立・自律した個人に求めるのが、奥平康弘や樋口陽一である。彼らにとって本来の（厳密な意味での）人権とは、もっぱら近代の初頭にその範型を見る自然権的自由権にほかならず、その主体は国家権力に対抗して屹立する、理性ある「一人前の人間」あるいは「強い個人」でなければならない（「真正自律説」）。

奥平によれば「〝ヒューマン・ライツ〟論で前提とする主体（agent）」は、「一人前、すなわち最小限の程度において理性的な判断能力を具えている者、もっといえば、関連情報が与えられることにより、自分の行為の目的を自主的に選択し、目的適合的であるためにはなにが必要かということを自主的に判断して、自己の責任において行為する主体を意味する」［奥平　一九九八：一三七］。ただし「すべて人間は、この意味での一人前とはいえない」ことは言うまでもなく、「こども、ある種の老人、精神障害者、脳疾患者などは、善かれ悪しかれ、この点で欠けるところがある」［同前］。そこで、「むしろこどもの権利あるいは老人の権利は、あらゆる人間に普遍的に平等に与えられるべき権利という意味での〈人権〉であってはなら」［同：一三八〜一三九］ず、「特殊な利害関係を持つひとびととの特殊利益を解決することが、そのひとたちを適切に、それこそ人間的に遇するみちだと考えられる場合には、この人たちには、平均人の〈人権〉をではなくて、立法によって特別な権利を付与し、制度の適切な運用をはかることが、より大事である」［同：一四四］。

同様に樋口にとっても、厳密な意味では人権とは、「狭義の〝人権〟、人一般としての個人、身分制共同体から解放されたと同時に放り出された、doppelfrei な個人を享有主体とする人権、という観念」［樋口　一九九四：六六］を意味する。つまり「狭義での人権の観念は、身分制共同体から解放された意思主体としての個人、自己決定をし、その結果に耐えることのできる自律的個人を想定していた」［同：七二］。ここでも、「しかし、いうまでもなく、そのような〈強い個人〉は擬制であり、実際の生身の人間は、弱い存在であった」［同前］。そうした「〈強い個人〉の擬制の破綻をカヴァーしようとする」のが、かつては「弱者の団結」であり、当今は共同体やエスニシティだが、「しかし、それは、〈強い個人〉の回復がない限り、かえって、個人そのものをものみこんでしまう結果となるだろう」（［同：七二～七三］。なお、より仔細で慎重な自説のその後の展開として、樋口［二〇〇四］を参照）。

とはいえ、そうした「強い個人」の人権は、尊厳死や中絶、生命操作などの生命倫理的問題状況にその一端が表出するような大きな困難、つまり「個人の自己決定という形式と、個人の尊厳という実質価値の不可変更性との間の緊張」［樋口　一九九四：七四］という「近代のアポリア」にとりつかれている。「しかし、〝近代〟の〝人権〟にふみとどまろうとするかぎり、諸個人の意思によって自然を構成しようとするデカルト以来の主知主義を、放棄することはできない。……人間だけが持つはずの、諸個人の理性を前提とする自己決定の原理を承認するかどうかは、決定的な分岐となる」［同：七七］。こうして現実の「弱い個人」は、「強い個人」たるべく、あくまでも耐え抜くことが求められる。けだし国家と個人という二極対立構造のもとで、しかも日本の場合とくに、企業が社会的権力として猛威をふるい、それに対抗すべき労働組合などの頼るべき中間団体が弱いという現状においては、国家に対抗しうる「強い個人」の確立なしには人権は確保されない、ということだろう。

人権を近代初頭の自然権的な（しかも特殊にフランス的な含意の）それに求め、あくまでも国家に屹立する個人の確立を重視するこのような理論それ自体は、どこまで行ってもたんなる啓蒙主義でしかなく、弱者の実質的排除に手を貸すという批判もあってか、憲法学界において必ずしも支持されてはいないようである。

もちろん、リベラリスト法学者として、戦前日本への痛切な反省から思想や表現の自由の確立を主張し、また九条改憲の動きに対して理論的にも実践的にも大きな影響を与えてきた奥平・樋口らの貴重な業績は尊敬すべきものである。しかし、だからこそ佐藤理論などと合して、「自律能力基底的人権論」の影響力の拡大と通説化に寄与するところが大きかったように見受けられる。*

＊　現代日本の人権論の布置・論争状況を、近接の思想動向もあわせて俯瞰するには、渡辺［一九九七］が有益である。

（2）「人権」の「自由権」への限定──「限定的人権論」

奥平や樋口などの人権理解が、社会権や参政権を位置づけがたい点は容易に推測される。

奥平によれば「ふつうならば、たんに〈権利〉と称することで必要かつ十分であるような有象無象のもの」が「人権」と称されまかり通っている（人権のインフレ化）が、「社会権や参政権が〈人権〉たるべきであるということの実体的な正当化」がないにもかかわらず、「現代における時代の要請」などの曖昧な理由で人権に数えられるのは認めがたいのであり、それらは「〈人権〉概念に包摂されねばならないゆえんを」提示せねばならない［奥平　一九九八：一二三〜一二四］。だが「すべての人間が平等に有するもの」、「人間という資格要件以外には、一切の要件なしに、万人に普遍的に平等に保障された権利」［同：一二四、一三六］としての「人権」、つまり「権利一般ではなくて、こと〈人権〉については、その主体は、個（individual）としての自然人でなければならない」［同：一三七］。

それゆえ「法人の人権」などありえようはずもなく、「人間集団が集団として〝ヒューマン・ライツ〟を持つことを論証しえているものはない」。「労働者が個々人として組合結成に参加するのは〈人権〉とはいえても、集団としての労働組合の団体交渉権および団体行動権のほうは〈人権〉といえるかどうか検討を要する」［同前］のであり、「労働者の集団的〈人権〉」には疑問がある。労働基本権に関わる問題は、人権ではなく、むしろ「制度の適切な運用」の問題とすべきだ、というわけである。

樋口もまた、「結社からの自由が人権の論理の基本におかれなければならない」［樋口　一九九四：六七］という前提から、「法人の人権」一般の否定とあわせて人権としての労働基本権を否定する。労働基本権は「ほかならぬ労働者の権利であって、人一般の権利ではない」。もっとも「だからといって、ここで人権ではないとされた権利が、重要でないというわけではない。しばしばその反対である」［同：七二］。がしかし、労働基本権は、国家に対抗する決定的「切り札」として機能すべき、厳密な意味での人権ではない。そもそも中間団体が国家権力への抵抗要素として働くことがなく、むしろ逆にしばしば国家権力と一体化して、企業社会秩序を維持・強化するかたちで機能しているのが労働運動を含めた日本の現状であってみれば、歴史的にばかりでなく、現在なお、「集団の権利」を積極的に主張すべき理由はない、ということだろう。

こうして労働基本権は、両者において、人権は個人の権利以外のものではありえないという理由で明瞭に(あっさりと)否定されるか、あるいは「狭義の人権」つまり本来の「人権」と、「その他の権利」(いわゆる「憲法上の人権」)の区別において、「人権」にあらざるものとされる。ちなみに個人に帰属する権利のなかでも、「政治的結合=国家の意思形成に参加する権利は、人一般を主体とする権利(droits de l'homme)ではなく、市民の権利(droits du citoyen)」だという理由から、樋口は政治的権利を「人権」としては否定するが、奥平もまた、統治システムに左右される「選挙権は人権ではない」とする。

「人権」としての「生存権」の評価については、必ずしも分明でないが、人権の主体を自己決定し、その責任をもつ、理性的な個人、しかも「自然人」として措定する限り、「生存権」をはじめとする社会権が、「特別な権利」や「制度の適切な運用」の範疇で捉えられはしても、「人権」とみなされていないことはほぼ間違いのないところだろう。

こうして人権の「自然権的自由権」への理論的限定を核としつつ、人権としての生存権・社会権の相対化や否認が進んだ。一方で、戦後日本の社会状況への関与においてもてはやされた「自由権から社会権へ」というスローガンのいわば一人歩きにより、人権としての根拠づけが不十分なまま肥大化した社会権は、個人の自由を確保する「切り札」たるべき人権の意義と効果を減殺してしまった、と論難される。他方で、人びとを国家による保護の受動的な受益者化するので、自律的主体の自己形成を妨げている、と難詰されたりもする。

(3)「社会権」の自由主義的解釈——「リベラリズム社会権論」

人格的自律性による人権の基礎づけと、生存権をはじめとする社会権の相対化・見直しという風潮のなかで登場してきたのが、社会権の自由主義的解釈、「リベラリズム社会権論」である。「限定的人権論」が、さしあたり社会権の相対化・軽視や無視にとどまるのに対して、「リベラリズム社会権論」は、社会権の基礎に自由権を据えて、というよりもむしろ、社会権をいわば自由権そのものとして解釈し直そうとする。社会保障法の領域でも、この法の主体を、保護の客体ではなく「自律した個人」とみなすべきであり、またその目的をたんに国民の「生活保障」というより、「個人の自律の支援」におくべきだとする主張(たとえば菊池馨実)が広がっている([笹沼　二〇〇七a：三四]など参照)が、憲法学・人権論におけるこの種の立場の典型はおそらく西原博史だろう。

西原によれば、「生活事故防止」のために、個人の生活への介入を「国家に義務付けることは自由を根本的に脅かす」[西原　一九九六：一四九]。とりわけ、「最低限度」(はやむをえないとしても、それ)を超える生存権の主張は、個人を「単なるお仕着せの〈保護〉の提供を受ける客体の地位に転落」させ、「保護の論理が個人の自由を押しつぶす点」[同：一五〇]への反省がない。「福祉」が「人権」の原理と関係すると言うのなら、「そこでの目標は、上から保護されることによるとりあえずの物質的豊かさではなく、自己決定を支援するという方向性をもつはずのものである」[同：一五八]。さらに、「給付の受け手の権利」としての社会権一般についても、「給付請求権を構成する場合、受け手の要求するものが決定的な指針を提供する枠組みを意識的に確立しない限り、必要な保護の内容が上から一方的に認定され、保護の受け手の自由と自律性は切り詰められる」ことになる。これは、「均質性が主要な要素とされれば、個別的な自由・自律・自己決定の要素は必然的に排斥される」〔同：一四二〕ということでもある。

西原は労働基本権についても、本来、何よりもまず労働者の連帯・自律の表現として捉えられるべきであるにもかかわらず、これまで労働基本権を生存権として、「労働者の生活向上の手段」〔同：一四二〕として把握してきたことが、この権利を、国家による保護を求める権利へと変質させてしまった、とする。「団結権の手段的把握を基礎にするパターナリスティックな理解は、労働者個人の自律性を必然的に踏みにじる」〔同：一二五〕のであり、かくして、パターナリズムの克服が、労働基本権をむしろ自由権として構築すること、国家による保護を求める権利ではないものとして把握することが必要だ、と言うのである。

このように社会権を自由権に基礎をおくものとして、あるいは自由権そのものとして把握し直すべきなのだが、じつは「現実として、この理念を組み替える動き」が「八〇年代以降、国民の〈責任〉を求める傾向」として強まってもいると西原は言う。「福祉の見直し、規制緩和」には、国家の責任に帰すべきものの切り捨てという側面もあるが、「日本社会が成熟することによって、国民がお上に頼らずに自ら担えるようになり、それが国民個人の手に戻ってきたような事柄」が規制緩和のなかにはあり、「そうした要素は、自律の原理からポジティヴに捉えることもできる」。かくして、「国家の任務」は以下の三点に集約される。（a）「生存権のもともとの形である最低限の基準による自律のための物質的・教育的基盤の保障」、（b）「国民の自己組織化に対する支援とも呼べる公権力の任務領域」、（c）「自己の責任で選択できる範囲の拡大」たる「規制緩和」〔同：一五八～一五九〕*。

＊　だが、社会保障・福祉の「最低限度」への制限や安上がりのボランティア活動の推奨といい、また「規制緩和」の肯定といい、これはまさしく新自由主義そのものである。たとえば福祉の「最低限度」への圧縮が、生活保護の受給申請さえ認めない行政圧力によって少なからぬ餓死者をもたらし、また、「労働法制の規制緩和」が、非正規雇用の急増と一一〇〇万人を超えるワーキングプアを生み出したのではないのか(菊池馨美における「貢献原則」＝「応益負担」導入の推奨、労働法制・雇用政策における「個人のサポートシステム」や「キャリア権」の構築への賛同等々も同様である)。西原らばかりではない。たとえば、憲法第二五条「生存権」にもとづく生活保護給付は第二七条「勤労の義務」を前提とする、という「改釈」による生活保護給付の極端な抑制とその結果についての責任は、多くの法学者が共有すべきものでもあろう。ちなみに、この種の立論の背景には、「働かざる者」すべてを「怠け者」へと貶め懲罰的な救貧対象として処遇してきた、プロテスタンティズム流の勤労観があるが、自覚されていない。なお、この種の諸問題について、後藤ほか［二〇〇七］、竹内ほか［二〇〇六］などを参照されたい。

にもかかわらず、現実にも法の世界においても、保護への依存という傾向が抜きがたく、保護をつうじた権力の恣意的支配を招いている。そして、物質的利益のためのそのような受動的服従が全社会的に自由の抑圧を構造的にもたらしている現状がある。そうであれば、今や「少数派の自由にこだわる」しかなく、「国家と社会の二元性にこだわり続け、国家の介入を原理的に排除する私的領域の存在に固守する、ある意味ではあまり現代的とはいいかねる立場にしがみつく以外に、様々な様式で個人を取り巻く現代国家に対して個人が自らの自律性に対する承認を迫るための道筋は確保できないのではないか」［西原　二〇〇七：三〇三］というのが西原の心境であるらしい。かくして西原は断言する。生存その他「国民各層に関わるような課題については、民主的政治過程の中で処理すればよい」、つまり立法や行政にゆだねればよいのであって、人権はもっぱら「侵害されてはならない個人にとって最も基本的なものを守るための仕組みとして組み立てられている」〔同：三〇三〕、と。

こうして、これら一連の理論傾向は、第一義的に個人の人格的自律の確立という自由主義の古典的課題の再措定を人権論に要求するものとして、そして、「近代のアポリア」（自律・自己決定と人間の尊厳との間の矛盾）に面して「現代」が施した修正・付加である「人権としての社会権」を相対化・軽視ないし否定するものとして、「人権論の近代主義的構成」と言わなければならない。「近代主義」は、いくつかの（だが重大な）留保を除けば、抽象的には、正当性の外見をもつものではある。しかし、たとえば近代の人権の主体は「財産」と「教養」そして「家父長制＝家産制」を基盤とする成人の男子でしかなく、そこからは労働者・貧民、女性と子ども、植民地住民と召使等々は排除されていた、という（樋口らもたしかに承知している）決定的な事実とその構造的要因が、近代主義において原理的ないし根底的に吟味されたことがはたしてあっただろうか。さしあたりここでは、近代主義の啓蒙主義的課題の成否はその点に（つまりは、「平等」についての感受性の有無に）かかっている、ということだけを指摘しておきたい。*

＊「近代主義」についての総括的な内在的批判として後藤〔二〇〇六〕を参照。

2　人権論の近代主義的構成への批判的対置

人権論の近代主義的構成に対しては、すでに笹沼弘志による全面的な批判と理論的オルタナティヴの提起がある。

（1）近代主義的人権論への批判とオルタナティヴ

笹沼の詳細かつ周到な批判のうちから、さしあたり以下の諸点のみを示しておこう。何よりもまず、「自律能力基底的人権論」においては、自律「能力や力がない者については、人権享有主体としての資格に欠け、権利が制約されても仕方がないということにならざるを得ない」［笹沼　二〇〇七b：七七］。佐藤説のように、自律を「潜在能力」にまで拡張した場合にも、この事情は変わるわけではない。「拡張自律説の最大のジレンマ」は、「人権を自律能力により基礎づける限り、いくら自律能力のレヴェルを下げていっても自律能力が制約されているもの、欠如しているものの人権を擁護しきることはできない」［笹沼　一九九六：一八九］ところにある。動物との差異としての人格的自律によって人権を基礎づけるという論理は、たとえば脳死状態や無能症児に面して、「立ち尽くす」ほかないだろう。*

＊「バイオエシックス」におけるいわゆる「パーソン論」は、この場面で、非人格的存在を、人間たるにあたいしないもの、人権享受の資格をもたないものとみなした。

また樋口の「強い個人」論の場合に際立っているように、「自律能力基底的人権論」は、おそらく本意ではないとしても、「あくまでも個人の自己決定＝自己責任、自立を倫理的に説くにとどまり、現実の諸個人が置かれている支配服従構造を等閑視しているため、結果として、個人の自立を強調して過重な個人責任を負わせ国家責任・企業責任の後退を正当化する新自由主義的改革と歩調を合わせ」［笹沼　二〇〇七a：三三］かねないものになっている。そもそも、「一人前」や「強い個人」といった「社会的にノーマルな人間」を想定することが、「生活保護受給者や子ども、障害者等に冷たい〈日本型福祉国家〉

を下支えしてきた思考様式である」〔笹沼　一九九六：一八八〕ことが自覚されていない。

そして、「〈自立〉、自己決定＝自己責任そのものに内在する服従の可能性、自発的服従こそ、最も危険な罠なのである」〔笹沼　二〇〇七ａ：三三〕。あくなき自律の要求（だがそこには、〝弱者が強くなる〟ための条件提示はない）のもたらすものが、企業社会日本においては、しばしば「自発的服従」の選択（選択的適応形成）でしかないという現実があり、しかもこの「自発的服従」が企業社会をいっそう強化してしまうのである。樋口らには、「〈弱い個人〉たる人々に果てしない自律化を要求する強烈な啓蒙主義こそが、「透明な国民国家における規律訓練による個人の主体化＝服従、権力による包囲をもたらした」〔笹沼　一九九四：六八〕という近代の本質的傾向についての認識が欠如している。

さらに、「限定的人権論」およびそこから派生した「リベラリズム社会権論」の最大の問題は、じつは、人権を防御権としての自由権に限定することによって、国家が介入する領域、具体的には、給付行政、福祉における国家権力の恣意性を放置することになってしまい、この領域での権力規制手段を放棄してしまっていることである。「〈非権力的行政〉における国家権力の恣意的行使の放任に、従来の個人主義的法学は……大きな責任がある。……保護を請求、享受し、なおかつ保護を通じた恣意的支配に対抗しうる人権をいかにして基礎づけるかこそが、現代憲法学の最大の課題」〔同：一九二〕である。

問題状況の以上のような把握から、笹沼は次のような帰結を引き出す。

第一に人権の基礎は、「自律」にではなく、すべての人間存在の端的な肯定に求められねばならない。たとえば恒藤恭は、つとに、強度の精神障がい者は倫理的自由（自律）を発揮しえず、またその他の人びとも自律能力の有無・活用の程度により、自由の享受における差別が生じているのに対して、「人間の尊厳」は「強度の精神障害者」を含め、「例外なく万人にそなわっている」のであり、「啓蒙哲学的立場から構想された抽象的・孤立的個人ではなく、現代の世界に生きる現実的個人の全存在をば、個人の尊厳の存立する基礎として理解す」［恒藤　一九六三：三五］べきだとしていたが、今や、自律・自律能力を基礎としない「もう一つの〈人間の尊厳〉」が追求されるべきである。「この世に存在する資格さえ、否定されている人々はなお多い。他者と異質なだけでなく、能力が制限されている人々、生存するとき他者に依存せざるを得ない人々、あるいは反倫理的な怠け者と非難される人々などを排除しない、もう一つの〈人間の尊厳〉の考え方は存在しないのか」［笹沼　二〇〇七b：七七］。かくして笹沼は、「人間の尊厳」の基礎は、人格的自律（やその可能性）ではなく、「どんな人間であっても人間である限りにおいて、モノのように扱ってはならないという禁止」［同：七八］であるほかなく、「個人に対する恣意的支配の否定の〈印《しるし》〉である」［笹沼　一九九九：一〇二］とする。この基本的前提の確認において、人権は、人びとの基本的な「必要」「ニーズ」の確保・保障に関する社会的合意であり、社会契約だと言うのである。*

＊　ちなみに、この限りにおいて、個々の人間主体の目的達成にとって「善・財（goods）」という「必要」が欠くべからざるものであるがゆえに、「自由と福祉への権利（rights to freedom and well-being）」を人権の基礎におくべきだとするゲワースの議論の積極性が認められてよいように思われる。ゲワースについては、さしあたり前掲の佐藤・奥平論文のほか、論理的難点の検討を含む、内藤［二〇〇七：四七〜五二］を参照。

第二に社会権の意義は、幸福追求のための条件整備と同時に、条件整備（保護）をつうじた恣意的権力行使、不平等・不公正の制約にあり、社会権は、自由権と同じく（場合によっては自由権以上に）国家権力を制約するものでなければならない（それが近代立憲主義に対する「現代立憲主義」の特質である）。社会権は、「国家が介入しうる領域においても国家をポジティヴに制約するもの」、しかも「単なる防御権ではなく作為請求権」でもあり、子どもの権利条約第一二条意見表明権がそうであるように、「保護を通じた恣意的支配……の拒否は保護そのものの拒否ではなく、あくまでも〈適切な保護〉を請求する権利」〔笹沼　二〇〇七b：一〇二〕である。こうして社会権は、「他者に依存せざるを得ない者に服従を強い、自発的服従と競争を拒否する者に対して一切の保護を与えず〈自立〉を強制し、排除する権力に対して、抵抗し排除に抗する」〔笹沼　二〇〇七a：四〇〕ところに意義をもつ。そしてこれこそ、樋口らの強調する「権力制約原理としての人権の意義」を真に貫徹する立場であり、また「保護」が「自由」の侵害を招くという、いわゆる「福祉国家のアポリア」を克服しうる社会権法理の基礎（国家介入の適切な規制）であろう。

こうした観点からの笹沼の「自律への権利」という構想（あらゆる権力への抵抗の貫徹、および国家の適切な介入の要求と規制、笹沼〔一九九九：一〇一～一〇四〕など参照）は、基本的に賛同できるものである。*西原のように、「保護からの離脱による自由」を安易に主張することではなく、「保護を通じての自由の確保」という法理を具体的に構築していくことこそが課題であると考えるからである。

＊　ただし、「自律」はすでに大きく問題含みであり、また「人権の基礎」としての「必要」との関連という論点にも鑑みて、人権の基幹的概念としての「自律への権利」という規定には留保をつけたい（人権論における主導的概念としての「自律」自体の再解釈、という意図があってのことかとも思われるが）。

（2）いくつかの批判的提起

なお、「自律能力基底的人権論」および「リベラリズム社会権論」に対して、筆者もいくつかの疑問や批判を呈しておきたい。

「特別な権利」とは何か　能力に欠ける者・不十分な者には「特別な権利」を、という奥平や樋口の論、あるいは生存権その他類似の問題は「民主的政治過程」（西原）や「政治的プロセス」（松井［一九九三］を参照）へ、という近年目立つようになった議論は、現実には暴論とさえ言える。そのことは、現行憲法上疑いもなく人権であるはずの第二五条「生存権」が、かつてはプログラム規定とみなされ、今日でも「抽象的権利」、すなわちしかるべき立法によって具体的権利として発効するにすぎず、権利として請求することはできないものとされ、事実上生存権否定的な事態がまかり通っている（朝日訴訟の最終判決など）、という目下の事態が示しているとおりである。憲法規定上の「人権」でさえこのような扱いを受けているとき、日本の現実の支配構造のもとでの広範な立法的裁量・行政的運用に、当今はとくに新自由主義が圧倒している政治的布置関係にゆだねられた、人権ならぬ「特別な権利」や「制度の適切な運用」なるものの運命がいかなるものか、贅言を要さないだろう。

「平均的な権利としての人権」とは何か　「〈人権〉はある意味で平均的な権利でしかない」［奥平　一九九八：一三九］という奥平の言及も、その意図は別としても、現実には多大な問題を含む。この種の議論としては、たとえば愛敬浩二も、長谷部恭男の「一定の老人や障害者を社会契約の主体から排除する議論が酷薄というわけでもない。利害・価値観を異にする諸個人が同意できる制度や規範の基本事項を記述する上で、必要不可欠な理論的操作と評価することも可能である」［長谷部　二〇〇六：一五〇〜一五一］という論に依拠しながら、「〈立憲主義は少数者や社会的弱者の人権を保障するものだ〉という常套句に惑わされてはならない。立憲主義とは本来、〈普遍的に承認されるべき権利要求を多数者の意思に反してでも各人に保障する〉という規範的議論であったはずだ。少数者の主観的な利害・価値観がいきなり〈人権〉という普遍性を纏うのはやはりおかしいというべき」で、「社会契約論や人権の原理論のレベルで、特定の属性をもつ人々を除外しているからといって、当然に彼らの議論が排斥されるべきだとはいえない」［愛敬　二〇〇七：四二］としている。しかしこれでは、奥平自身が言う、憲法学者にとって不可避の「〈すべての人間が平等に有する物〉としての〈人権〉の正当化」を果たせないのみならず、「平均」以下の人間存在（「一定の老人や障害者」、富と教養を欠く女や子ども、「未開人」等々の「理性の他者」）を排除してきたことによって「ブルジョア的人権」として機能してきた人権のイデオロギー性を克服して、現代におけるその普遍性を確立・主張することなどできはしないだろう。理論一般における、平均を準拠点とした組み立てを否定するものではないが、ことは「人権」の基本要件としての普遍性にかかっている。この場合、「必要不可欠な理論的操作」や「立憲主義の規範的議論」は、問題の本質の回避でしかなかろう。人権は、その理念の根元の普遍性にもとづいて、「平均」ではなく、いわば「底辺」に万人を網羅するその最底辺に据えられるべきものであり、すべての人間存在のあるがままの肯定から出発すべきものであろう。

「集団の権利」は存在しないか　奥平も樋口も、存在するのは個人の権利であって集団の権利などない（論証されたこともない）と主張する。しかし、たとえば、労働基本権、団結の自由と権利は、自由権の要諦たる「所有権」のコロラリーとしての「契約の自由」の制約として登場してきたものであろう。個々の労働者と資本家の間の地位の圧倒的な不均衡を回復するために、集団としての労働者が「契約の自由」の一方の当事者たりうることを認めたのが労働基本権である（後出のホブハウスの議論）。これがただちに労働者個々人に帰属するものでないことは明らかであり、まさしく集団の権利だと言える。別言すれば、「契約の自由」が、資本と労働という集団的属性において実質を奪われており、その回復のための団結によって初めて実現されるとしたら、それはまさしく集団の権利であろう。同様に、現今の「アファーマティヴ・アクション」や「ポジティヴ・アクション」も、現状での実定法としての存否・機能の有無に関わりなく、一定の客観的・歴史的根拠にもとづいて、個人そのものではなく、女性や民族のカテゴリーに関わって差別や不利益をこうむっている集団の権利の回復・実現をめざすものとして、「集団の権利」としての実体をもつものである。奥平や、とくに樋口の場合、中間団体の徹底的解体の後に成立した国家と個人の二極対立構造において初めて成立したのが人権であるという前提（カテゴリカルな「断言」あるいは「臆見」）があるため、集団の権利を認めえない構図になっているように思われる（もっとも樋口は「法人の人権」論に関わって、「法人の財産権」！や「マス・メディアの表現の自由」を例外的に認めているようであるが）。しかし、すべての人間存在にとっての侵すべからざる自由としての人権という根元に照らせば、自由の侵害が、端的に個人に向かうこともあれば、一定の集団的存在を対象とすることも当然ありえ、人権を個人に限定しなければならない理由は存在しない（個人と集団の間での人権の衝突・緊張関係という次元はまた別の問題である）と言うべきであろう。

「個人主義」は擁護できるか　憲法学・人権論における近代主義者の多くに自明のものとされている

「個人主義」についても、ふれておく必要があるだろう。そこに支配的なのは、「近代的な法制度や経済制度はあくまで個人を前提として組み立てられており、基本的には主体的な個人が社会を構成しているという近代的通念である」［西垣　二〇〇六：一二］。しかし、この「個人という座標」は、それほど明確に境界づけられているものではない。「心」とか「意識」と言っても、それが「個人」のものとは限らず、首尾一貫したものでもないことは、近年の認知科学や生物学の知見を待つまでもなく、日常の経験的事実からも比較的容易に理解されるところだろう。「自己決定」は、しばしば他人の判断の借り物（あるいは影響を受けたもの）であり、単独で可能なことなどじつはほとんどなく、また他者との日常的な関係のなかで「自己」が形成され、他者を受容することを通じて自由が「鍛え上げ」［井上　一九八九］られているからである。つまり、いたずらに「〈自律（自立）した個人〉を強調することではな」く、「むしろ、生命や心や社会などの複雑にからみあった位相において、どこに自律性をみとどけていくか」［西垣：一三］ということが肝要なのであって、「孤立した個人を実体化する思考に依拠する人権理解」［石川　二〇〇〇：一五八］は、人間の本源的な関係性・相互応答性の次元がもつ人権にとっての本質的な意義を捉えないものと言わなければならない。「社会を個人のアソシエーションに可能なかぎり還元していこうとする衝動が、法に本質的に内在している」［棚瀬　二〇〇二：一一二］が、そうした法個人主義には根拠がない。そもそも理性でさえも個人完結的ではありえないこと、「理性は、個人が所有できるものではなく、……公共圏の中で、人々の間で働くもの」［毛利透　二〇〇七：一二］*という事実そのものは、ハーバーマスならずとも、現代思想における基本的了解の一つであろう。総じて、個人中心主義的な人間観、この場合は「人格的自律性」や「個人の自由」という価値の過度の強調、至高の価値化という思考様式が、批判的に対象化される必要がある。

＊ 文脈は違うが、毛利の「憲法は臆病者の勇気をくじかず、促進するインセンティヴを与えなければならない」〔同：二五〕という言は、日本の憲法学・人権論に長く敬意に近いものを抱いてきた、初学者としての筆者の、現在の斯界の実情への切実な期待でもある。この思いは、「そもそも人権自体が、〈この世界に無用な人間はいない〉という、常識に反する功利主義的論理にもとづいている」〔同：二三二〕という言にもつながる。

3 「社会的自由主義」――福祉国家の基礎思想

福祉国家は、「権利の観点からするならば、基本的ニーズを社会権として保障し、かつ充足するために、社会資源を適切に配分する国家である」〔金田　二〇〇〇：六九〕。だが、「人権〈保護〉という観点に依拠しながら国家が前にしゃしゃり出てくる状態」、「個人が自分の力では実現できない個人的利益を国家の力を借りて守ってもらう構造」すなわち「福祉国家の自由抑圧構造」が、とくに日本では強く、「保護の論理がすべてを押しつぶす形で暴走している」〔西原　二〇〇七：二八八〕といった声が、日本の憲法学では小さくない。福祉国家が、あらためて根本的な批判にさらされているわけである。それゆえ、原理的なレベルでの福祉国家の正当化に今一度取り組まねばならない。その手がかりを、ここでは、「福祉国家の前夜」の創出にあずかった思想である「社会的自由主義」に求めてみたい。

日本においては、福祉国家運動の本格的な展開が未発であったことと表裏をなして、自由主義の内部的葛藤という経験が欠けており、この点でのヨーロッパにおける思想的・理論的蓄積なども（戦前の河合栄治郎の仕事などを例外として、最近年に至るまで）ほとんど承知されてこなかった。福祉国家運動そのものはここでの問題ではないが、自由主義の内部的葛藤について言えば、それはすでに一九世紀末からのヨーロッパ諸国における「社会的自由主義」の成立において露わになっていたものである。そして、イギリス「新自由主義（New Liberalism）」やフランス「連帯主義（solidarisme）」に代表される「社会的自由主義」は、個人主義的で放任主義的な古典的自由主義に対して、まさしく福祉国家の必要性と必然性、その思想的基礎を先駆的に提示したものであった。

社会権ひいては福祉国家に対する西原のような批判・評価に対して、一世紀をさかのぼって、イギリス「社会的自由主義」の中心的思想家ホブハウスはいかに応答するだろうか（なお、本書の3章および4章のほか、吉崎［二〇〇二］なども参照いただきたい）。

（1）なぜ「保護」、「国家による保護」か

ホブハウスによれば、「貧窮した男女は……公共の資源に対する請求権をもつが、それは、一人の人間としての必要という理由にもとづくものであって、他の理由によるものではない」［ホブハウス 二〇一〇：一三八～一三九］*。つまり、生存のための請求権は、まずもって（「自律の支援」といった条件を付すことなく）、無条件に、「人間としての必要」という根拠のみにもとづいて成立する。というのも、「十分な身体的快適さの現実的な欠乏に苦しまないようにすることが共通善〔common good〕の本質的要素である」［同：一五二］り、これは社会を組織する人間の基本的義務だからである。さらに、「連合王国のような富める国家にあっては、すべての市民が社会的に有用な労働を通して、健康で文化的な生存のための

必要な基礎であることが経験上証明されている程度の生活の糧を得るべきだ」〔同：一三九〕からである。人間存在のあるべき姿からも、「近代市民国家」の「義務」としても、勤労階層の「衝撃的なまでの貧窮」を放置することはできない。

＊　この一文は、一八三四年改正救貧法における、いわゆる「救済を受ける権利」に関説した一節におけるものであり、一定の留保が必要だが、市民権の剝奪と引き換えのものではない本来的な保護請求権の根拠を明示した表現として、注目されるべきものであろう。

より具体的、現実的には、「貧窮」が産業（資本）によって「救済」されないとしたら、つまり産業が生計の手段または継続した雇用を提供しえないとしたら、国家が「労働権（rights to work）」と「生活賃金を求める権利（rights to living wage）」を保障しなければならない。あたかも「市民社会の自律性」の崩壊に面しての国家のこの義務は、近代国家の正当化事由（自由・平等・安全の実現）にもとづく。すなわち、国家は、個人の責任に帰すことのできない「社会問題」（「社会的事故（social contingencies）」）の結果としての、人びとの「困窮」を解決しなければならない。

そのさいこの「救済」は、慈善ではなく、権利であり、したがって国家による「保護」は、国家への服従や「依存」を意味しない。「法的な権利とみなすことができる形の援助」は、「自立の破壊」を意味しない〔同：一三八〕。むしろ重要なのは、国家の主導による「共同責任（collective responsibility）」の拡大と責任の分散である。今日、「個人が自らなすべきことを国家が代わって行う」ことは、「自由の問題ではなく責任の問題」〔同：一一八〕である。

ところで、「保護」「救済」を求める権利の根拠は「必要」であったが、この権利要求の社会的・物的基礎は、「社会財」(「財産の社会的概念(the social conception of property)」)、「社会的相続財(social inheritance)」である。「近代的産業においては、個人が助力なしの独力でなしうることはきわめて少ない」〔同:一四三〕以上、一般に大きな所得に関して高度の累進課税や大幅な付加税を課すことには十分な理由があるし、「年々生産される富の大部分が社会に起源をもつと考えるのが正しいならば、この〔諸個人への〕報酬の割り当ての後に」残る「余剰」〔同:一四五〕、つまり「社会的な富の要素を公共の金庫にもたらして、社会の成員の最も重要な必要に役立つように、これを社会の裁量に任せる」ことは正当である〔同:一四一〕。そして、「社会的相続財」に対する権利は、しばしば基本権とみなされてきた「財産権(rights of property)」のなかに「財産への一般的な権利(general rights *to* property)」〔同:一三九〕として確立されるべきである。これは、自己所有権論を絶対的前提とするリバタリアンへの痛撃であろう。*

* 「社会財」における〝個人的持ち分〟が確定しがたいことをもって、「社会財」という領域の存在を否定することはできない。むしろ、「社会財」の存在という前提にもとづく社会契約における選択・合意が、福祉国家とその平等の志向を担保していくだろう。

したがって、「労働権」や「生活賃金を求める権利」などのいわば「社会権」は、「社会財」というそれ自体の根拠において、「人格あるいは財産に関する権利と同様に正当な根拠をもつ。すなわち、それらはよき社会秩序にとって不可欠の条件である」〔同:一二一〕。ホブハウスの卓越性は、「社会権」が自由権と同等の正当性をもち、社会秩序にとっての不可欠の条件であるという洞察にこそ存するであろう。

(2) なぜ「団結」か

労働権が保障されなければならないのは、「仕事の機会と仕事の報酬とは、多数の社会的諸力の複合によって決定されるのであって、どのような個人も、そして明らかにいかなる個々の労働者も、この社会的諸力を形成することはできない」からである。そして、この諸力の統制もまた、「共同社会の組織された行いによって、したがってまた責任の正しい分担によって」[同：一二五]、つまり国家の主導によって初めて可能になる。

そして、団結は、労使間の「均衡の回復」と、「契約の自由」の実質化のために必然的であり、正当である。「労働組合のような団体あるいは類似の団体がもつ社会的価値を無視することはできない。経験的には、産業上の問題で何らかの集団的規制(collective regulation)策が必要とされることは明らかである」[同：二五]。「契約の自由」の名のもとで、単独では恣意的な支配・専横に対する従属を余儀なくされる「労働者を雇用者と平等な関係に近づけさせるには団結が必要だったから」[同：二九]である。たしかに「労働組合運動(Trade Unionism)は精神において保護的で、行動においては抑圧的でありうる」。しかしすでに、熟練工中心の労働組合運動は、「職人《アーティザン》階級にとって彼らの産業上の基準を維持するために不可欠なものであった。というのも、労働組合運動だけが、思い切った法的保護が欠如している雇用者と被雇用者との間の不平等を是正するために、何事かをなしえたからである」[同：六三～六四]。

こうして、団結は、国家的規制と並んで、社会的権力なかんづく資本を規制する駆動力であり、あらゆる強制に対抗する社会的規制力の中核である。* しかしまた、「団結の効果は両刃の剣」[同：一〇八]であり、産業において必要な「集団的規制」と「個人の自由との調整の場面では、原理上の深刻な困難が生じる」〔同：二五〕ことは経験上も否定できない。団結の抑圧的側面への具体的対処は常に課題的である。**

＊　団結が、労働者の生活条件改善の主体としてばかりでなく、社会的規制力として強調されている点は、中村睦男のいわゆる「下からの社会権」論の問題状況とも関連して、意味深い。なお、この点およびそこでの課題について、只野〔二〇〇六〕を参照。

＊＊　「組織強制」をはじめとする「原理についての重要な困難」の解決を、「労働者の自由のための強制というパラドキシカルな命題は、受動的な人間像を前提としてのみ成り立ちうる」〔西谷　一九九二〕と裁断して、もっぱら労働者の自己決定的主体としての自己形成に求めるわけにもいかないだろう。この種の問題は、依然として課題的であり、困難ではあるが、たとえば組織統制の具体的な内容・次元に即して、個人的自由権と対置させながら、原理的な確認を積み上げていくほかないと思われる。

（3）「社会的自由主義」と「積極的国家」の必然性

人格的自由の実現が諸個人にとっての目的であるが、それは、単独では可能でなく、他者を媒介としてのみ成就される。自由は、自己主張に基礎をおく個人主義ではない。「よきものとしての自由とは、他者を犠牲にして得られたある一人の自由ではなく、ともに暮らすすべての人びとによって享受されうる自由である」〔ホブハウス　二〇一〇：七〇〕とみなすのが「社会的自由」主義である。

しかし、相互に依存して存在する諸個人の間には「衝突の可能性」があり、だから、「すべての社会的自由は、抑制にもとづく (all social liberty rests upon restraint)」〔同：六九〕。そうした抑制の主要な領域の一つが、国家的強制・統制であるが、これは「人格の成長のための最適の諸条件を提供する」〔同：一一〇〕ものであり、もちろん、「精神世界」での強制は求められない。

そして、そうした抑制は、第一義的に、「主により貧しい諸階級の利益において考え出された抑制であり、それらの階級により実質的な自由を保障し、労使関係における諸条件の平等へのいっそうの接近を保障する目的をもっている」〔同：六九〕のであり、何よりもまず強者への制限、「強制に対する強制」である。

しかし、産業の規制と労働組合の団体交渉によるバックアップにもかかわらず、「標準的な肉体労働者が、自分と家族のためにあらゆる生活上のリスクに対処できるような完全な自立という目標を達成することはありそうにないし」〔同：一二三〕、「産業における競争制度が、『生活賃金』の概念に具現化された倫理的要求を満たさないことは明らかである」〔同：一二四〕。そして、旧来の「自由主義運動全体の核心」であった「自由な契約〔free contract〕」と「個人責任〔personal responsibility〕」〔同：二七〕の観念は、もはやすでに桎梏と化している。

それゆえ、「個人の自由と平等を維持する」ためには、「社会的統制〔social control〕の領域を拡大しなければならない」〔同：七四〕のであり、社会保障と労働の規制が国家の中心的責務となる。ホブハウスは「平等をつうじて自由へ赴く」〔同：二九〕ために、国家の介入、「積極的国家」を要求する。『積極的』国家概念は、人格的自由（personal liberty）という真の原理とまったく衝突しないだけでなく、この真の自由を効果的に実現するために必要でもある」〔同：一〇二〕。

国家の権力的本質に対する理論的認識の欠如をはじめ、ホブハウス流の「社会的自由主義」がまとつている歴史的限界は否定すべくもないが、にもかかわらず、国家介入の必然性という側面で、福祉国家の思想的基礎が明示されているのは明らかである。この側面を、もっぱら国家に対抗する防御権としての人権の固守という視角から、一面的かつ単純に否定するなら自由の現実化はおぼつかない。自由主義の社会理論としての鍛え直しという「社会的自由主義」的な経験を（思想運動としても理論的継受としても）もたなかった日本では、自由の価値の尊重が容易に新自由主義への拝跪に横滑りしてしまう現象が少なからず存在してきた。人権論の近代主義的構成の一部には、すでにそのような兆しが濃厚であるが、「人間の尊厳」の確保と自由の実現のためには、少なからぬ困難のなかにある福祉国家の新生をバックアップしうる憲法学の再建が切望されていると考える。

おわりに

ホブハウスが、「感じやすすぎる良心と不十分な社会的責任感とが一致していることがある」［同：一一五］と喝破した近代の自由主義、本章の文脈では人権論の近代主義的構成と、「共同社会の良心は、個人の良心とちょうど同じだけの諸権利をもっている」［同：一一四］という洞察にもとづいて、「社会的自由主義」が開示した福祉国家の基礎思想とが向かい合うところから浮かび上がってくる二、三の問題について、最後にふれておこう。

第一に、福祉国家の出発点は、かつてと同様に今も、「再配分をせねばならない事態」がいっそう拡大・激化しているという現実におかれるべきである。つまり福祉国家の課題は、何よりもまず、弱者・

少数者の権利をあくまでも要求していくことである。これこそが福祉国家にとっての譲れない一線であり、かつまた福祉国家の究極の正当化理由でもあろう。ホブハウスに充溢していた、この徹底して弱者の境遇に身を寄せて考えるエートスは、「特別な権利」や「平均的な権利としての人権」を云々する近代主義には存在しない。

もちろん福祉国家の使命は、「再配分」には限られず、またニーズ保障の水準が「最低限度」にとどめられるべき理由も存在しない。自由の実現・充足のためには、社会の物的・文化的条件が許容する範囲で可能な限りの、適切な諸環境や「十分な選択肢」を整備・提供すること(national minimum ではなく national or civil optimum)が成熟した福祉国家の任務となるが、基本的なレベルでの「再配分の必要」を強調しなければならないのが今日の日本の状況であり、福祉国家を要求し追求していくことがいよいよ重要である。

第二に、福祉国家による再配分の物的・社会的根拠は、「社会財」「社会的相続財」であった。「社会財」の概念の含意は豊かである。この概念によって、たとえばまず、「初期条件」としての私的所有にしがみつく自己所有権論はその根拠を失うであろう。* 「社会財」「社会的相続財」という根拠にしたがって、自由権としての私的所有は制限される。この概念はまた、人間の自由が、単独の個人では可能でなく、もっぱら「能力の共同性」に基礎をおく共同の営み・努力(=通時的かつ共時的に普遍的な協働)をつうじてのみ実現されることを告知するものでもある。まさしく「他者とともにある自由」であり、そして、形成と行使における「能力の共同性」** が、人間的平等の(ひいては福祉国家における再配分の)根源にある。こうした、「社会財」の概念に示されているものこそ「コレクティヴィズム」であるが、近代主義の強烈な個人主義は、〝共生のエートスといった問題性は難しい〟といった述懐とともに、自由の他者媒介性についての感受性すら封印する。そして、自由の制約要因としての「財産権」「所有権の自由」に関してはほとんど語らず、黙していることが多い。いわんや、能力の共同形成と共同行使を背景とする普遍的な協働にもとづく「社会財」、およびそれを物的基礎とする福祉国家といった発想はいささかも見受けられない。

＊　この点、および他のいくつかの有益な指摘を含むものとして、中島［二〇〇七］を参照。
＊＊　「能力の共同性」について、竹内章郎の一連の仕事のうちたとえば、竹内［二〇〇七］を参照。筆者もまた、吉崎［一九八六］などで、J・ロールズらに関説しながら、「能力の共同性」について論じたことがある。

第三に、国家権力がその正当性事由によって、社会的権力に対する規制としても働きうることは、政治過程の現状では過大評価できないとしても、権力を警戒するあまり、この側面を単純化して否認することも当を得ていない。とりわけ「人権」をもっぱら国家に対する防御権としてのみ構想し、社会権を相対化・軽視することは誤っている。人間的「必要」という根拠にもとづき、しかも「社会財」を現実的・物的基礎としつつ国家に基礎的ニーズを請求し、しかもそのことによって何ら恣意的に支配されない、というのが「人権」観念の本質的要請だろう。笹沼が強調するように、むしろこの点での規制力の確立こそが課題であり、人権を抵抗の権利として貫徹する立場だと思われる。そして、国家権力による社会的権力の規制の内容と水準を基本的に規定するのは、なお大きく課題的ではあっても、やはり団結を中心とする社会的規制力であろう。もちろん再配分についても、それを最終的に規制するのは、団結に集約される社会的規制力であり、再配分の要求と獲得ばかりでなく、その規制力自身の構築と維持・

強化が最大の課題である。

第四に、「人格権」と「社会権」との間の価値的同等性についてのホブハウスの指摘は、「自由権と社会権の二元性」をも示唆しているように思われる。一方で、いわゆる「通約不可能な価値」の多元性を承認し、かつそれらに通底する諸価値を私事領域として確保し、不可侵のものとして確立すること、言い換えれば、自由権の歴史的達成をその担い手の意識とともに最大限に維持することがあらためて求められている。他方で、「自由権」の一部としての「財産権」の制限などを含め、「必要」にもとづく要求を「社会権」として具体的に構築しながら、双方を媒介する原理と理論、方法を積み上げていくことがおそらく課題となっている。そのことが、きたるべき革新された福祉国家の基礎理論をなすだろう。いわば思想史から理論の考察への、社会権論の推転が求められているのである。

（吉崎祥司）

第2章　市民権に呪縛された法思想の困難

はじめに――市民権の基礎づけの不備に関する論点

本章では、以下の二点を検討することを主な課題とする。* まず第一に、社会権／法の市民権／法**への還元傾向を指摘することである。これは、日本の論壇や社会的雰囲気として根深い影響をもちつづけており、看過できない問題を有している。そして第二に、今も影響力をもつ一九六〇年代後半から八〇年代初頭にかけての市民権／法の基礎づけに関わる法社会学などの議論――以下《市民権／社会権論》と略――の不備を、社会権／法の独自性とその意義にもふれつつ論じることである。

＊　本章は、二〇一一年四月二三日の名古屋哲学研究会シンポジウム「平等論と労働観の変容にむけて」での報告「社会権［法］的なものの『再興＝創設』を軸に！」を契機としている。この報告の論点は権利や法にはとどまらず多岐にわたっており、まず、コミュニズムや平等主義に関する私見とこれらの展望上での社会権／法再興の意義を述べ、①福祉国家危機＝終焉論への疑義と社会権／法論の脆弱さ、②新自由主義思想による市民権／法主義の跋扈、③社会権／法および市民権／法の基礎づけをめぐるロック以来の論点、④生死の決定論からの社会権／法の再興を

報告した。

＊＊　本章以降、竹内執筆箇所で市民権／法や社会権／法と表記するのは、権利が法——実定法（law）の基底としての法——をも意味する西欧語（英語の right など）を意識して、権利と法との一体性に留意したいからである。

1　近年の市民権主義的傾向

日本では、福祉国家である欧州諸国とは異なり、福祉の多くをこれまで「企業福祉」にゆだねてきた。そのために、社会保障・福祉国家が脆弱で、不平等が蔓延し、以前から不十分な社会権／法が、より脆弱化している。とくに二〇世紀末からの新自由主義的構造改革は、社会保障や労働保障を担保する社会権／法を解体せんばかりであり、この現実への根源的対抗が必須の状況となっている。＊社会権／法の新たな基礎づけは、喫緊の課題だと言える。

＊　既存の社会権／法論を批判し社会権／法の再興を重視する私の考えは、ハーバーマスの福祉（社会）国家批判とはまったく異なる。たしかに彼も、社会権／法を一定実現した福祉国家について、「大衆民主主義という正統化の条件下で完遂された社会国家的調整の結果」[Habermas 1981 : 514＝三五一］として、若干は評価する。しかし、福祉国家化の根幹である社会権／法的法制化については、主には「法制化の病理作用」[*a.a.O.* : 534＝三六九］としての生活世界の植民地化や官僚主義化を問題視するのみで、社会権／法独自の意義をほとんど無視し、「批判的意識と自律的な意志形成、個性化の伸張」と「コミュニケーション的理性の潜在力」による、高踏的抽象的な福祉国家克服論を説くからである［Habermas 1985 : 538］。なお本章の念頭にある社会法は、社会保障法と労働法の二つを中心とするものである。

新自由主義は、「財政的には小さい場合もあるにせよ強力な国家権力を内在させた市場至上主義」［竹内　二〇一一a：九八］であり、世界的には米国とその追随国の強権主義的で軍事発動すら伴う姿や、国家権力と結託した新保守主義的な姿がしばしば見られる。だが日本を含む「先進国」の新自由主義は、日常的には市民権主義とでも言うべき「合法主義」に依拠して、その市場至上主義的姿を全開させ、不平等・格差を拡大させている。* とくに日本においては、権利や法と言えば即座に市民権／法のみを想定し社会権／法を無視する雰囲気や、あるいは、社会権／法を市民権／法に対して付加的二義的なものとして軽視する雰囲気が、相当に醸成されている。

＊「合法主義的」新自由主義の典型は、保護水準未満の大量の漏給者を近年さらに増加させた生活保護制度の改悪［後藤　二〇〇五］、二〇〇一年公的介護保険法、〇三年障害者支援費支給法、〇六年障害者自立支援法等々に見られる。憲法二五条違反にほかならないこれらが施行される背景には、一九九四年の社会保障制度審議会社会保障将来像委員会による「保険料を負担する見返りとして受給は権利だという意識を持たせる」という議論がある。これはつまり、社会権を私有財産（保険料や一割の自己負担金）しだいのものとし、権利行使を財産とその稼得能力を含む私的所有物にもとづかせるものであり、社会権／法の否定論である。社会保険による保障も保険料支払いの対価だとするのは当然だという見解は誤りである。現行制度にもある保険料支払いの猶予・免除制度を拡大し、保険料支払いに本格的な累進制を導入してこそ、真に社会権／法にかなう社会保険に近づくと考えるべきである。

さらに問題なのは、より直截に社会権／法を権利／法の範疇から完全に排除する主張さえ現に存在することである。深刻な社会権＝福祉権の否定論は以下に典型的に現れている。「福祉の権利と呼ばれるものは、各人の自由を犠牲にした時だけ尊重されるものだから、これを認めることはできない」［スミス　一九九七：三二六］。これは福祉＝社会保障の権利すべてを否定し、福祉権は「自由を犠牲にする」という言い方で、市民権／法を絶対視するものである。*

* 後で若干ふれるが、累進課税という私的所有の自由の一定の制限＝犠牲を典型に、市民権／法的自由の一定の制限によって初めて社会権／法が成立する（この点で「自由の犠牲」は必然かつ自明である）。すなわち「自由の犠牲」や市民権／法の制限をすべて否定すれば、社会権／法は成立しない。またそもそも、市民権的自由も自由のすべてを実現するわけではなく、ある種の自由の制限が種々の市民権的自由の実現に伴う点も看過すべきでない。

これ以前に新自由主義の理論家ハイエクも、社会保障法を救貧法と同一視し、社会法／権の否定を明示していた。彼は社会権／法的な社会保障法も、「現代の条件に適した単なる古き救貧法」[Hayek 1960：285＝Ⅲ、四七]だとし、その財源のための「強制的所得移転を一つの法律上の権利とすることは……、それが慈善に留まる事実を変えない」[op.cit.：292＝五六]と言う。リバタリアンのノージックも、「勤労収入への課税は、強制労働と変わりがな」く、「我々の幾人かを他のために犠牲にすることに、正当化はありえない」[ノージック　一九八九：二八四、一九八五：五二二]と社会権／法を端的に否定する。

さらに上記の社会権／法の否定とは別にハイエクは、以下のように法に関する正義論のなかで法を市民法に限定する。「正義にかなう行動ルールは、人が何をなさねばならないかを決定できず……、たんに何をしてはならないかを決定できるだけである」[Hayek 1976：123＝一七一]。「法というルールの狙いは……、異なる諸個人の行為が互いに干渉し合うのをできるだけ阻止する点にあるにすぎない」[Hayek 1973：108＝一四五]。これらの発言は、法／権利を市民法／権に還元し、結果的に社会権／法の否定に至る。なぜなら「為してはならないことのみの決定」（他者危害禁止原則）とは、市民権／法が保障する自由な行為（財産処分の自由にしろ、思想・信条の自由にしろ）を担保する私的所有物（行為を担保する能力を含む）の所持者のみを権利主体とし、そうした個人の自由な行為を他者が害することのみを「してはならぬ」と禁止するだけなので、私的所有物を欠く人の自由な行為を担保するために必須の社会権／法は完全に無視されるからである。また「為すべきこと」を法の決定から外せば、社会権／法の実現に必須の財源確保のための税金徴収などの「為すべきこと」は否定され、社会権／法の否定はより明白になろう。近年、現代社会変革論の旗手の一人とされ二〇世紀最大の女性哲学者ともされるアーレントも、ハイエクとまったく同様に「自由な社会における法の偉大さは、……何をなすべきかを示さない点にある」［アーレント　二〇〇二：二〇一］、と法／権利を市民法／権へ還元している。*

＊　アーレントによる法／権利の市民法／権への還元は、労働には「固有に人間的な生活」がいっさいないとし、政治的活動（アクション）にのみ人間本来の自由な行為を見出して［アーレント　一九九四：一九〜二〇］、「大衆が貧困に喘いでいるところでは、新しい政治体の創設である革命は不可能」［アーレント　一九九五：三六〇］だとも述べて、フランス革命などの意義を否定する彼女の基本主張につうじている。

加えて、現代社会批判論者とされるハーバーマスも、近年は市民権／法主義に陥っている。討議原理の市民権／法的「手続き的合理性」を過大視するハーバーマスは、市民法的「合法性の正当性は、法的手続きと自らに固有な手続き的合理性に従う道徳的論証との交差に基づく」［Habermas 1998：552＝下、一九二］とし、五つの権利中三つの市民権——私的諸行為の権利、これを防御する自由意思的協同の権利（他者危害禁止原則）、訴訟権（四つ目の市民権が政治的権利、五つ目が社会権）——についてのみ、「権利のこれら三つのカテゴリーは、討議原理を法媒体自体へと、すなわち水平的社会化一般という法形態の諸条件へと適応することからすでに生じている」［*a.a.O.*：156＝上、一五二］とする。つまり法／権利構成の基本には社会法／権を登場させず、法／権利構成の基本を社会権／法を伴わない討議原理のみに求め、討議原理にもとづく市民権／法的な「各人の諸権利と万人の平等な権利との両立の条件を充足する規則のみが正当だ」[*a.a.O.*: 157＝一五二]、と言うのである。*

＊　ハーバーマスは政治的権利に依拠して、いわゆる私的自律と公的自律との等価的根源性 [*a.a.O.*: 161＝上、一五七] を言うが、これも社会権／法抜きの市民権／法内のことなので、社会権／法がなければ自律不可能な人は無視される。また社会権／法は、四つの「市民権の機会平等な使用のために、所与の諸関係下で時々に必要な……生活諸条件付与への基本権である」[*a.a.O.*: 156〜157＝一五二〜一五三] とは言うものの、社会権／法は権利／法構成の基本からは外されており、市民権／法に対して付加的二次的なものとしてしか把握されていない。これらハーバーマスのいわば市民権／法主義については、後出の補論を参照されたい。

先述のように市民権／法主義的な「合法主義」が新自由主義台頭の一因であるから、アーレントやハーバーマスは、ハイエクと同一の市民権／法主義的立場に立つ新自由主義への加担者でさえあり、しかもこうした点に研究者の多くも無自覚なように思われる。*

＊　近年のアーレント賛美論からすれば意外だろうが、私は、本章での議論のほかにもアーレント思想が、新自由主義の跳梁する現代の社会変革を阻害しかねないことを論じている [竹内　二〇〇三]。

こうした日本の論壇でも流行りの市民権／法の称揚と社会権／法の軽視の深層には、日本の法社会学・法思想における社会権／法の基礎づけの不備がある。それはまた、市民権／法の基礎づけの不備によっても増幅され、これらに感染した理論構造はマルクス主義法学にも及んでいたと思われる。この点とも関わる《市民権／社会権論》による市民権／法の基礎づけの不備の問題が、次節以下の主題である。

2 市民権／法主義と商品交換論および私的所有論

第1章で見たように、日本における憲法論の多くも社会権／法を軽視し、人権一般の基礎を市民権／法に求めてきた。典型は人権の基礎を「人間の人格的自律」[佐藤 一九八九：八〇]や「《強い個人の回復》」[樋口 一九九四a：七二]に求める議論だが、そうした傾向は近年非常に強い。それらは総じて、市民権／法的な「自律能力基底人権論」[笹沼 一九九六：一八七]としてまとめられるが、この傾向は新自由主義と同一ではないにせよ、少なくとも新自由主義を市民主義的「合法主義」により補完している。*

＊ ここ二十数年の人権論の市民権／法傾斜への批判については、吉崎[二〇〇五、二〇〇九]に依拠している。

これら市民権／法に傾斜した人権論が、人権の根拠とする強い個人や人格的自律や自律能力は、社会的諸関係や資本制社会との関連で問われる必要がある。たとえば個人の人格や能力も、社会的諸関係のあり方しだいで、また資本制社会のどこに依拠するかで、個人主義的なものでも共同的なものでもありうる。ところが人格的自律や強い個人は、「人権論の近代主義的構成」論者(第1章参照)に明らかなように、社会権／法的なものの伴わない人間像を原型とした個人主義的(＝私的所有論的)なものでしかない。樋口[一九九四a]によればそれは、「身分制共同体から解放された意思主体としての個人、自己決定をし、その結果に耐えることのできる自律的個人」[同：七二]である。この見地からさらに、「人権の主体を少なくとも一度徹底的に個人を担い手としたものとしてとらえる、市民革命期の反団体的・『個人主義的憲法観』の立場に立ちかえ」れ[同：一八四]、と言うのである。*

＊　第1章で指摘されているとおり奥平康弘も、市民権／法傾斜の人権論は、精神障がい者や脳疾患者、さらには老人などの権利を「あらゆる人間に普遍的に平等に与えられるべき権利という意味での〈人権〉であってはならない」、「平均人の〈人権〉をではなく、立法によって特別な権利を付与し、制度の適切な運用をはかる」［奥平　一九九八：一三八〜一四四］と言う。

すなわち市民権／法に傾斜した人権論は、社会権／法の軽視・無視を前提に市民権／法の正当化をはかったにすぎない。しかもそれは能力主義や優生思想に加担するものでさえある。換言すればこの人権論は、強い個人や人格的自律や自律能力を事実上、個人が自前で私的所有物として所持すべきものとし、市民権／法の実現もこの私的所有物の発揮としてのみ把握しているのである。＊

＊　たとえば憲法第二二条が保障する居住や移動の自由という市民権それ自身は、居住・移動に必須の一定の財力や能力を私的所有物として所持しえない「無所有者」にまで保障される権利ではない。市民権／法それ自身はこの私的所有しだいの権利であり、憲法第二三条の学問の自由の権利等も例外ではない。ちなみに財力や学問的能力なども私的所有物たることを前提にせず、社会的にある程度は保障してこそ社会権／法であろう。

上記の市民権／法に傾斜した人権論や、社会権／法や市民権／法の基礎づけにさほどの進展がない昨今の状況を考えると、《市民権／社会権論》は反面教師的にも再度問われるべきである。なぜならそこでは、市民法を含む私法と社会法を含む公法との関連全般が問われ、市民権／法（自由権）の基礎づけと、それとの関連での社会権／法の基礎づけが、商品交換や資本制社会を基盤に議論されたからである。《市民権／社会権論》によるこの議論は、市民権／法や社会権／法の根幹があまり問われない現在では、法学的思考の根底で事実上また論理的にも命脈を保っていよう。＊　それは近年の市民権／法に傾斜した人権論が、強い個人や自律能力を私的所有の範疇で捉える点からも推測される。

＊ 権利／法の基礎づけの軽視は実定法の受容の横行を招き、支配的現実＝支配者の現実を支える法実証主義を正当化する。たとえば藤田宙靖は、社会法を含む公法と市民法を含む私法の基礎づけに関わる論争について、社会法と市民法を別個のものとする二元論は「所詮行政権の優越性を過剰に求め」、社会法を市民法から派生させる一元論は「所詮私人間の利害の調整によって……社会的・経済的強者が公共を資する」しかなく、この二元論と一元論の「イデオロギー的な平面での議論は、結局水掛け論に終わ」るので、この論争は無意味で実定法を実証的に扱うべきだとする［藤田宙　二〇〇五：四五］。ちなみに彼は、新自由主義政策の一環である国公立大学の独立行政法人化の旗振り役でもあった。なおこの「経験的、実証的思考」には、仮構としての法も現実に介入しており、法は対象を支配する法則の認識だ、という観点からの的確な批判がなされている［高柳　一九八五：五一九～五二四］。

さて高柳信一、渡辺洋三、片岡昇、沼田稲次郎らの《市民権／社会権論》は、川島武宜や加古祐二郎らの戦中戦後の業績を批判的に継承し、また一定の批判はしつつも［渡辺洋　一九八四：一四七］、パシュカーニスの流通論的権利／法の基礎論を受け継ぐものであった。当初の代表的論者の高柳は、川島［一九四九、一九五二］をふまえ経済学理論［柴垣　一九六八］も援用して、以下のような市民法＝私法の基礎論を示した。「商品交換によって媒介された市民社会の内部法として、『意思自由の原則』を基本原理とする自己完結的な規範体系としての市民法……が成立する」。資本制社会でもある市民社会では、「資本の再生産も労働力の再生産も商品交換の方式によって行われるので、商品の自由（＝権力による強制を伴わない）にして等価的な交換という商品経済の法則が全社会過程を貫徹」し、「商品交換関係は商品に内在する価値の運動法則以外の要素によっては（したがってまた権力によっても）支配されない関係であり、これによって媒介された市民社会……では、自由な権利主体が自由意思により、その所有（排他的独占的に支配）する商品を交換し合う」［高柳　一九八五：八四～八五］*。

＊　本章で参照した高柳、渡辺、沼田らの論稿の多くは、初出原稿を再録した後年の論集・著作によっている。

原典の厳密な解釈を脇におけば、およそはマルクス的資本制社会論に依拠する以上の市民権／法の基礎づけは、他の論者の主要論点にもほぼ共通している。たとえば渡辺洋三［一九八四］は、「市民法の権利主体は、商品交換市場に登場する商品所有者で……、伝統的法律学は、市民法の分析を中心としてきたから、市場経済の論理にしたがった財産法の体系とその法理の分析を基礎に発展してきた」［同：一〇八～一〇九］とする。また市民法のブルジョア法への転化を指摘する一方で（後述）、市民権／法自体については、「市民革命の所産としての市民社会とそれを基盤とする市民法がその局面において民主主義の勝利の世界史的産物」［同：九五］だとして市民権／法の民主主義的意義を強調し、「自己の労働にもとづいて取得した財産に対する権利であるところの市民的財産権は、人間の生存の根本にかかわる基本的人権」［同：一九］だと述べる。さらに「『本来の市民法』（『自己の労働に基礎をおく所有制度を土台とする商品交換の体系』）」、この「市民法に含まれる積極的要素（『自主性・主体性をもった個人の自由尊重の理念』）」［片岡　二〇〇一：二八～二九］が主張される*。

＊　ただし「市民法原理の虚偽性」［沼田　一九七五：五六］を指摘し、人権論たる「自然法」は「市民法制樹立以後の法意識とも同一のものではない」［同：五二］点を強調する論者には、市民権／法自体に個人の意思自由を担保させる要素は少ない。だがこの場合も、社会権／法との相互関係抜きで市民権／法自体を社会権／法の一般的前提とする［沼田　一九八〇：四五］ので、私的所有が基礎づける市民権／法の問題点の把握がやはり脆弱である。

以上の限り、商品交換等が基礎づける市民権／法は、民主主義の勝利による世界史的産物であり基本的人権として高く評価されこそすれ非難されることはない。だが商品交換・市場秩序が基礎づける市民権／法は、単純には民主主義や基本的人権の典型とはみなせない。なぜなら市民権／法も、当初から国家権力的強制とこれによる排除・差別の論理を伴っていたからである。すなわち市民権／法の成立は、これを資本制社会（「先進国」）内に限定し、その他の社会を排除・差別する国家権力的強制に依拠するものであった。またこの点とも関わりそれは、資本制社会の商品交換に適合した自己労働をなしえない人間――私的所有を欠く人――を、国家権力的強制によって排除・差別するものでもあった。*

＊『人および市民の諸権利宣言』における女性排除をはじめ、成立当初の市民権／法が人種差別などの排除・差別と一体のものでもあった点は現代では自明である。この点との関わりでは次節以下は、これらすべての排除・差別が国家権力的強制によって否定されたとしてもなお存続する、成立期市民権／法以来の自己労働論自体に関わる排除・差別――労働能力等の私的所有物を欠く存在の排除・差別――の問題に限定されている。

すなわち社会的生産関係に規定される商品交換関係や、労働能力商品たる商品所有者に市民権／法の基礎づけを求めても、国家権力的強制とこれによる排除を脱した真の意思自由や主体性を担う市民権／法には至らない。商品交換関係を可能にした資本制開始時の本源的蓄積に伴う国家権力的強制だけでなく、この蓄積に絡む国家権力的強制は、女性労働等の底辺労働に関わる継続的本源的蓄積（ヴェルホーフ）とこれの「先進国」正規雇用労働への反作用として、総じて現代帝国主義として（渡辺治・後藤道夫）現在進行形だからである。*

＊　本源的蓄積期のマルクス的分析や、「資本主義的世界経済において支配的勢力が、自らのネットワークに新たな地域を組み込む政治的な強さ」［ウォーラーステイン　二〇〇一：一二〇］をもつ資本制国家権力を捉える世界資本

主義論からすれば、資本－賃労働関係のみならず商品交換関係に内在した国家権力的強制は明らかだろう。

以上のように高柳らの《市民権／社会権論》には、市民権／法が国家権力的強制による排除・差別を伴う点を真には考慮しない――「商品の自由（＝権力による強制を伴わない）」とされた――という決定的な問題があるのである。

3 《市民権／社会権論》における私的所有の看過

たしかに国家権力的強制やこれによる排除の直裁な作用はない、とみなしうる商品交換の姿態はありうる。《市民権／社会権論》の言うように、現象的には商品所有者の「意思自由」にもとづく商品交換は指摘できるからである。だが、商品交換関係・市場秩序に国家権力的強制やこれによる排除を免れうる面があっても、以下で見るように商品交換関係・市場秩序や私的所有自体が物象化・疎外と一体の排除・差別を伴っており、これらに依拠した市民権／法はさほど民主主義的でも意思自由的でもない。*

* この排除・差別は階級支配の別名でもあるが、紙幅の関係上、階級論的内容としては論じられない。

そもそも、資本制社会の「社会的生産過程での彼ら〔労働者〕のたんなる原子論的〔個人的〕振る舞いは、だからまた彼ら自身の生産諸関係の、彼らの制御や意識的な個人的行為から独立した物象的あり方は、まず第一に彼らの労働生産物が一般に商品形態をとることに現れ」〔MEW23：107～108＝一二四〕、「彼らは所有者として、すなわちその意思が自分たちの商品に浸透する人格として相互承認する。だからまずここに人格という法的契機、またそこに含まれる限りでの自由なる法的契機が入ってくる。誰も他人の所有を力づくで自分のものとはしない。誰もが所有を自由意思で譲渡する」[MEGA II/1-1：167＝一六三]。このマルクスの言う、誰もが私的所有を譲渡するさいの「自由意思」は一見、何の問題もない自由意思であるかのようである。だがこれは「商品に浸透している人格」に担保される限りでの「自由意思」でしかなく、労働能力商品を含む商品形態の労働生産物と一体化した、商品化≒物象化・疎外＊された「自由意思」にすぎない。つまり、人間の「意識的な個人的行為から独立した物象的あり方」と一体の疎外された「自由意思」でしかなく、真に人間的な意識的主体性による自由意思ではない（個人的振る舞いと物象的あり方との等置にも留意する必要がある）。

＊　疎外（労働生産物の疎外、労働の疎外、類的存在の疎外、人間の疎外）[MEW Ergänzungsband 510〜522＝四三〇〜四四三]を別角度から捉えた物象化≒商品化とはおよそ、生産関係や交換関係の根幹にある人と人との関係や人とその生活や文化が、商品（貨幣や労働能力を含む）や資本といった物象に支配され、物象のあり方に生活全般が支配されることだが[MEW23：87＝九八〜九九]、後述のように、たんなる商品のみならず労働能力に限定されない私的所有物たる能力も物象化・疎外されている。なお疎外と物象化とを、ほぼ同一事態の表裏だと捉えるのがマルクス思想にも合致していようが[竹内　二〇一一b：九九]、法的契機としての人格の物象性を指摘するマルクスの議論が、人間性とは区別される人格性や人格関係としての市民法的関係を説いたヘーゲル、さらに人格性を人間性とは別個だとしたカントとも連続している点に留意すべきである[竹内　二〇〇九b：一九〜二四]。

この「自由意思」の担い手である、それ自体物象化・疎外された「人格という法的〔権利的〕契機、またそこに含まれる限りでの自由という法的〔権利的〕契機」という点こそ、商品交換関係に基礎づけられる市民権／法が真に自由なものではなく、物象化・疎外されていることを示している。けっきょくは、商品交換関係や商品所有者に根拠を求めて市民権／法を根拠づけることは、物象化・疎外の容認に陥るのであり、通常意識されるようなすべての諸個人の真の自由や主体性の担保には至らない。この点に関しては《市民権／社会権論》も以下のように、市民法からブルジョア法への転化という把握や、疎外されたものとしての市民法の把握のさいには、事実上、上記のマルクスや本章の指摘に似た議論をしているとは言える。「市民革命の所産としての市民法は、資本家的支配の道具としてのブルジョア的市民法へと転換し、それはさらにブルジョア的現代法へと変質する……。ブルジョア法の展開過程は、資本所有権によって支配される人たちの生存を抑圧し、その対立物として、生存権擁護の法体系を市民法の外側に生み出す過程でもあった」〔渡辺洋　一九八四：二〇～二一〕。また「資本制社会は階級社会」であり、「商品流通過程をその法則的な動きのままに法制的に保障することが、資本制生産を保障するための一般的原則的な要請」となり、「市民法はかかる要請に答えて、商品流通過程の人格化たる社会関係を制度化している……。自由平等なる法的人格者が市民法の中心概念となるのは奇とするには足らない。だが、かかる人間象はいわば『類としての人間』……の疎外……であり、現実の人間の一面のみを反映する……虚偽の像だ……。かかる虚偽性＝一面性が、市民法の規範倫理の虚偽的性格を規定し、市民法の妥当が生きた社会の抵抗（イデオロギー批判）に逢着」する〔沼田　一九七五：八一～八二〕。

　しかしやはり、この市民権／法の虚偽性——物象化・疎外されたものとしての市民権／法——を暴く「伝統的モデルは、市民法の虚偽性と労働法〔＝社会法〕の独自性を強調するあまり、市民法に含まれる積極的要素（『自主性・主体性をもった個人の自由尊重の理念』）を過小評価することになった」〔片岡　二〇〇一：二八〕という指摘が端的に示すように、《市民権／社会権論》が市民権／法自体を考量するさいには、物象化・疎外された市民権／法の把握は背後に退いてしまう。つまり市民権／法自体はやはり、近代的個人の自由や主体性を担保するものとして評価されこそすれ非難の対象にはならず、社会権／法の伴わない市民権／法が民主主義的であるかのごとき把握を強調することになる。付言すれば生存権などの社会権／法が、資本所有権やブルジョア法との対抗のみで生じるとされ、上記の市民権／法自体への対抗から社会権／法を位置づける点——社会権／法を市民権／法と原理的地位を等しくするうえできわめて重要な論点——も完全に見失われる。こうなるのは《市民権／社会権論》が、マルクス的志向では徹底して維持すべき市民権／法自体の物象化・疎外という把握を維持できないからである。そしてこの点はまた、市民権／法を支配する物象化・疎外が、私的所有自体をも支配する点についての理解が不明確だったということでもある。つまりは市民権／法と私的所有との関連が、とくに物象化・疎外の次元では捉えられず、したがってまた物象化・疎外された市民権／法が正確には把握されなかったのである。

別角度から言えば《市民権／社会権論》は、市民権／法の基礎づけのさいには物象化・疎外された私的所有自体を捉えていなかったのである。たしかに《市民権／社会権論》も言うように、資本制社会としての市民社会の権利／法である市民権／法は、商品交換関係、さらには資本–賃労働関係に根拠をもつ。だがこの根拠は同時に、私的所有の成立とその正当化においてすでに効力をもっているのである。つまり市民権／法は、この物象化・疎外された商品形態の私的所有自体に——いわば商品交換関係「以前に」——基礎づけられた権利／法なのである。しかも私的所有は、物的財産にとどまらず、労働能力商品を中核とする能力一般の私的所有をも含意する。すなわち原理的には商品交換関係に支配される能力一般も、物象化・疎外された私的所有物でしかなく、市民権／法は事実上、こうした私的所有物に基礎づけられる。それゆえ社会権／法の伴わない市民権／法は、物象化・疎外されているのはむろんのこと、物象化・疎外された私的所有物の所持者の権利／法にとどまる。また市民権／法は、この所持者以外を排除・差別する権利／法であるため、すべての諸個人に真の自由や主体性を保障する権利／法ではない。これらの諸点が、《市民権／社会権論》では非常に不明確だったのである。

以上の私的所有についての指摘に関しては、《市民権／社会権論》も次のように市民的所有権とブルジョア的所有権との、また商品所有権と資本所有権との区別を捉え、そこでの私的所有のありようの相違から、市民権／法の基礎づけのさいの私的所有の問題を捉えていたようにも見える。なぜなら商品交換において「『契約をとおして運動する私的所有権』という点では、市民的所有権とブルジョア的所有権との間に区別がない。それゆえ、市民法はブルジョア法……なのである。しかし市民法とブルジョア法とを決定的に区別するものは、自己の労働に基礎を置く所有権か、他人の労働に対する支配に基礎を置く所有権かという点なのであり、またブルジョア的所有権をブルジョア的所有権たらしめているものは、その他人の労働に対する支配が、法的に労働力商品交換契約によって媒介されている」［渡辺洋三　一九八四：一五四］、という指摘があるからである。*

＊　他方ではこの指摘と齟齬するが、「商品所有権そして資本所有権の私的（階級的）性格と国家権力の公的（超権力的）形態（もちろん現象形態）との間の根本矛盾は、近代市民法に本来的に内在する矛盾である」［同：一五七］と述べ、事実上、近代市民法／権自体の問題性も指摘される。こうした齟齬は、本章が問うような私的所有自体の存否と市民法／権との真の関連を捉えないがゆえに生じるのである。

だが以上の指摘にとどまる限りでは、けっきょくは他人の労働を支配しない自己労働（労働能力商品）にもとづく市民権／法を問題なきものだと主張することになる。ところが社会権／法と市民権／法との関連からすれば、自己労働にもとづく商品所有権か他人の労働の支配にもとづく資本所有権かという、私的所有権の区別以前の私的所有自体の問題があることこそ肝要なのである。なぜなら自己労働の場合も他人の労働の支配の場合も、労働し支配する能力の私的所有が所有権→市民権／法を基礎づける点では同じだからである。つまり市民権／法自体は、私的所有権を核とするその市民権の発揮を可能にする能力を「すでに私的所有している」点を前提にする、ということである。これは市民権／法の内容にいかに違いがあれ——商品の売買・契約の自由や居住・移動の自由の権利であれ、思想信条や表現の自由の権利であれ、同じである。つまり交換・売買する商品も、居住・移動に必要な貨幣も、思想信条や表現の能力も、それらを「私的所有していないなら」、それらに関する自由の権利たる市民権はありえない。だからこそ私的所有物を欠く人を排除・差別する物象化・疎外されたものとしてのみ成立期の市民権／法はありえた。だが《市民権／社会権論》は、市民権／法自体が以上の意味で排除・差別する権利／法である点を看過していたのである。*

* 私的所有物を欠く人の排除が把握される場合もなくはなかったが、それはたとえば、「税金負担者……の権利を確立することによって、税金負担の能力のない無産者を、統治機構からしめ出したことは、市民国家のブルジョア国家への転化を可能にさせるひとつの要因」［同：三〇］、という指摘に見られるように、市民権／法の基礎づけやその根幹をふまえたものではなかった。

以上に関わらせて社会権／法について言えば、日本における大方の法学論議がふれない点だが、「社会権／法的秩序という枠組みでは、主体は唯一、生命体であるという事実にもとづいてのみ権利主体となる」［Ewald 1993 : 29］、ということが客観的根拠を伴って主張されうる（本書第7章参照）。つまり社会権／法は第一義的に、生きている人すべてを権利主体とする点で、あらゆる排除・差別を免れた権利／法たりうる。すなわち社会権／法の成立をつうじてこそ、「理性や意思の力〔＝能力〕を所持する権利主体のみならず、生きている人すべて、また生命体としての可能性が脅かされている人すべて、というほどの権利主体の多様化」［*a.a.O.*：30］がもたらされる。私的所有物の欠如で生存が脅かされる人をも権利主体とし、私的所有にはまったく無関係に権利主体を創出するのが社会権／法なのである。だからまた社会権／法がなければ、理性や意思の能力や生命体としての能力すら欠如したまま放置される諸個人に、生存にたる能力を含む「私的所有物」を保障するものこそ社会権／法なのである。[*] そしてこうした社会権／法の実現に必須の財源確保のためには、財産権などの私的所有権、つまりは市民権の一定の制限が必ず伴わねばならないのである。

＊　この点に関わって、「社会権／法とともに、自由（Freiheit）という問題設定に代わり解放（Befreiung）という問題設定が現れる」［Ewald 1993：30］と、師フーコーの思想を継承するエヴァルドは述べるが、これは市民権／法的自由の狭隘さと、社会権／法と真に一体となった市民権／法による解放＝自由との対比として、また自由論の深化の提示としてさらに展開されるべき命題だと思われる。

別角度から見れば、社会権／法の脱私的所有性＝脱物象性と対比しつつ市民権／法の私的所有性＝物象性を示せなかった点こそ、《市民権／社会権論》の最大の弱点だとも言える。関連して生存に関わる市民権／法について言えば、「〔商品〕交換関係という枠組みにおいてのみ主体を保護する実定法〔＝市民法〕によっては、生存〔生命〕を維持する保障は確実なものではない。自由主義者にとっては、生存〔＝生命〕は我々に何の権利も与えるものではない。つまり権利〔＝市民権〕が保護するのは、人が自らの生存からつくりだすもの〔=労働能力商品と生産物商品〕のみである」〔*a.a.O.*：29〕。したがって生存権の真の保障は、生存能力を含む私的所有物に規定された市民権／法では不可能なのである。市民権／法は、対等平等な権利を保障すると理解されがちだが、それのみでは物象化・疎外された労働能力商品の私的所有者の生存のみを保障する排除・差別的なものにとどまるのである。

このため、「それ〔=ブルジョア的市民法〕が市民法である限り、労働者（労働力商品所有者）たる市民の権利と生存を保障する法でもありえた」〔渡辺洋　一九八四：三九〕とする《市民権／社会権論》の問題も指摘しなければならない。なぜならここで保障される「生存」は、労働能力商品などの私的所有物の所持者が害されないことによって「保障された」とする「生存」――他者危害禁止原則が保障する「生存」――にとどまるからである。つまり《市民権／社会権論》は事実上、生存に必要な能力の私的所有を前提とし社会権／法が保障すべき生存を看過しており、私的所有が害されないという意味で市民権／法が保障する「生存」と、社会権／法が保障する生存とを区別しない混濁した議論を行っているのである。*

＊　この混乱は、たとえば『米国独立宣言』第二段が謳う生命の安全への権利の保障が、入植白人などの一定の私的所有者に限定される市民権／法的なものでしかないにもかかわらず――この点は、中段の「無慈悲なインディアンの野蛮な奴」という記述が、ネイティヴ・アメリカンを人間扱いせず、彼らの生命の安全を完全に否定していることから明白である――、これを社会権的なすべての人の生存権保障として捉える多くの通俗的議論にも見られる〔竹内　二〇〇一：六一〕。

繰り返せば労働能力商品などの能力の私的所有者の生存しか保障しない点で、市民権／法はすでに物象化・疎外されており排除・差別の論理にまみれているが、私的所有の問題性を軽視した《市民権／社会権論》はこの点を把握しえない。加えて物象化・疎外された能力の私的所有論は、現代社会における能力主義や優生思想にもつうじている［竹内　二〇〇五ａ：一七九～二〇〇］が、《市民権／社会権論》は、社会権／法の伴わない市民権／法が能力主義や優生思想による排除・差別を昂進する点も、看過してきた。*

＊　これは、市民権／法たるフランス革命時の『人および市民の諸権利宣言』六条後半の「徳と才能以外の何らの差別なく」という規定や、世界最先端の国法とも言える日本国憲法の第一四条（差別禁止規定）ですら、さまざまな差別を禁止しながら能力による差別だけは禁止できていない点とも関わっている［竹内　二〇〇五ａ：一八三］。

4　市民権／法自体における私的所有の絶対視

市民権／法を基礎づける私的所有物――能力一般を含む――の問題性を、新自由主義≒リバタリアニズムが自らの基盤として注目する［森村　一九九七：一一五～一五七］ロックの議論から見ておきたい。

ロックは、身体を所有する個人が労働することによって得る生産物を私的に所有することができるとした。すなわちすべての人の「身体の労働（the labour of his body）」や「手の仕事（the work of his hands）」という表現で身体・労働・仕事の、また事実上、労働能力の私的所有を立論し、さらに「すべての人は、自らのパーソンに所有権をもつ」［Locke 1963：353～354＝一七六］と明言して、パーソン≒当人自身における能力の私的所有を当然のこととした。さらにロックの私的所有論は、「労働による改良（improving）」［*op.cit.*：362＝一八五］論を伴い、市場で実現される「利潤を生む改良（improvement）*」が可能な労働能力の私的所有のみが所有権を担保するとする。このようなロックの私的所有論は、改良＝利潤に資さない労働能力の所持者――ロックではとくにネイティヴ・アメリカン――を排除・差別して、往時の英国による北米大陸の植民地化を正当化したのである。

＊　現在の英語での意味とは異なり、当時の、改良する improve は、中立的な改善 ameliorate を意味せず、利潤を生み出す改良を意味した［ウッド　二〇〇一：一一四〜一一七、訳者注、一三三〜一三四］。

加えてロックは、「私の奉公人が刈った芝や私が採掘した鉱石は、誰の割当ても同意もなしに私の所有となる」［Locke 1963：354＝一七七］、と雇い主＝資本家の労働のうちに奉公人＝使用者の労働を含めることを主張して、事実上の資本主義的搾取を私的所有論として肯定した。すなわち、この点では労働者自身の労働の私的所有をも否定したのである［ウッド　二〇〇一：一二一〜一二三］。

このようにロックの私的所有論は、たんなる自己労働やこれによる享受の豊富化などの議論ではなく、利潤に資さない労働を排除したり奉公人の労働を搾取する論理になっている。このロックの議論からも、私的所有によって基礎づけられるだけの市民権／法が、物象化・疎外と一体となった排除・差別の論理に至るのは明白だと言えよう。＊

＊　「諸人格は商品の代表者として、したがって商品所持者［私的所有者］としてのみ相互に実存する」［MEW23：100＝一一三］とマルクスが述べたように、私的所有権は、労働能力商品を含む商品の私的所有者としての人間たる「人格」のみを許容し、私的所有物を欠如した人間を排除する。現代の社会保障削減の問題の根源に私的所有権論による排除・差別性があることを、マルクス思想とも関連させて論じた竹内［二〇〇五b］を参照されたい。

それは、成立期の市民権／法が、社会権／法的なものの萌芽たる生存維持のための共同的扶助をことごとく排除するものであった点からも明白である。端的な事例を、英国のスピーナムランド救貧法の廃棄に見ることができる。スピーナムランド法自体は、労働者への最低賃金の支払いが不可能な企業に国家が賃金補塡をすることを定めた法であり、「スピーナムランド〔法〕を額面どおり受けとれば、『生存権』が賃労働を完全に阻止するはずであった」［ポラニー　一九七五：一〇八］。結果的にはこの法は、国家から賃金補助金を得た企業が賃金支払いをサボタージュする事態を招き、賃労働者を「実際には破滅させるという皮肉な結果をもたらした」［同：一〇九］が、社会権／法のない時代に論理的にはその萌芽的意味をもつものではあった。ただしこの法の廃棄は、「賃金制度と『生存権』の共存が不可能であること……、賃金に公共の基金が助成される限り資本主義的秩序は機能しない」［同前］ことを示した。つまり成立期の市民権／法の基幹をなし資本制秩序を支える私的所有権（賃金の私的所有権）の成立は、原理的に社会権／法的生存保障と矛盾し、これを排除するものだったのである。

換言すれば「市民的権利〔市民権／法〕は、各人は自らを防衛する手段を与えられている〔＝生存手段を私的所有している〕という理由で、彼に対する社会的保護の必要性を否定」［マーシャル　一九九三：四三］した。このように成立期の市民権／法はいっさいの社会的保護（社会権的なものに接続する旧共同体的保護）を否定するものであり、また私的所有物の非所持者の排除・差別を伴う物象化・疎外されたものだったのである。対するに、生存の維持などに必要な能力を含む私的所有を保障するのが社会権／法である。したがって《市民権／社会権論》のように、市民法のブルジョア法への転化や市民法の独占資本主義段階への移行などの事象［渡辺洋　一九八四：五五〜六二］――歴史上は社会権／法を促したものだが――からのみ、社会権／法を把握すべきではない。社会権／法は成立期の市民権／法とも矛盾するので、社会権／法の伴わない市民権／法自体との対抗において把握されるべきだからである。《市民権／社会権論》はこの把握を欠くがゆえに、社会権／法の伴わない市民権／法が個人の真の意思自由や主体性を担保しえないことを看過したのである。*

＊　新自由主義的な市民権主義的「合法主義」に対抗しうる社会権／法は、独占資本とせめぎあう以上に、社会権／法の伴わない市民権／法とせめぎあう。たとえば公的介護保険下における高齢者介護が保険料支払いや一割の自己負担と引き換えに行われているのも、直接には社会権／法の伴わない市民権／法の力が大きいのである。

この問題は過去の歴史的問題にはとどまらない。なぜなら社会権／法の伴わない市民権／法の議論、つまりその基本構成において市民権／法のみに依拠する権利／法論は、私的所有物を欠く存在を排除・差別するがゆえに、現代でも古典近代のロック的水準に堕すからである。この点でとくに共同体論者テイラーによる、能力の私的所有に依拠した権利／法の基礎づけ論に留意すべきである。なぜならテイラーは、近代社会以降で「問題になる権利の主張は、能力の肯定のことで、この能力に関する社会的命題は真理であって」[Taylor 1992：377～378]、「ある存在がA、B、Cに対する権利を持つという確信の背後にある直観とは、この存在が尊重に値する能力を示すという直感である」[*op.cit.*：342] とするからである。テイラーの場合、権利／法が市民権／法だけか否かは定かでないが、事実上、能力の私的所有が市民権／法を基礎づけるという、重要な論点を指摘していたのである。*

＊　ただしテイラーは、私的所有物としての能力による権利の基礎づけを批判しないため、たとえば「人間的生というものの余地を感じさせない」昏睡状態の人を権利主体とすることに疑問を呈する [*op.cit.*：346]。

リバタリアン＝新自由主義者である森村進も「『自分の身体は（道徳的な意味でも）自分のものだ』と

いう判断は、それ以上正当化できなくても否定し難い直観」〔森村　二〇〇一：七五〕だとし、「人身所有権と労働による財産権とは確かに区別できるが、両者はけっして無関係ではなく、後者は前者を前提にした自然な前提から導きだされるので、前者ほどでなくてもやはりその主張には強い説得力がある」〔同：三六〕と言う。加えて「自然権としての私有財産」を掲げ、私的所有とこれを中核とする市場は国家以前からあるとして、私的所有や市場の永遠性を強調する〔同：七八～八〇〕。「自分のもの」とは私的所有の別表現であり、また身体が能力を含むのは確実である。つまりリバタリアンである森村も能力の私的所有を社会の根底に位置づけ、これを権利／法の基礎とする。けっきょくリバタリアン的私的所有の永遠性論は、市民権／法を能力、とくに労働能力商品たりうる物象化・疎外された能力の所持者のみに限定し、またそうした能力の非所持者を市民権／法主体から排除するのである。

5　社会権／法の独自性の無視と市民権／法への還元

繰り返すが、私的所有者である限りの人間の生存しか保障しない市民権／法は、物象化・疎外され排除・差別の論理に至らざるをえないため、この問題の克服に向かう権利／法論の構築には、社会権／法の明確な基礎づけが決定的に重要である。そして排除・差別と一体の物象化を商品化として、また脱物象化を脱商品化として捉えうるなら、生きている人すべてを権利主体とする社会権／法は、脱物象化＝脱商品化の傾向とともにある。したがって商品交換・市場秩序とは相容れず市場秩序の外部にある社会権／法が想定されるならば、排除・差別の程度を弱めることは物象化・疎外の程度を弱めることに重なる。この点で、次のエスピン－アンデルセンの社会権／法論には大きな意義があろう。「近現代的な社会権の導入は、〔労働能力商品を含む生産物の〕純粋な商品という性格を失わせることを意味している。脱商品化〔≒脱物象化・脱疎外〕が生じるのは、社会サービスが権利〔＝社会権〕として提供されており、市場への依存なしに生計を維持できるようになるときである」。「社会権が不可侵で、業績を基礎にするのではなくシティズンシップを基礎に保障されるのであれば、社会権は、市場に対抗して個人の地位を脱商品化する」［エスピン－アンデルセン　二〇〇一：二三］*。

* シティズンシップを社会権の基礎とする点は別途検討すべきだが、エスピン－アンデルセンの脱商品化≒社会権化論は脱物象化論でもあり、市場≒資本制経済の外部の物象化批判の基盤論ともなる［竹内　二〇〇九a：一〇一～一〇三］。ただし「脱商品化は〔資本制〕システムの存続のために必要」でもあるので、「脱商品化〔≒脱物象化〕という概念は労働力商品の根絶ということと混同されてはならない」［エスピン－アンデルセン　二〇〇一：四一］。

脱商品化≒脱物象化に向かう社会権／法がなければ、私的所有が基礎づける市民権／法は物象化・疎外を脱しえない。逆に、物象化・疎外された能力の私的所有やこれが基礎づける市民権／法も、商品交換・市場秩序の外部で、しかし経済自体からは乖離せずに（本章「おわりに」を参照）基礎づけられる社会権／法によって補われるなら、即座の脱物象化は無理でも物象化・疎外の程度を弱めうる。さらに徴税のための私的所有権（市民権／法）の一定の制限を前提とする、社会権／法と一体となった市民権／法が初めて、真に自由意思と主体性を担う権利／法になりうるという見通しもてるようになる。*

* 本来は共同的なものである能力を私的所有の範疇でのみ論定することも物象化・疎外のただなかにある。この点で拙論の「能力の共同性」論――「能力の根幹は《当該諸個人の『自然性』と諸環境や他者（社会的生産物も含む）

との相互関係自体》」〔竹内、二〇〇五a：一九四〕——を社会権／法論のなかに位置づけねばならない（本書第7章参照）。

だが《市民権／社会権論》において渡辺洋三は、市民権／法の「原理は、商品交換市場を媒介するところの市場法理……ギヴ・アンド・テイクの交換的関係を『正義』とするところの法原理」〔渡辺洋一九八四：一〇七〕だとする。そして社会権／法については、「商品交換を基礎とする交換的正義によらない生活保障が逆に原則とされ」〔同：一〇八〕、ギヴ・アンド・テイクではない法理による「社会権は、個人の『社会』に対する権利である」〔同：一一〇〕点が強調されて、社会権／法の基礎を個人のテイク次元にのみ求めるのである。つまり市民権／法には、商品交換関係において等価交換に表出するギヴ・アンド・テイクがあるが、社会権／法では受給側からすればテイクのみあってギヴがないとされる。この把握は、社会権／法の把握にも、市民権／法の場合と同一の私的所有物とその等価交換の論理への拘泥を残すものである。なぜなら上記のような社会権／法の基礎づけにおいては、受給側の個人のテイクの際には、ギヴ・アンド・テイクにもとづく市民権／法把握の場合と同種の、私的所有物の等価交換論の半面が、ギヴなしではテイクは保証されないといった疑念を伴って強烈に作用し、社会権／法にも私的所有論が介在するからである。これでは、物象化・疎外と一体の排除・差別の克服に向かう社会権／法は捉えられず、個人主義的権利主体による私的所有物のギヴ・アンド・テイク次元を超える、集団主義的な社会権／法の主体も捉えることができない。*

＊　この集団主義論の充実には、市民権／法を担保する商品交換次元の貨幣と、社会権／法を担保する、たとえば累進課税の徴税およびその配分次元の貨幣との、貨幣の相違にまで及ぶ諸論点が必要となる（本書第7章6を参照）。

たしかに《市民権／社会権論》も、社会権は「社会における富や文化遺産」や「共有財産ないし公共財産に対する個々人の分け前に対する権利」［同前］だと述べている。だがこれだけでは、「個々人の分け前」を正当化する社会権を基礎づけることにはならないし、受給側の社会権的テイクを担保する共有財産などの経済的なものが、社会権／法の主体を基礎づけることもない。これらの問題点が露わになるのが、《市民権／社会権論》が社会権／法を「経済の論理を制約する社会的な公正の原理」にもとづくとし、「非経済的な社会生活上の権利」［同前］だとする場合である。すなわち《市民権／社会権論》は、社会権／法の論理は「経済の論理と別個の生活の論理に適合的な法の論理」［同：一〇九］だとして、経済を捨象した「たんなる」生活の論理による社会法／権の基礎づけに至る。だがそれは、ベーシック・インカム論の「労働と所得との分離」論と同じく、財源（他者の労働による財源）論に典型的な、商品交換・市場秩序の遮断にもとづく市場秩序外部の経済を放置するものである。*

＊　生活の論理に「たんなる」という否定的形容をするのは、この種の議論では「『生活』という概念をどのように規定することが科学的であるか……、いまだ十分な吟味がなされていない」［同：一〇八］点が自認されており、生活の論理が社会権／法の基礎づけに足る具体性を欠くからでもある。なおベーシック・インカム論における「労働と所得との分離」論も、労働や私的所有や財源における他者性を真には扱えてない［竹内　二〇一一b：四〜八］。

社会権／法による生活保護費の受給などのテイクは、他者による労働といったギヴ（累進課税による社会保障財源など）、つまり市場秩序外部の経済（財源）を大前提とせねばならない。にもかかわらず《市民権／社会権論》は、この大前提を社会権／法やその主体の基礎づけ自体では問わないのである。もちろん《市民権／社会権論》も、社会権／法は「集団的自助」や「過去の人たちのきずいた社会的公共的遺産の上にのみ可能」〔渡辺洋　一九八四：一一四〕だとは述べるが、市場秩序外部でのギヴ（財源）を問うことはない。そのため社会権／法やその主体が財源などの社会基盤と隔絶する一方で、他方では財政難を理由とした社会権／法の阻害への対抗が脆弱になってしまう。同様の傾向は、「労働法を含む現代の法」にとって「自由と平等は重要な法理念であるが、両者を根底から支えるものは、やはり『人間の尊厳の理念』」〔片岡　二〇〇一：八五〕だとする、人間の尊厳という理念による社会権／法の基礎づけにも見られる。*

＊　この議論では、「人間的生存に対する平等な保障を求める権利＝平等的社会権（教育権、社会保障権、労働者的諸権利等）」、「社会権の承認は、経済的自由に対する一定の制約を容認し」、「生存権理念にとり……、経済的自由を除く思想・良心の自由、人身の自由、政治的自由（参政権）などの基本的自由は、すべて平等に保障されねばならない」〔同：八五〜八六〕、といった本章も首肯する発言もなされるが、社会権／法を基礎づける「人間の尊厳の理念」の具体的展開を欠いている。なお憲法第二五条とは別に第一三条に人間の尊厳の基盤を求め、それを一挙に「自由権的基本権と生存権的基本権とにとっての統一的な内在的根拠」〔沼田　一九七五：三六三〕とする点も、ここでの議論と同種の問題をかかえており、この問題はその後にも伝播している〔西谷　一九九二：七一〜九二〕。

総じて経済的・社会的な裏づけのない、「たんなる」生活の論理や人間の尊厳という理念による社会権／法の根拠づけは、「権利／法をたんなる意志にもとづかせる〔＝還元する〕法律的幻想」〔MEW3：63＝五九〕に陥る危険がある。つまり社会権／法を、客観的な経済や社会構成とは無関与に成立するような、きわめて抽象的で主観的色彩の濃い権利／法にしかねないのである。そうした権利・法はたとえば、重度障がいをもつ人や「脳死」者などは人間の尊厳にふさわしくない、といったことを自明視する主観的な人間観に依拠しがちとなる。そのため、社会権／法的医療保険の対象から「脳死」者などを恣意的に除外（改正臓器移植法の意図）するような、排除・差別を伴う「社会権／法」といった奇妙なものの肯定にも至りかねない。またそうした主観性は、社会権／法を簡単に脆弱化したり、市民権／法の二義的補助的な権利とすることとも深く関わることになる。*

＊　生活の論理や人間の尊厳自体は抽象的なものであり、これらによる社会権／法の基礎づけには具体的な経済的・社会的なものが必須である。社会権／法を基礎づける「人間の尊厳は、近代自然法や近代市民法における自由意思主体としての個人人格の尊厳として現れる」〔片岡　二〇〇一：一〇五〕とする発言も、近代市民法が物象化・疎外とともにあり排除・差別を含んでいる点を看過している。なお「法律的幻想は、〔私的〕所有関係がいっそう発展するなかで必然的に、誰かが物件を現実に所有することもなしに、その物件に対する法的権原を所有しうるという方向へつうじる」〔MEW3：63～64＝五九〕。これは私的所有権の保障は財産獲得を保障しないという、社会権／法の伴わない私的所有権＝市民権／法に該当するが、真の社会権／法はこの市民権／法の難点を克服するものである。

社会権／法を基礎づけるものが、経済や社会構成を含まない「たんなる」生活の論理や人間の尊厳という理念であるならば、それは抽象的ヒューマニズム*に依拠せざるをえず、その具体性はよりいっそう奪われる。そこには市民権／法を基礎づける私的所有ほどの具体性がないからである。

＊　抽象的ヒューマニズムとは、一言では社会文化的根拠や実質的保障を欠落させた人間尊重論だが、その克服には能力に関わる共同性の深化拡大や有用性の転換が必須である〔竹内　一九九三：一四二～一八二〕。

以上のように《市民権／社会権論》は、各論者の自覚の程度は不明だが、事実上、社会権／法との相互媒介のない市民権／法を社会権／法の前提とすることになり、市民権／法主義に舞い戻るものだと言える。その典型は、「基本的人権は市民的人権〔＝市民権／法〕と社会的人権〔＝社会権／法〕とに大別できるが、後者は前者を普遍的契機として、ないしは一般的前提として含んでいる……。刑法によって護られる生命・健康の権利〔＝市民権〕は生存権〔＝社会権〕の基本的一般的前提であ」〔沼田　一九八〇：四五〕るという発言である。*

＊　これは啓蒙的書物での発言だが、より理論的な著書でもこれと同じく「自由権的要請は生存権的要請の契機」〔沼田　一九七六：一二〕と記されるのみで、生存権的要請が自由権的要請の契機だとはいっさい主張されていない。

本来は上記発言では保障されない権利を鑑み、同時に、〈前者（市民権）は後者（社会権）を普遍的契機ないしは一般的前提として含む……。生存権によって護られる生命・健康の権利は、刑法によって護られるそれの基本的一般的前提だ〉、と言うべきだが、この点への言及がまったくない。つまり、社会権／法の市民権／法への事実上の還元、すなわち市民権／法主義に陥っているのである。*

＊　こうした陥穽の震源は戦後日本における市民社会論・市民主義である。なおここ十数年では、市民権と社会権「両者の相互関連性」論もあるが〔中村　一九九九：二七〕、本章の言うような社会権の独自性は捉えられてない。

したがって《市民権／社会権論》においては、けっきょく、一九世紀後半から徐々に確立してきた社会権／法によって初めて、不平等だった市民権／法がある程度は平等化してきたことも看過され〔竹内　二〇〇一：三三〜七四〕、また以上をふまえてこそ把握しうる市民権／法と社会権／法との真の統一・相互媒介や、平等主義の実現にとっての社会権／法の意義〔竹内　二〇一〇：一八九〜一九六〕も忘却されるに至るのである。

おわりに——社会権／法の新たな基礎づけのために

《市民権／社会権論》の欠陥の克服に必要な社会権／法の新たな基礎づけの詳細は第7章に譲るが、本章の最後に、すでに示唆したその端緒をまとめておきたい。まず確認すべき大前提は、生きている人すべてが、私的所有や人間の尊厳などとは「無関係に」*、社会権／法の主体になりうる点である。したがって当然にも、「社会的権利〔＝社会権〕の内容は、それを要求する個人の経済的価値によって決まるのではない」［マーシャル　一九九三：五五〜五六］。そうした社会権／法の基礎づけは、以下の諸論点をふまえてなされることになる。

＊「無関係に」という点は、きわめて重要である。人間の尊厳についてその内容を問わなければ、抽象的ヒューマニズムに陥り社会権／法を基礎づけえなくなるが、これを避けて尊厳の内容を示せば、その内容を充足しない人を尊厳に値せずとし差別主義に陥るからである。この種の差別主義は米豪系の生命倫理学における障がい嬰児殺しの正当化論［Rachels 1986］以来、パーソン論など多々あるが、これらへの批判は、竹内［一九八七］を参照のこと。

（1）私的所有権を核とする商品交換関係・市場秩序の遮断*（市場秩序の外部）により、物象化・疎外をある程度弱めて脱物象化＝脱商品化に向かい、一定程度は脱物象化＝脱商品化が成立する権利／法論という場が想定されうる、すなわち私的所有と商品交換に基礎づけられる市民権／法とは出自も次元もまったく異なる社会権／法的な領域が想定されうる。

＊この遮断は、市民権／法の基礎にある市場秩序の四原則（私的所有、契約の自由、等価交換、他者危害禁止）〔竹内　二〇一一a：一五〜二三〕すべてに及ぶので、脱物象化・脱商品化全般の次元が開ける。またその現実的基盤は一定の非市場領域だが、この領域は既存の社会生活でも社会権／法的なものを実現させてきた脱商品化領域として確認しうる。それはたとえば、累進課税の徴収とその配分によって担保される日常の家族生活や友人関係などの

親密圏の一部を含み、歴史的にはノブレス・オブリージュや慈善なども含む。

（2）市場秩序の外部とともに成立する社会権／法の主体は、理念的には人間集団の一員であれば権利主体だという集団主義的権利主体である。だが現実にはそれは、国民国家的な「先進国」集団内にとどまっており、これら集団を最大限に拡大せねばならない。*

＊　新自由主義の世界展開を克服していくうえでも、初歩的福祉国家以来、「先進国」内に限定されている社会権／法を担保する集団性が有する、帝国主義的かつ優生学的編成を克服する志向が重要となる。

（3）社会権／法およびその主体を基礎づけるのは、通常は私的所有物として把握されがちな、能力や富裕（富）のみならず病や障がいなどの害悪（リスク）すべてを社会共同的なものとして捉える集団性である。「能力の共同性」にも至るこの集団性は、生命体たる諸個人に文字どおり無差別平等に該当する。したがって、集団的な社会権／法およびその主体は、私的所有にもとづく個人主義的な市民権／法およびその主体とはまったく異なるものとなる。*

＊　《市民権－社会権論》など大半の議論［西谷　一九九二：九三〜一一二］は、集団性（collectivism）を労組的団結に還元し、団結権と「自由権（＝市民権）的基本権との異質性を強調する見解」への反省から「労働者個人の主体性と自由の契機をより重視」し、「団結権を集会結社の自由の一形態とみるのは『正しい見解』」［片岡　二〇〇一：一〇三］だとする。だが集団性は労組的団結に尽きず、富も害悪もまた個人内部を構成する能力も社会的集団的なものである。こうした集団性の成立にはけっきょくのところ私有財産権（一部の市民権）の制限を伴うが、「市民権的基本権と異質」だとして忌避すべきものではなく、社会権／法主体と市民権／法主体との真の統一にも資するものである（本書第7章参照）。

（4）集団的な社会権／法の実現は、能力を含む集団的富の、ニーズ論の充実にもとづく再配分による。一部の市民権／法の制限（累進課税など）が、市場秩序外部の脱物象化に向かう集団的富の再配分を可能にするが、他方で、集団的富の必然的対応物としての集団的害悪が十全に勘案されてそのニーズが把握される個人が、再配分の指標となる。*

＊ 再配分の指標となる個人や、余剰の所有者からの累進課税などによる拠出等については、「保険は各個人をリスクとして個人化し定義するが、そのさい重要なのは……、保険化された人口の他の仲間に関わる個人性……、平均的個人性である」［Ewald 1993：216］という新たな保険把握や、「租税構造に先立って所有権……は存在しない」［マーフィー／ネーゲル　二〇〇六：八二］といった新たな租税論が重要になる。

（5） 集団性に基礎づけられる社会権／法の主体は、集団主体＝個人として能力を含む私的所有物いっさいの私有性が問われない権利主体である。この社会権／法の主体が、それ自体では排除・差別にまみれる市民権／法の主体を包摂することにより、真に平等な権利主体が成立し、ここで初めて市民権／法と社会権／法との真の統一が展望されうる。*

＊ 制限された成立期市民権／法とこの制限に依拠する社会権／法とが統一されてはじめてようやく望ましい人権論の基礎が据えられるのだが、そうした統一はまた、「資本主義を否定する要素を資本主義の内部にとりこ」［加藤　一九七四：四三］むことになって、資本主義的かつ超資本主義的な社会権／法とコミュニズム的社会の展望とを接続する一つの端緒ともなりうる（本書第6章参照）。

（竹内章郎）

補論　ハーバーマス思想の市民権／法依存

はじめに――『事実性と妥当性』の主張に関わる問題提起

ハーバーマスは、一九九〇年代半ば以降は「人道のための戦争」支持や西欧主義的憲法愛国主義などで批判されることもあるが、一般には現代社会批判理論の大家とされている。だが『事実性と妥当性』に典型的な彼の法哲学的主張は、問題多き現代社会の容認にも至る難点をはらんでいると思われるのであって、彼の思想的変遷とも関連するこの難点は、形式的で手続き的な法パラダイム論に集約される。本補論では、この手続き的法パラダイム論の難点とともに、それが社会権／法の軽視と市民権／法への依存によることを、『コミュニケイション的行為の理論』での権利／法把握の問題点とも接続させて問いただしたい。まずは『事実性と妥当性』本論末の主張を見てみる。

手続き的法パラダイムが、既存の競合する法パラダイムと異なるのは、それが〈空虚〉とか〈内容がない〉という意味で〈形式的〉だからではない。なぜなら手続き的法パラダイムは、民主的手続き／過程が権利／法体系の実現にとって別個独立の重要性をもち、これまで看過されてきた役割を果たす際の結節点を市民社会や政治的公共圏と一緒になって精力的に示すからである。（Von den bislang konkurrierenden Rechtsparadigmen unterscheidet sich das prozedurale nicht dadurch, daß es 'formal' im Sinne von 'leer' oder 'inhaltsam' wäre. Denn mit Zivilgesellschaft und politischer Öffentlichkeit zeichnet es energisch Bezugpunkte aus, unter denen der demokratische Prozeß für die Verwirklichung des Systems der Rechte ein anderes Gewicht und eine bisher vernachlässigte Rolle gewinnt.)

〔中略〕我々の、また歴史的に成立した特定の社会が機能するための諸条件に関わる法の実現構想は、たんなる形式的なものではありえない。にもかかわらず、この〔手続き的〕法パラダイムは、もはや――リベラル法パラダイムや社会国家法パラダイムのようには――、特定の社会理想や善き生活の特定ビジョンはもちろん、特定の政治的選択肢すら予断することはない。なぜなら手続き的法パラダイムが形式的なのは、ただ次の点でのことだからである。それは、法主体が国家市民としての自らの役割上、自らの問題は何であり、それらはいかに解決されるべきかを相互に了解し合うために必要な諸条件をただ指定する点である。（Das Projekt der Rechtsverwirklichung, das sich auf die Funktionsbedingungen unserer, also einer bestimmten, historisch entstandenen Gesellschaft bezieht, kann nicht nur formal sein. Gleichwohl präjudiziert dieses Rechtsparadigma nicht mehr — wie das liberale und das sozialstaatliche — ein bestimmtes Gesellschaftsideal, eine bestimmte Vision des guten Lebens oder auch nur eine bestimmte politische Option. Denn formal ist es in der Hinsicht, daß es lediglich notwendige Bedingungen benennt, unter denen die Rechtssubjekte in ihrer Rolle als Staatsbürger sich miteinander darüber verständigen können, welches ihre Probleme sind und wie sie gelöst werden sollen.）〔中略〕たしかにこの手続き的法パラダイムには、法治国家と同じく、ある独断的な核がある。それは、人間は間主体的な洞察にふさわしく自らに付与する制定法に厳密に従う程度に応じてのみ、自由な主体として行為するという自律の理念である。もちろんこの〈独断的〉ということは、無害な意味においてのみのことである。なぜならこの〔自律〕理念には、事実性と妥当性との緊張が現れていて、この緊張は社会文化的生活形態の言語的基本構造という事実に伴う〈所与だ〉からであり、この生活形態において自らのアイデンティティを形成してきた「我々にとっては」、それ以上にさかのぼれないものだからである。（Dieses behält gewiß, wie der Rechtsstaat selber, einen dogmatischen Kern: die Idee der Autonomie, wonach Menschen nur in dem Maße als freie Subjekte handeln, wie sie genau den Gesetzen gehorchen, die sie sich gemäß ihren intersubjektiv gewonnenen Einsichten selber geben. 'Dogmatisch' ist diese Idee freilich nur in einem unverfänglichen Sinne. Denn in dieser Idee spricht sich eine Spannung von Faktizität und Geltung aus, die mit dem Faktum der sprachlichen Verfassung soziokultureller Lebensformen 'gegeben', d.h. *für uns*, die wir in einer solchen Lebensform unsere Identität ausgebildet haben, unhintergehbar ist.）[Habermas 1998：536〜537＝下、一八二〜一八三]

1　ハーバーマスにおける手続き主義・形式主義の核心

まず確認すべきは、「手続き的法パラダイムは、特定の社会理想や善き生活の特定ビジョンはもちろん、特定の政治的選択肢すら予断しない」という彼の発言にもかかわらず、法パラダイムも含めて形式や手続きには特定の内容や特定の社会像が内在する点である。たしかにハーバーマスの手続き的法パラダイムは、特定社会像に依拠しない純粋な普遍的形式だとされがちである。だが、内容に無関与な(gleichgültig＝等しく妥当する)形式はおよそ存在しない。内容と形式については、抽象的にだがヘーゲルが、「潜在的には内容と形式との絶対的相関(das absolute Verhältnis)があり……、内容は形式の内容への転化、形式は内容の形式への転化にほかならない」[Hegel, Bd.8：265＝六〇]と述べたとおりなのである。

形式はそれが意味あるものなら、必ず特定内容と相即するので、*ハーバーマスが手続き的法パラダイムという形式の普遍妥当性・絶対的正当性を強調し、形式の特定内容への無関与性をその証拠とするのはまったく誤っている。虚心坦懐に原文を読めばわかるが、彼自身が手続き的法パラダイムを「形式」だとはしつつも、「たんなる形式的なものではありえ」ず、「〈空虚〉だとか〈内容がない〉という意味で〈形式的〉でもなく」、「手続き的法パラダイムは市民社会および政治的公共圏と一緒になって」と言うからである。後述するが、すでに「市民社会および政治的公共権」なる発言や「自律理念」を事実上「所与だ」とする議論が示唆するように、手続き的法パラダイムは、社会権／法を伴わない市民権／法の内容――だから「無害な意味で」という留保つきだが「独断的」という形容句が付される――に満ちている以上、その形式性によって自らの普遍妥当性・絶対的正当性を主張しうるものではない。**

* マルクス解釈とも関わり、ヘーゲル相関論が関係(Beziehumg)による関係項(ここでは内容と形式)の非自立性論かつ関係項の自立論性でもある点は重要である[竹内 一九八二]。

** ハーバーマスは、コミュニケーション論も全体主義的な独断論だとする批判(日本では[井上、一九八七：二五〇］以下）への考慮から言語論に拘泥し、そのため社会権／法を看過した面もあると思う。

ちなみに以上のように、その普遍妥当性が主張される手続き的法パラダイムを、ハーバーマスが問題視することはない。したがって、『事実性と妥当性』の第Ⅸ章第Ⅲ節をあげ［Habermas 1998：516～523＝下、一六四～一七〇］、ハーバーマスが手続き的法パラダイムにも問題点を看取したかのごとき解釈があるが、これはまったくの失当である。なぜならこの節で彼が示す核エネルギー・遺伝子操作・リスク社会の危機――世界的貧困や格差は看過――は、現代「法治国家の空洞化」［*a.a.O.*：519＝一六七］によるとはされても、手続き的法パラダイムの問題だとはされないからである。

また社会権／法の伴わない市民権／法的な内容に満ちた手続き的法パラダイムを、「差異に非常に敏感な普遍主義」［ハーバーマス　二〇〇四：一］的で特定の善・正義を前提しない平等なものとすることも無理である。市民権／法主義の端的な問題は、対等平等だと「みなされた」討議参加者や法共同体構成員による交渉・討議により、現実問題の大半は解決するとされる点にある。だが障害者自立支援法批判などが言うように、手続き的法パラダイムにもとづくこの対等平等の構成員の話をもちだしたところで、「対等平等な関係が成り立つはずもない法律関係を対等平等とみなしたところに種々の問題が生じる」ということになるだけである。また「要援護者は……事業者や施設を自由に選ぶことができ、事業者などと『対等な』立場に置かれ、具体的権利規定〔＝社会権規定〕がないのに、社会福祉が権利になったと喧伝され」る事態［障害者生活支援システム研究会　二〇〇八：三七］に対して、ハーバーマス的市民権／法主義では抵抗しえない。

さらに社会権の伴わない成立期の市民権――『人および市民の諸権利宣言』*や『米国独立宣言』――

は能力主義・経済主義的で差別的なものだったが、ハーバーマス的市民権／法や討議、後述の私的自律と公的自律との連関も社会権を軽視する点では、成立期市民権と同じく能力主義的で経済主義的な差別を助長する。にもかかわらず彼は、市民権／法自体を対等平等な権利／法であるとし、そこに手続き的法パラダイムという形式を見出す。市民権／法的内容のパラダイムを、特定の社会像などに無関与な普遍的形式とすることは、新自由主義的現代にはふさわしいだろうが誤っている。

＊　第六条の「全ての市民は、この法律の目から見ると平等であるから、各々の能力に従って徳と才能における差異以外の何らの差別もなく、あらゆる高位、地位、公職に就くことが等しく許される」（古茂田宏訳）とする条文は、個人の私有次元の能力による差別を自明視しており、しかも能力は相続財産を含む私有財産で計られた［安藤　一九八九］。

というのも新自由主義による現代社会攻撃の一つは、社会権／法の伴わない市民権／法を異常に正当化して「正義」とし、この「正義」により暴力などに頼ることもなく、社会権／法を攻撃し不平等化を進めて［竹内　二〇一一a：五〇〜一〇八］、庶民の新自由主義への動員をも容易にする点にあるからである。それは非正規雇用者や貧者らに、自らの実態について全面的自己責任を感じさせるほどの大きな問題である。社会権／法による市場・資本の制約とこの制約によってのみ可能な社会権／法の「復興」がなければ、平等な市民権／法も、対等平等な討議も手続き的法パラダイムも本当には成立しない。だがハーバーマスは、社会権／法の伴わない市民権／法を形式主義的に進化させて手続き的法パラダイムとして正当化し、しかもこの手続き的法パラダイムこそが社会国家（福祉国家）による官僚主義やパターナリズムを克服すると強弁する。だが、それはむしろ新自由主義の思う壺なのである。

しかもハーバーマスは、こうした手続き的法パラダイムが、リベラル法パラダイムと社会国家法パラダイム双方の問題点を克服するとも言う。だが討議論理と一体の手続き的法パラダイムは、「市民たちの私的自律と公的自律とを同じ重みをもって妥当させる権利／法体系を根拠づける」[Habermas 1998：151＝上、一四七]ことと同義であり、この点でじつは市民主義的なリベラル法パラダイムの密輸入でしかない。加えてこの両パラダイムが私的自律の平等な実現にとどまり、工業資本主義や労働社会と共犯関係にある点が非難されるが[*a.a.O.*：491＝下、一四三〜一四四]、それは社会権／法の一定の成立が、工業資本主義下の市民権／法的私的自律をある程度は平等なものにした点[竹内　二〇〇六：七〜一三]を看過するがゆえのことでもある。

またハーバーマスが、「集団の権利が正当なのは、ただこの権利が——集団構成員の個々の文化権から引き出される意味での——派生的権利として理解されるときのみだ」[Habermas 2005：310]と言うのも錯誤である。文化権が倫理的自由や資源の自由選択を意味する場合があるにしても、かの発言は社会権の集団性の本義を忘却しているからである。社会権が集団権としてしか成立しなかったのは、当該集団全員を無差別平等に権利主体として初めて社会権が意味をもつからであり、社会権は個別的権利から派生した権利ではない[竹内　二〇〇一：一四一〜一五七]。文化を含む資源に関する諸個人の平等な選択も、集団的な社会権が保障する財力などの再配分がなければ実現しえないからである。*

＊労働者の団結には還元されえない社会権／法誕生時の集団性（団体性）については、保守派ダイシーすら認めている。「団結が次第に近代商業制度の精神となった……。産業は、つぎからつぎへと私人の経営から国家に創設された法人の手中へ移って……。富は人間の才能と活動との賜物だ、という平凡な教訓はもはや通用しない……。鉄道

会社の成功は、個人活動の勝利でなく、それは団体の活動の勝利であり……。当時の団体的営業の近代的発達は、多くの点において、団体主義思想の発達を助長した」［ダイシー　一九七二：二五〇以下］。なお社会権の集団性が人間集団すべてを含むべき点は、本書第7章で見るとおりである。

そもそもハーバーマスは、〈弱者の保護を進める自由保証的なものと、もろもろの自由を国家の管理客体化する自由剥奪的なものとの法のアンビバレンツ（自由保証と自由剥奪）〉［竹内真　二〇〇四：一五六］を正確には捉えていない。保護や救済には慈善やノブレス・オブリージュによるものもあり、彼はこれらと区別すべき社会権／法的なものを見ていないからである。また自由剥奪に関わる官僚主義などの問題が、たとえば配分手法しだいで解決しうる現実の社会実践も看過している。＊加えて彼の指摘する「官僚機構を介して権力および貨幣のメディアとして介入する」［同：一六二］問題は、社会法の生活世界への介入についてのみであり、市民法の介入にもありうる権力や貨幣に関わる――介入しだいで市民権の発揮が異なる――問題を問うてもいない。ハーバーマスが市民権／法自体の問題性にふれず、社会権／法のみを槍玉にあげる点の深刻さはあらためて問われるべきである。

＊　「配分手法しだいでの解決」は、たとえば障害者自立支援法制定後も障がい者施設などの運動が強力であれば、官僚の跋扈を許さず、障がい者本位の支援計画実施を行政側に承認させる現実に見られる［いぶき福祉会　二〇〇八］。

2 法パラダイムの転換の意味

『事実性と妥当性』の手続き的法パラダイムや形式主義の震源は、ハーバーマス理論の軌跡上では一九六〇年代初頭にさかのぼりうる。誤解を恐れず単純に言えば、『史的唯物論の再構成』以後の生産力論から分業・交通論への、また労働論から相互行為論への重心移動は、生産力や労働の内実などとは別個の水平的な形式重視論であり、この点が形式的な手続き的手法に接続したからである。本補論の以下では、足跡としては『コミュニケイション的行為の理論』にさかのぼることができるだけだが、その前に『事実性と妥当性』を今少し見ておきたい。

そもそもハーバーマスによる権利／法全体の分類・構成論では、市民権／法偏重と社会権／法軽視は明白であり、権利／法の民主主義的体系中に社会法／権は確たる位置を占めていない。それはハーバーマスが権利／法を以下の五つに整理することから明らかである。これらの権利は、「一、平等な主観的行為自由を最大可能にする権利が、政治的に自律的に形成されることから生じる基本権」――思想や居住の自由などの市民権、「二、権利仲間の自由意思的連合における構成員の地位が、政治的に自律的に形成されることから生じる基本権」――政治集団所属の自由などの市民権、「三、諸権利に関して訴訟する可能性があることと、個人的権利による保護が政治的に自律的に形成されることから直接に生じる基本権」――裁判権や行政不服申立て請求の市民権、「四、意見形成と意思形成のプロセスへ参加する機会が、平等にあることに対する基本権。この意見形成と意思形成においては、市民はその政治的自律を行使し、それらをつうじて正当な法を定立する」――政治的権利（市民権に含む）、「五、一から四までにあげた市民権を機会平等に使用するため所与の条件各々にその都度必要とされる程度に従い、社会的、技術的、エコロジー的に保証される生活条件を与えることへの基本権」〔Habermas 1998：156～157＝上、一五二～一五三〕――社会権である。

以上に関する根本問題は、民主主義原理とされる「権利をふまえて組織化される討議による法／権利の制定過程で、すべての権利仲間の一致を見出しうる制定法的法則」〔*a.a.O.*：141＝一三八〕（対等平等な権利主体の法的関係）が、一～四の私的自律と公的自律との循環関係しか意味せず、この民主主義原理の外側に五の社会権／法が放置される点である。つまり社会権／法には、一～四で充足される討議も民主主義も関わらないから、社会権はパターナリスティックなものでしかない。加えて彼は、一から三の市民権のみをさして、「権利のこれら三カテゴリーは、討議原理を法媒体自体へと、つまり水平的社会化一般がとる法的形態の諸条件へと適用することによってすでに生じている」〔*a.a.O.*：156＝一五二〕と言うと同時に、「四つの絶対的に根拠づけられる自由権と参加権〔市民権〕」〔*a.a.O.*：157＝一五三〕に対して、「最後に〔五番目に〕あげられたたんに相対的に根拠づけられるにすぎない関与権〔社会権〕」〔*ebd.*＝同前〕という言い方もする。これは、平等な「水平的社会化一般」を実現するには一から三までの三つの市民権（自由権）があれば十分とし、この三つに参政権等を加えた四つの市民権を絶対的根拠をもつ上位の権利、社会権を相対的根拠しかもたない下位の権利とする市民権主義にほかならない。

しかもこの「水平的社会化一般」が権利仲間の平等な承認をも意味し、そのさい四の政治的権利が法的形態を与えるとされるから、「平等な権利」からの五の社会権の除外は決定的となる。つまり、「各人には平等な主観的行為自由を最大限可能にする権利が与えられるべきだという点は、討議原理の助力により初めて示されうる。各人の権利と万人の平等な権利が両立するという条件を満たす規則のみが正当である」[*a.a.O.*：157＝一五四]、と言われるからである。この権利がすべて、社会権を排除した市民権でしかないことは「主観的行為自由」なる発言からも明白で、「各人の権利と万人の平等な権利との両立」も社会権とは無関与なまま市民権次元にとどまる。

以上のような市民権／法偏重と社会権／法軽視を基盤に、ハーバーマスが権利／法把握の焦点としたことこそ、市民権／法にもとづくリベラル法パラダイム（Liberale Rechtsparadigma）と社会権／法にもとづく社会国家法パラダイム（Sozialstaatliche Rechtsparadigma）双方の問題点の克服と、この克服を担保する手続き的法パラダイム（Prozeduralistische Rechtsparadigma）への転換なのである。彼はたしかに、公的自律に担保された私的自律を可能にする社会的条件の、現代社会における不平等さを認めてはいる[Habermas 1998：485＝下、一三八]。だがこの事態についても、社会国家法パラダイムのうちにある既存の社会権／法の意義にはふれず、リベラル法パラダイムも社会国家法パラダイムも私的自律の平等を実現していないとするのみである[*a.a.O.*：483＝一三六]。だがたとえば、社会権／法にもとづく累進課税が当初の市民権／法的私有を制限してこそ実現する点一つ考えても、両パラダイムが同じ私的自律をめざすとするのは錯誤である。彼は両パラダイムが同じ「工業資本主義的経済社会の生産力主義的表象」[*a.a.O.*：491＝一四三]に囚われているとして、社会権／法の独自性を捉えない。社会国家法的パラダイムのうちにある現段階の社会権／法に、私的自律と公的自律との真の循環を担保しえない弱点があるにしても、市民権／法とは出自が異なる社会権／法権自体の意義は否定しえない。また社会権／法的なものについて、ヤング［Young 1990：15～16］らとともに「配分」に依拠すれば自由は矮小化されるというのは［Habermas 1998：491＝下、一四三］、自由は「配分」に尽きないにしても「配分」抜きではありえないから誤りである。＊

＊　こうしたハーバーマスの権利／法思想は、社会権的平等と市民権的自由との当初の相克や、社会権／法を支える平等自体の多様性［竹内　二〇一〇：一六七～二一五］を重視せず、多様な平等論を従来どおりの〈自由の平等化論〉に引き戻そうとする、比較的近年の議論［二宮　二〇〇六：一〇九～一二七］に近いかもしれない。

ハーバーマスは同じ権利を有する市民たちの私的自律と公的自律との循環論を軸に、リベラル法パラダイムと社会国家法パラダイム双方の克服を意図して、社会政策的給付におけるコミュニケーション的参加を次のように説く。「権利者はパターナリステックに認可された給付請求を得るだけでなく、事実上の不平等を考慮して法の前の平等をつくりだしうるための基準の解釈に自らが関与す」べきだと［Habermas 1998：516＝下、一六五］。だがこの議論だけによる二つの法パラダイム批判自体にすでに無理がある。なぜなら平等な市民権的関与を実現するためにも、事前の社会権／法的配分が必要だが、私的自律や公的自律を可能にする財力等の社会権／法的配分に彼は無頓着だからである。上記の関与の内実は公共性への参加や手続き重視のコミュニケーションだけであり、そこですべてが「当事者自身により公共の討議で取り組まれる」［*a.a.O.*：513＝一六二］とするのは、社会権／法的配分を無視した非現実的な公共性論でしかない。

だから彼は安直に次のように言う。「権利の論理的生成は、討議原理を主観的行為自由一般のための……権利へと適用することから始まり、政治的自律の討議的実施のための諸条件の法的制度化に至る。

この政治的自律により、初めは抽象的に定立された私的自律が法的遡及的に形成されうる」[*a.a.O.*：154〜5＝上、一五一]。このような「権利の論理的生成」では、主観的行為や政治的自律などの市民権的なもののみが支配し、私的自律と公的・政治的自律との循環はあっても社会権／法は無視される。しかも金科玉条視される自律や自己決定についても、老いなどの時間軸の問題からして、主体の当該時点での自律や自己決定が常に「望ましい」とは言えないという問題をハーバーマスは捉えていない。*

* 「呆けたときには、いい介護職が、一人のときとみんなと一緒のときの、どちらが落ち着いているかをちゃんと……判断してくれるのに任せようと思っています。だから今の段階で……、最後まで個室に入れてくれなんて書くと〔自己決定〕したら、それは痴呆になったときに、自分が今の自分とは違う、いわば異文化の世界に入っていくということに対して、あまりにも無自覚」と三好［二〇〇五：一七七］が指摘する自己決定の非永続性の無視と、「法的平等は事実的平等の位置と一致しえない」[Habermas 1998：501＝下、一五一〜一五二]として、市民権的平等にとどまるハーバーマスの法的平等の優位論とは深く関わる。

3　市民権／法主義の深刻さ

ハーバーマスは、次のようにも言う。「権利体系は超越的な純粋性をもって存在していない。だが二〇〇年以上の欧州の憲法発展後ではモデルが我々の眼前にある……。権利体系が私的自律と公的自律とを同価値的に保証するので、権利体系は、法の実定性と正当性との緊張関係として最初に我々が知った事実性と妥当性との緊張関係を明確に処理しうる」[Habermas 1998：163＝上、一五九〜一六〇]。このように西欧モデルの権利体系を称揚し「先進国」憲法愛国主義に陥る彼はまた、社会権抜きでも民衆の主体性や自発性がありうるかのごとき発言もする。「民衆の自発性は法により強制されない。それは自由な伝統により刷新され、リベラルな政治文化の社交関係において維持される」[*a.a.O.*：165＝一六一]。この市民権／法主義は、彼の高踏的な上層市民的公共性論とも重なろう。*

＊　実際には市民権／法にも強制は伴うので、「自由な伝統」のみが「民衆の自発性」を担保するわけではない。またコミュニケーション的合理性が万人のものとなるためにも社会権／法的強制が必須だが、ハーバーマスはこれを捉えない。彼がコソボ紛争に関して「人道のための戦争」を肯定したのは、彼の歴史把握による［橋本　二〇〇八］と同時に、その社会権／法軽視とも通底していると思われる。

市民権／法主義をハーバーマスはまた、道徳論によっても正当化する。「外面化される法と内面化される道徳との補完関係以上に興味深いのは、道徳と法との同時的交差である……。法に定着さえする道徳性の性質は当然、純粋にプロセス的である……。手続き法とプロセス化した道徳は相互に制御し合う」[Habermas 1998：568＝下、二一一]。この議論は慈善（道徳）と接続しつつも、そこから離陸した社会権／法や福祉国家［竹内　二〇〇一：八九～一二三］を曖昧にし、道徳にもある形式への拘泥から手続き的市民権／法のみを正当化している。しかもプロセス性≒形式性の強調は、市民法と社会法双方を超えると彼が称する手続き的法パラダイムを事実上、手続き的法としての市民法に依拠させる。さらに権利／法と道徳との合体論は、法の不安定さの道徳主義的補完論となる。これは新自由主義の一部にある、社会権／法無視に伴う社会不安を道徳主義で回避しようとする傾向と同じである［ハイエク　一九九二：一七一、ブキャナン　一九九四：七～七〇］。これらは社会統合が手続き的形式主義だけでは破綻するため、その道徳的補完をハーバーマスが認めた証拠でもある——手続きや形式の内容化の傍証でもある。加えてこの形式主義化は、実証主義論争時のアルバート、形式主義論争時のルーマン、自然法論争時のハートやロールズら時々の論争相手の形式性重視にハーバーマスが逆規定されていった点も意味しよう。

手続き的形式主義に陥る彼は、手続き的公正と内容的公正との相違を無視して「法的規範の生産に向かう手続きが、道徳的・実践的手続き的合理性という意味において理性的であり、理性的な仕方で実践される限り、合法性を通しての正当性は可能だ」[Habermas 1998：552＝下、一九七]とすら言う。だがいくら理性が媒介しても、手続き的合理性が内容の正当性を保証しないのは、契約手続きの正当性と契約内容のそれとの齟齬を指摘したサンデルのロールズ批判からも明らかである。「前者〔当事者が自由に契約合意した場合〕では、公正な成果は、自由な手続きの成果として確定されるが、後者〔公正な取り分を得る場合〕では、自由な手続きは、公正な結果に到達するためのたんなる一つの手段でしかない。自発的に招き寄せられる責務と異なり、互恵性の理念から生じる責務は、契約から独立し、交換〔結果〕の客観的公正が評価されるような、公正のなんらかの基準を前提としなければならない」[サンデル　一九九二：一七七]。「契約」を「法的手続き」に換言すれば、このロールズ批判はただちにハーバーマス批判になる。

手続き的合理性は、本邦でも長らく近代法の最大特徴とされてきた計算合理性〔川島　一九五〇〕として、私的所有・等価交換・他者危害禁止と並ぶ市場の四原則の一つである自由な契約の形式性とも重なり、この点も看過できない。たしかに手続き的合理性およびこれと一体の市民権は、市場的合理性と完全には同一ではない。だがたとえば、使用価値を問わない等価交換次元での市場における形式性・合理性は、法的合理性の非恣意性を示す法的自律性や手続き的合理性にもとづく市民権に非常に親近性がある［竹内　二〇一二a：一九～二四］。しかもハーバーマスは以上の手続き的合理性や市民権／法論だけで、共同体が可能であるかのようにも言う。「この〔社会の〕再生産は、超越する妥当性要求という脆い地盤上で可能かという説明のための候補が法メディア、特に実定法という近代的形態の法である。この法規範は、非常に人為的な共同体を可能にする。そのさいの人為的共同体は、平等で自由な法的仲間からなる集合体である」［Habermas 1998：22～23＝上、二四］。これは、手続き的かつ形式合理的な了解にもとづく法により共同体が産出されるという主旨だが、手続き的であるがゆえに中立的に見える法は、市民法的な中立的装いを引き継いだにすぎない。にもかかわらず彼は、この共同体に「手続きとしての人民主権」［*a.a.O.*：600＝下、二四二］まで見出すから、その権利／法論は物象化――自ら「コミュニケーション的関係の物象化」［Habermas 1981：566＝四〇三］を戒めたはずだが――と「法学的幻想」［MEW3：64＝五八］にも陥る。

以上のような法学的幻想もあり、ロールズ正義論は狭い文脈にしか妥当せず特定制度を前提にする等の、ハーバーマスのロールズ批判は［Habermas 1998：79～87＝上、七九～八六］、ただちに自らに跳ね返る。コミュニケーション的手続きにより妥当する法も、市民権／法的市場制度による制約があるため普遍妥当性を失うからである。また「純一性（integrity）としての法」という論点［ドゥオーキン　一九九五：三五二～三五六］――コミュニケーションに依存しない法の整合性――を考えると、ハーバーマスの言う非コミュニケーション的要素のほうが社会法的現実に該当する意義をもつことになるから、彼の権利／法把握はそもそも社会全体に及ぶものではないとも言える。加えて彼のコミュニケーション的権利／法把握は、参加者の物質的安定や討議能力抜きでは無意味となるが、彼はこの点を考慮せず、市民権／法的形式主義に回収される手続き的合理性のみが称揚されるから、ますます社会権／法から遠ざかる。

以上には、手続き的合理性が担う法の普遍主義の破綻の問題も絡むが［Habermas 1998：135～151＝上、一三二～一四七］、最も留意すべきは、ハーバーマスの権利／法観がハイエクの市民権／法的なものを中核とする権利／法観に酷似する点である。ちなみにハイエクが評価する次のようなノモスの法＝市民権／法が、形式的権利／法であるのは明白だろう。「正義にかなう行動ルールは、人が何をなさねばならないかを決定できず……、たんに何をしてはならないかを決定できるだけである」［Hayek 1976：123＝一七二］。

これは社会権／法を無視した市民権／法論でもあるが、じつはアーレントの権利／法観もまったく同じものである。「自由な社会における法の偉大さは、なすべきでないことを示すだけで、何をなすべきかを示さない点にある」［アーレント　二〇〇二：二〇二］。つまりこれらは、市民権／法的ないわゆる他者危害禁止原則であり、身分制社会の対極に契約の自由の社会のみを理解して導かれた市民権／法主義に依拠したものである［ハイエク　一九九二：一〇〇］。だから権利／法の保障から、「分配の公平」などのいっさいの社会権／法的なものが強力に排除されることになる。「『法の前の平等』は、人々の物質的・実質的平等をめざすどんな意図的政策とも衝突し……、『分配の平等』というあの強固な理想をめざしたどんな政策も『法の支配』の崩壊をもたらす」［同：一〇二］。アーレントに多くを学んだハーバーマスは、社会権／法の軽視という点では、これらハイエクやアーレントと同一基調にある。＊

＊　形式的手続きの場合と同じく、不平等で格差の伴う利潤の取得に至る「取引」を重視する抽象的な権利／法観は、ハイエクでは理性観とも直結する。「理性はたんに一つの規律、成功する行動の可能性の限界についての洞察であり……、すべきでないことを我々に教えるだけである」[Hayek 1973：32＝四五]。本稿では割愛するが、ハーバーマスの理性観にも同種の難点がある。

4　『コミュニケイション的行為の理論』における形式主義の陥穽

メディア法と法制度との区別と連関を論じた『コミュニケイション的行為の理論』では、法には『事実性と妥当性』ほどの社会構成の機能は与えられてないが、すでに市民権／法的形式性が一面的に称揚され社会権／法は軽視されていた。「市民的形式法は、これが官僚制支配に抗して生活世界の妥当性要求を明確に突きつける場合はいつも、破壊的副作用によりあがなわれた自由の現実化のアンビバレンスを消滅させる」[Habermas 1981：530＝三六五]、と明言されるからである。けっきょく市民権／法が貫徹すれば、自由保証と自由剝奪の矛盾も解決され、自由実現に社会権／法は不要とされるのである。

さらに「メディアにより制御されるサブシステム中に登場し、実定法により漸次的に産出される社会関係すべてが『形式的に組織化される』……。この関係は、組織境界線を越えて広がる私法的・公法的に構成される交換・権力関係も含む……。近代的強制法は、人倫的動機から離脱する……。法はもはや、所与のコミュニケーション構造に即しては動かず、コミュニケーションのメディアに合う交流形態と指示連鎖を自ら産出する」[*a.a.O.*：458＝二九五〜二九六]とされる。この期のハーバーマスの権利／法把握では、システム内で行為連関を形式的に組織化する近代法は、生活世界の植民地化を伴う点では問題とされる。と同時に市場的等価交換や市民的対等性を担保するメディアたる形式的近代法は、コミュニケーション全般と符合し、かつその形式自体を産出する点では意義ありとされる。だが生活世界とそこから自立したシステムとを結合する近代法も、社会権／法を無視した市民権／法でしかない。

以上を前提にハーバーマスは、メディア法と法制度との、またシステムと生活世界との関連について言う。「この法構造〔メディア法〕と法制度に、システムと生活世界との分離がいかに適合するかが見られる。制御メディアとして使われる法は、根拠づけ問題を免れており、形式的に正しい手続きにもとづいて、内容的に正統化が必要な法令と結合される」[*a.a.O.*：536＝三七二]。ここで彼は、命題化原理による内容に無関与な法——ほぼ市民法でありシステム機能的で生活世界も支配する法——を制御メディア法とするが、実際には制御メディア法も等価交換などの市場機能の特定内容に関わる。しかも彼は制御メディア法を、形式的組織化において市民主体の自由を確保するものとしつつ、その根拠づけも不要なほどに絶対化する。この絶対化された制御メディア法≒市民法についてさらに、「法は貨幣や権力と結合した複雑なメディアとして機能する限り、直接ブルジョア的形式法という形式で構成される形式的に組織された行為領域に拡大する」[*a.a.O.*：537＝三七二] ことが「事実」として正当化される。

だがブルジョア的形式法は制御メディアたる法であり、これが機能する「形式的に組織された行為領域」の典型は市場的領域なのである。にもかかわらず「法は、形式的に組織された行為諸領域内部でのみメディアとして利用されるが、制御メディアとしての法は、生活世界やこの地平でのみ浮上する法の実質的正当化に対しては、無関与なままである」[*a.a.O.*：538＝三七三] とされる。つまるところ形式的な制御メディア法という市民法的メディアは論証抜きに、その形式性をもってすでに内容に無関与だ(gleichgültig＝等しく妥当する)として正当化され絶対化される。こうして市民権／法的な制御メディア法を、形式的という理由で生活世界で中立化(生活世界に無関与化)することは、社会権／法的裏づけなき市民権／法を正当化するハーバーマスの根本的誤謬である。たとえば形式的な市民権／法的契約法にもとづく等価交換の実態も私有財産の多寡により左右されるように、市民権／法も生活世界の実質に関与しているからである。

　加えて彼は、市民権／法優位の「前提」を社会権／法重視の社会国家が崩すとして次のように言う。「この前提は、社会国家的介入とともに崩れる。コミュニケーション的に構造化された行為領域のなかで浮上する困窮を統御するには、国家的社会政策はメディアとしての法を使わねばならぬ」[*a.a.O.*: 538～539＝三七三]。つまりは社会権／法が市民権／法という「前提」を崩すのは問題なので、社会国家も市民法≒メディア法にのっとるようにせよ、と言うのである。そうなると社会権／法の意義――生存保障による貧者の市民権／法の実現など――の看過は甚だしくなり、生活世界も実質的には市民権／法的形式性のみに依拠させることになる。

　もっともハーバーマスも、社会権／法にほぼ等しい法制度にも言及はする。「法制度(Rechtsinstitution)〔＝法慣習＝内容を伴う法〕は、生活世界の社会的要素に属する。法制度は、国家的な裁可権力をつうじてはカバーされない他の行為規範と同じく、所与の契機により道徳化されうる」[*a.a.O.*: 536～537＝三七二]。つまり制御メディアたる形式法≒市民法は、内容に無関与な形式で充足されるので道徳化しないが、他方の法制度≒社会法には道徳化する内容があるとされる。だが『事実性と妥当性』での形式主義の称揚や内容の軽視と同じく、すでに内容＝法制度は軽視されている。「これ〔メディア法＝形式法〕とは反対に、法制度は構成する（*konstituierend*）力をもたず、たんに規制する（*regulativ*）機能をもつにすぎない。法制度は、相当に広い政治的－文化的また社会的文脈に埋め込まれて倫理的規範とつながり、コミュニケーション的に構造化された行為領域を変形するが、それは非公式にすでに構成された行為領域に、国家的裁可のもとにある拘束力のある形式を与えるだけである」〔*a.a.O.*：537＝三七一～三七二〕。ハーバーマスにとり、構成せず規制するだけの法制度≒社会法は新たな内容を生みはしない。彼は、社会権／法が現実を構成する（社会保障も現実を構成する）点を見ず、社会権／法的な内容も「所与の契機」としていわば自生的領域しだいとし、同時に法制度≒社会法による国家的・官僚制的規制のみは批判する。

以上の構成と制御、メディア法と法制度との関連は、法化増大下での「新たな構成」と「先行する制度」との関連として次のように言われる。「法化のプロセスは、先行する生活世界の諸慣習（Institutionen）〔＝諸制度〕に接合して社会的に統合された行為領域を法的に変形するか、システム的に統合された行為諸領域にとって構成的な法関係をもっぱら密にするか、で区別できる」〔*a.a.O.*：537＝三七二〕。前半の法化プロセスの「諸慣習に接合して……法的に変形」とは、社会権／法が慈善だった生存保障を生存権とすることなどをさすが、後半の「構成的な法関係」は市民法的なものである。だからこれを「密に」すれば、市場での等価交換原則などの市民法的なことが社会保障にも及ぶ強力なものになりかねない。こうして彼は「画期的な法化推進は、日常実践上での法意識にも反映される新たな法制度をつうじて特徴づけられる。法化のこの第二のカテゴリーに鑑みてのみ、規範的評価の問いが生じる」〔*ebd.*＝同前〕とも言う。「新たな法制度」≒社会法の「新たな」という形容は、実際の社会権／法の現実構成力とその日常的法意識への反映を彼が認めざるをえない点を示しているが、同時に〈規範的評価は法制度≒社会法においてのみ〉とされ、逆にメディア法≒市民法の非規範性・中立性が強調されるのである。

以上の限りでの『コミュニケイション的行為の理論』は、法化を生活世界の植民地化の一環とはせず次のように自由の拡大だとする。「第一の法化推進は、ブルジョア的私法や合法性という手段によって行使される官僚制支配が、ともかく前近代的権力・隷属関係からの解放をもたらした程度の自由を保障する性格をもった。続く三つの法化推進は、これらが権力・貨幣メディアの法的制度化により解放された政治経済的力学を、国民や私的法的主体の利害に結びつけた限りでは、自由の増加を保障した。……これら〔民主的法治国家〕に至るさいの行為領域の固有の力学は、法の組織諸形態のなかで生じるが、そのさいの法は制御メディアの役割を引き受け、生活世界の制度的要素を補完しない」〔*a.a.O.*：538＝三七二〕。ここでは市民権／法化に自由の拡大が見出されつつも、市民法≒制御メディア法による生活世界の制度＝慣習の補完を否定する点では、市民権／法による形式性促進が重視されている。なお「権力・貨幣メディアの法的制度化により解放された政治経済的力学」は、既存の法社会学が近代法成立に見出すものに等しい。それは「所有権のヘルシャフト的〔＝支配するという〕性格を……積極的に否認した……その限りで……、政治的要素から解放され」、「所有権から政治的支配の要素を完全に除去し」〔村上一九七九：八六〕た所有権論的力学である。これが制御メディア法＝市民法から国家権力＝ヘルシャフト（支配）問題を解除し、市民権／法を中立的形式とするに至るのは見やすい。もちろんこの近代法成立論もハーバーマスの議論も、市民権／法に内在する支配問題を看過し〔竹内 二〇〇一：一四一～一六二〕、法化を市民権／法次元でのみ把握して社会権／法を無視している。

ハーバーマスは社会権／法の内容理解でもさまざまに誤っているが、とくに社会保障法と労働法との分断はきわめて大きな問題である。「社会的均等（das soziale Ausgleich）〔社会保障〕という原則は、……団結の自由と似て憲法上当然の制度であり近代的生活世界の正統な秩序に無理なく結びつく。だが社会的均等を扱う社会法は、団結の自由を有効にする、たとえば労働賃金法とは重要な点で異なる。つまり均等支払規則上での社会法的措置は、賃金と俸給に関する団体労働契約のように端的に形式的に組織化された行為領域には関わらず、生活世界状況としての……行為領域の困窮状況を調整する」［Harbermas 1981：539＝三七三］。つまり社会保障法と労働法とへの社会法の分断の理由は、前者の社会保障法的困窮改善が後者の労働法的な「形式的に組織化された行為領域に関わらない」点にある。ここから、社会権／法による市場的等価交換の規制と不等価交換の成立という点での社会保障法と労働法との同一性［竹内　二〇一一：六三〜七四］は無視され、コミュニケーション的に形式的に組織化されない社会保障法は軽視される。* 労働者の団結の自由も、市民権／法的結社の自由次元か社会権／法的労使交渉次元かで異なるものだが、前者に還元されるのである。**

* ハーバーマスによる社会保障の軽視の酷さは、「司法と行政に制御される学校は、密かに福祉の施設に変わり、学校教育は社会福祉と同じように組織され配分される」［Harbermas 1981：546＝三八〇］という叙述からも明白である。つまり彼は、本来コミュニケーション的構造をとるべき学校教育が、福祉においては常態化している国家権力的干渉主義により制御されると、問題ある教育になり、教育が福祉に堕するとしているのである。ここには、福祉（社会保障）を教育の下位とする偏見があり、教育と福祉とを社会権／法的に統一する意識もない。

** 団結権を社会権／法固有のものとはせず、市民権／法的自由権から導こうとする本邦の動き［西谷　一九九二も、こうしたハーバーマス理論と同じ問題をかかえていると思われる。この種の動きへの批判は、吉崎［一九九九八：一四三～一四七］を参照。

けっきょくハーバーマスは、団体交渉・労働契約領域を「形式的に組織化された行為領域」と見、また団体交渉などでの貨幣メディアによるコミュニケーション的関係を重視して、社会権／法的なものを貨幣メディアとも通底する市民権／法的なものに還元する。しかも社会保障については物象化を指摘しても、困窮除去は重視せず、「国家的社会政策で例証される物象化作用については、社会的均等を保障する法制度の効力はメディアとして有効な社会法をつうじてのみだ、という点から説明したい」［Harbermas 1981：539＝三七三］とすら言う。彼は社会権／法的な社会保障に物象化を見、その解決のために社会権／法の市民権／法的メディア化に期待を寄せるが、市民権／法とは異なる社会権／法の独自性は見ない。だから「法的組織形態で漸次的に構成され、またシステムメカニズムをつうじてだけ結合される領域の行為に社会法が適合するのは、メディアとしてである。だが同時に社会法は、非公式の生活世界の文脈に埋め込まれた行為状況に広がる」［*a.a.O.*：539＝三七三～三七四］と言うのである。つまり効力のある社会法ならば市民法＝メディア法の形式をとるべきで、そうでない社会法は「非公式の生活世界」に広がるだけで生活世界を構成しえないとして、社会法の意義は完全に忘却される。このように形式的な手続き的法たる市民権／法への還元は、すでに『コミュニケイション的行為の理論』に懐胎されているのである。

もっともこの期のハーバーマスは、法モデルとは峻別されるかたちで討議モデルへの依拠を示し「了解を志向する行為の構造に適した対立調整の手続き……、討議的意志形成プロセスと合意を志向する交渉・決定手続き」［Harbermas 1981：544＝三七八］を強調していた。つまり、公共的討議によって社会国家の物象化や生活世界の内的植民地化に対抗する戦略においても積極的には法を用いることはなかった。しかし彼はすでに、著しく市民権／法に偏って権利／法を理解し、プロセス性＝討議性の比重の大きな市民権／法を社会権／法よりはるかに優位においていた。この背景もあって一九八〇年代半ば以降のハーバーマスは、法化＝討議性の進んだ西欧では形式的な合法性が道徳的正統性すらもちうると主張し、西欧の「先進国性」がはらむ問題を無視する西欧主義的憲法愛国主義の称揚にまで至ったのである。*

＊ これらハーバーマスの主張は、カント平和論の誤読を含め、植民地主義を不正とはしない彼の他方での議論［平子 二〇〇九］ともつながっている。この点は、多国籍企業が震源の現代帝国主義とそのイデオロギーでもある新自由主義が支配する現代社会におけるハーバーマス思想の評価をあらためて考えさせることになると思われる。

八〇年代以降のハーバーマスは、少なくともヘーゲル市民権／法論——「権利／法は、抽象的な人格である限りにおける人間の関係である」［Hegel, Bd.4 : 59］——を勉強し直すべきではなかったか。

おわりに——ハーバーマス思想からの脱却を

ハーバーマスの議論とりわけその初期には、スターリン主義批判や実証主義批判など評価すべきものがある。だが本補論からも推測されるように、彼の理論的軌跡は総じて——『公共性の構造転換』の頃から『理論と実践』などを経て『事実性と妥当性』へと——、しだいに形式論・手続き論・市民権／法論に傾斜してきたのだが、このことは、人文社会科学的領域では相当数の左派的陣営の先鋭な理論的営為を阻害してきたように思われる。彼の権利／法論には、こうした問題点が端的に見られるのである。

付言しておけば本補論からして、通常のハーバーマス解釈では、彼の福祉国家重視の証とされる「社会国家プロジェクトは簡単に承認したりあっさり取り壊したりすべきではなく、高次の反省段階で継続されねばならない」[Habermas 1998：494＝下、一四六]という発言も、別様に捉えるべきことになるだろう。この発言は、彼の権利／法の具体論や国家論のなかではほとんど生かされなかったからである。ちなみに社会権／法を重視して不平等克服と新自由主義批判に真剣になるなら、社会権／法思想にもとづく社会国家プロジェクトはいかに問題含みではあっても、その〈不承認〉を第一義とすべきではなく、そのヴァージョンアップ志向のもとで〈まずは承認すべき〉はずだと思われる。

加えれば、手続き的法パラダイムの形式主義や市民権／法主義やコミュニケーション的合理性におけるような理性の過大評価が事実上、理論的にもかなり戒められてきた経緯も彼は省みるべきだった。周知のようにたとえば、フランクフルト学派第一世代の近代主義批判やフーコーの微細権力論批判による理性批判があり、また一九世紀末のデュルケーム社会分業論も、市場や分業における合理的契約や形式的手続きが進んでも、社会関係自体に重要な非合理性が残る点を指摘していた［デュルケーム　一九八九］。さらに制度派経済学は、主流派の新古典派総合による理性的・契約的要素の無制約的展開を批判し、この展開の背後の非理性的な混成性原理を重視していた［ホジソン　一九九七］。博覧強記に見えるハーバーマスだが、彼の主張の難点からは彼が人口に膾炙したこうした議論すら看過した可能性もうかがえるのである。

こうした理性偏重にも依拠したハーバーマスの法哲学的主張が、手続き的形式主義と市民権／法主義に陥り、社会権／法を軽視していることを本補論で見てきた。そうした法哲学的主張は、バーバーマスの場合、彼の把握したコミュニケーション的行為や討議倫理の展開の帰結でもあったわけだが、コミュニケーション一般の重視が必然的に社会権／法の軽視に至るわけではないことも、また確かだと思われる。もちろんコミュニケーション論と社会権／法との関連などを本格的に明らかにするには、独自の膨大な作業が必要であって、それは本書の取り組み範囲を超えている。しかし本書第7章で試みている、社会権／法の新たな基礎づけのなかには能力論なども介在させており、そこからはコミュニケーション論の意義もふまえた新たな議論の契機も見出せよう。

（竹内章郎）

第3章　近代主義的な社会権論の隘路

1　〈社会権は必ず義務を伴う〉のか？

〈権利は必ず義務を伴う〉といった言説が、近年の福祉国家をめぐる論議を主導しているかの感がある。戦後福祉国家の中心的思想とみなされてきた「社会的シティズンシップ」に関して、従来のシティズンシップ論は権利偏重で義務の側面を無視ないし軽視していた、というのがその定型的な論旨である。伊藤周平が「社会的シティズンシップの理念と福祉国家の寛大な社会サービスの給付が、貧困者や福祉受給者の自立や自助の精神をそこなわせ、依存文化を助長してきた」［伊藤　二〇〇七：一一七］と批判的に総括した類いの議論は、もともとは新自由主義派が福祉国家攻撃の一環として行ってきたものであった――もちろん、福祉国家による依存文化の助長という〝表層の理論〟の根底には、社会保障・福祉への公的支出の削減・公的責任の軽減という底意が存する。そして、福祉国家が培養した受動的人間ではなく、自助と自己責任のもと、義務や（ボランタリーな活動など）社会的貢献を体現する「積極的市民」こそが求められているという立論は、保守派や共和主義的市民像に立脚するコミュニタリアンの同意するところでもあった。

この種の福祉国家批判に面して、一九九〇年代のヨーロッパに福祉国家擁護の文脈で（再）登場することになったシティズンシップ論の論者たちも、従来のシティズンシップ論の見直しを迫られ、いわば〝競り負け〟としての「シティズンシップの義務モデル」を提示したり、より〝積極的〟に、いわば〝立て直し〟としての「シティズンシップの自律・参加モデル」を提起して対抗しようとした。がいずれにせよ、シティズンシップにおける（能動的）義務や責任、参加や社会的貢献の側面、あるいは自立的・自律的主体形成の契機を、権利の側面に劣らず重視する（せざるをえないと言うべきか）に至っている（同［一一六〜一一七］および伊藤［一九九六：一七九〜一八〇］、また堀江［二〇〇二］など参照）。

かくして、人は自律的個人として、能動的な権利主体でなければならず、国家による給付の受動的受給に甘んじることなく積極的義務を果たすべきであり、「自立」に向けて努力すべきであるという規範的要求が一般的なものとなる。* そこから、「ワークフェア」が、あるいは「アクティヴェーション」（職業訓練等によって猶予されたワークフェア）が正当化される。** こうした事態・経緯が、欧米ばかりでなく、（「依存文化」など存在しえようもないはずの）日本においても基本的には変わらないことは、昨今の「自立支援」諸政策を見るだけでも十分であろう。また、その理論的形態としては、後述のように、社会権の主体を「有責な主体」として措定すべきであるといった「社会保障法」理論の出現を代表例としてあげることができる――この種の論は、人権の基礎を人格的自律におく「自律基底的人権論」という近年の優勢な人権理論を背景としている。

＊　たとえば宮本太郎は、ポスト福祉国家の第一義的課題は福祉を就労に結びつけること、とくに就労のための条件整備を求めるアクティヴェーションこそが二一世紀の福祉体制にとって適合的であること、最低限の生活保障も必ずしも普遍的・無条件的でなく、自立のための手段（参加的自立の下支え＝「トランポリン」）であって、「経過的措置」でしかないことなどを精力的に主張している。「生活保障は、所得保障や公共サービスの受給者が社会参加に積極的であることを求める。その社会契約的な側面を打ち出すことは重要である」［宮本　二〇〇九：二〇七］。ただし、「政府による過剰な生活保障・所得保障は、人びとに対して福祉依存を牽引するのではないか、勤労意欲を喪失させるのではないかという懸念」に関し、そもそも「このような懸念は日本という文脈において適切であるのか」［後藤　二〇〇四：一九］といった指摘や批判も当然ながら少なくない。

＊＊　「第三の道」の本質としての「カルーセル（回転木馬）効果」（「回転ドア」とも）については、たとえば鈴木宗徳が伊藤大一の「ブレアの再教育・再訓練は、けっして高度に専門的な知識や技能を修得させることを主眼としたものではなく、むしろ履歴書の書き方や面接の心得など、基本的なリテラシーに関わる教育ばかりが行われて」おり、プログラム対象者は「不安定な地位を転々とする」ばかりで、「失業者を減らしはするものの、ワーキングプアを増やすのがこの政策」［伊藤　二〇〇三］だという一節を紹介している［鈴木　二〇〇六：一四〇～一四一］。同様の指摘が少なくないのにもかかわらず、アクティヴェーション等がいささか安易に擁護されているわけである——もちろん、公的職業訓練の充実などいわゆる「積極的雇用・労働政策」それ自体が重要であることは言うまでもない。なお、鈴木は、「第三の道」の基本的特質を「個人化のポリティクス」として分析しており、傾聴にあたいする。

第一義的に社会的なものとしての「義務」　しかし、〈権利は必ず義務を伴う〉のか？　とりわけ〈社会権は必ず義務を伴う〉のか？

さしあたり、以下のことを言いうるだろう。

たしかに、原理論的には、つまり人間の共同存在性・相互依存性・相互扶助といったレベルでは、権利と義務とは相関的ではあろう——あるいは、人間的義務が権利を生みだす、という卓見もある。[*]また、労働・生産が人間存在にとっての必然事である限り、社会(構成員)一般にいわば労働・生産義務が存すると言うこともできよう。たとえば、資本にとっての超過利潤の獲得などではなく、社会成員すべての生存と生活にとって真に必要な社会的生産のためには、労働可能な諸個人はみな、一般に勤労義務をもつというように。

＊ たとえばヴェーユは、人が権利を行使しうるのは、彼がその権利を所有しているからではなく、他の人間たちがその人に対して何らかの義務を負っていることを認めることによってである、と権利に先立つ無条件の義務を説いていた［ヴェーユ 二〇一〇］。言い換えれば、「〈内発的義務〉の意識が生じる限りにおいて、関係者のうちに人権が発生する」のであり、権利は、いわば「〈接しているうちにその人間と関わりたいという思いが出てくる〉、そういう応答関係のなかで内発的に認識され実践されるもの」［花崎・川本 一九九八：五六］だ、ということである。

だが、すべての個人に関して、そのような立言は正しいか？ 別言すれば、そもそも「義務」は常に「個人的義務」であるのか。たとえば、一時的であれ恒常的であれ労働能力(または社会参加の条件)を欠く人に、労働義務や社会活動参加義務を課すことは正当化されうるのか。これは、例外的な事態をことあげているのではない。たとえば、就労自立と言っても、実際にそれが可能なのは条件的・偶然的、一時的・部分的である。「健康で働き盛り」であっても、景気変動による失業や労働需要の減少などによって就労が可能かどうかは偶然的であり、また就労できる期間は平均して人生のおおよそ半分ほどに限られている。さらに男性に比して女性の就労による「経済的自立」は少なからず困難である、等々。にもかかわらず、疾病や障害、年少や老齢、失業などによる社会保障・福祉給付には、なお就労義務あるいは社会活動参加義務その他の義務や責任が伴うのか。

そうではあるまい。むしろ、人間がこのように自然的かつ社会的存在である限り、その義務や責任は第一義的に社会に帰属するものであり、その前提のもとで相対的な個人的な義務や責任が条件的に生ずるとみなすべきものであろう。*

＊ その限り、リベラリズムの「所有的個人主義」（「自己所有権テーゼ」）の認識枠組みに囚われたものとはいえ、少なくとも義務・責任の個人的部分と社会的部分を弁別すること、あるいは「道徳的責任」と「答責性」を区別することを求めたローマーなどの「運－平等主義」の主張は積極的であると言ってよいだろう。

人権は個人に義務を求めない　ところで、〈権利は義務を伴う〉という立言は、おそらく、「権利」を個人の「義務」と対応させた「私権」イメージ（「収束的権利観」）で捉えていることにもとづく。しかし、「人権」においては、必ずしも「権利」に「個人の義務」が対応しなくともよいと理解されており、むしろそこでの義務主体としては国家と社会が予定されているとみなすべきであろう。この意味で、社会権とはまさしくこの、「個人的義務」の対応を予定しない「権利」の次元に成立するものであっただろう。*

＊ 「収束的権利観」と「拡散的権利観」という整理は藤井［一九九八］によるものである。藤井は、一方で、権利は（生存権も）権利である以上、義務（国家の作為）を伴い救済されるべきである（作為請求権）と、生存権・社会権を明確に「具体的権利」として捉えるが、他方では、権利と義務との一般的対応を求める「収束的権利観」の立場に立つ。国家（社会）の義務と個人の義務とが、同一平面上で把握されているように思われる点には賛同できない。

つまり、労働力としての（あるいは社会参加の）有用性を規準として人間の価値をはかるのではなく、生存のための必要をもったそれぞれの存在とその存在要求が――必ずしも（功利の原理を本質とする）「保険原理」によってではなく――端的に肯定されるところに社会権の根拠がある。そして、この社会権の現実的条件および物質的前提は、通時的かつ共時的に集団的・社会的な労働・生産活動にもとづく「社会的財産」である。たとえば、一九世紀末イギリスの社会的自由主義者ホブハウスの、歴史的かつ同時代の協働にもとづく「社会的な富の要素」＝「財産の社会的概念（social conception of property)」や、同時期フランスのL・ブルジョアの、「社会的負債（dette social)」（「社会の債務者」としての人間）の観念などがそれである。そして、現代の、すべての人が「文明市民（civilized）としての標準的な生活条件を享受するべきだという要求は、すべての人が社会的な財産の分け前にあずかれるようになるべきだろうという要求」、すなわち「社会的財産を完全に分かち合う権利」にほかならないとするマーシャル〔マーシャル　一九九三：一〇〕、あるいはロールズの「共通資産（common assets)」論に至るまで、社会権の現実的・物的前提に関する認識は広く共有されている。*

＊　ホブハウスによれば、「近代的産業においては、個人が助力なしの努力でなしうることはきわめて少ない」以上、一般に大きな所得に関して高度の累進課税や大幅な付加税を課すことには十分な理由があるし、「年々生産される富の大部分が社会に起源をもつと考えるのが正しいならば、この〔諸個人への〕報酬の割り当ての後に」残る余剰、つまり「社会的な富の要素を公共の金庫にもたらして、社会の成員の最も重要な必要に役立つように、これを社会の裁量に任せる」ことは正当である〔ホブハウス　二〇一〇：一四三、一四五、一四一〕。ブルジョアは、「人間は生活のなかで、たんに同時代人にたいする債務者になるだけではない。誕生のその瞬間から、彼は義務を負っている。人間は人間社会の債務者として誕生するのだ。社会の中に入ってくると同時に、彼自身または人類全体の祖先によって蓄積された資産の一部を共有することになるのである。誕生と同時に、人間は他の世代が積み上げてきた膨大な資本を享受し始めるのだ」、「過去の世代に負うこの債務」は「将来の世代に返済する義務である」と言う〔北垣　一九九五：七六〕。

2　社会保障の主体としての自律的個人？

近代に固有の矛盾の所産としての社会権、その根拠についての多少とも立ち入った検討に先立ち、そもそも社会権へのそうした問いを発しなければならない日本的状況を承知しておくことが必要であろう。というのも、社会権の確立と拡充を中心的な理論的課題とし、かつ法的・行政的現実を一定程度領導・規制する立場にある（と期待されている）はずの社会保障法学において、先にふれたように、憂慮すべき深刻な事態が生起しているからである。

（1）リベラリズム社会保障法論

社会保障を律すべき近年の社会保障法学において、社会保障の主体は自律的・人格的存在たるべきであり、そのようなものとして社会的な貢献義務をもつ、あるいは有責的な主体である、とするような理解が勢いを増している。たとえば、二〇〇〇年の時点で、「社会保障構造改革」を「今後とも重要な政策課題」であり「進展することが期待される」と全面的に肯定した菊池馨実は、そこでの制度改革の冒頭におかれるべきものとして、「受給者（とくに高齢者）の自立（自己決定）の理念」［菊池　二〇〇〇：二四三〜二四四］を掲げ、これを積極的に評価した。

以下、まず、菊池の主張を多少とも詳しく見てみよう。

一九九五年社会保障制度審議会勧告や九六年老人福祉審議会報告書における、この高齢者の自立の理念は、「具体的には従来のいわゆる高齢者弱者論を克服しようとする姿勢」を示すものであるが、菊池によれば、自らの「視点と共通性をもつものである」［同：一四八］。

菊池は、現実に存在する高齢者内部での大きな所得格差や格差の低所得者の著しい偏りも承知している、と言う。にもかかわらず、高齢者弱者論の克服を強調する理由の一つは、「社会保障は〈貧困（化）〉と密接に結びついた要保障事故概念を必ずしも前提としなくなりつつさえある」［同：一〇］と判断するからである。社会保障の現況は、従来の「困窮に対する最低限の生活保障」から「すこやかで安心できる生活の保障」に変容を遂げており、それは高齢者の場合にも変わらない、というわけである。ちなみに、菊池は、この連関を、セン（のロールズ批判）を援用して、社会保障はもはや「基本財」の配分による生活保障ではなく、「生き方の幅」の選択を可能にする要求へと変貌している、と表現する（この〝引証〟に飛びついたのが後述の尾形健である）。二つ目の理由は、従来の「生存権」理念は、「生活保護に象徴されるような国家から国民に対する一方的な給付関係（二当事者関係）として捉えられがち」だからである。「そこでの個人（国民）とは、積極的能動的な権利義務主体というよりも、〈保護されるべき客体〉」［菊池　二〇〇一：八九］とみなされてきたが、高齢者弱者論においてその傾向はとりわけ顕著であるというのが菊池の理解である。「高齢者弱者論」が克服されねばならないのは、この点では、それがもっぱら受動的な主体像、国家からの一方的な庇護関係に依存するからであった。

そうではなく、社会保障の根本的目的は個人的自由の確保にある、と菊池は言う。社会保障の目的は、従来のように「生活困難に陥った国民に対し健全で安定した生活を保障し、その福祉の向上を図る」［菊池　二〇〇〇：一二六］ことからすでに、究極的には各個人における「自由」を確保すること（道徳的なもの）に代わっている。「社会保障法関係において想定されるべき基礎的法主体としての個人は、受動的な一方的受給主体としての〈保護されるべき客体〉たる個人ではなく、能動的主体たる個人」〔同：一四四〕であり、そのありようは「選択」（措置から契約へ）、「参加」（社会保障の全場面への主体的関与）、「負担」（能動的な権利義務主体としての責務）の諸原則において顕現する。

かくして、社会保障（法）における人間像は、自由な個人なかんづく人格的・自律的個人でなければならない。従来学説上当然の前提とされた「いわゆる〈生活自助原則〉ないし〈個人責任原則〉の側面」ばかりでなく、むしろ「〈自律〉した〈個人〉による〈主体的〉な〈生の構築〉こそ」〔同：一二四〕が重要である。つまり、社会保障の目的は、「国民の生活保障にとどまらず、より根源的には〈個人の自律の支援〉、すなわち〈個人が人格的に自律した存在として主体的に自らの生き方を追求していくことを可能にするための条件整備〉」であり、そこで尊重されるべき規範的価値は「個人」基底性、「自律」志向性、「生き方の選択の幅」（実質的機会平等）である〔菊池　二〇〇八：七二〕。社会保障の根本目的は個人的自由の確保にある。社会保障の目的を、「単に富・財産といった基本財の分配（そしてそれによる物質的ニーズの充足）による生活保障という物理的事象で捉え切ってしまうのではなく」、「個人が人格的に自律した存在として、主体的に自らの生を追求できること」としての「個人的自由」におくこと、つまり「自律した個人の主体的な生の追求による人格的利益の実現（それは第一義的に自己決定の尊重という考え方とも重なり合う）のための条件整備と捉える」〔菊池　二〇〇一：九二〕のが菊池の立場である。

ところで、「自律した個人による主体的な生の構築」〔菊池　二〇〇〇：一二四〕とはすなわち、個人にとって基本的な「善」たる「自由」にほかならず、これは日本国憲法の要請に従う理念でもある。菊池によれば、この「〈自由〉の理念が、個人主義の思想を基盤とするわが国憲法体制下にあって、社会保障における基本的な指導理念として位置付けられるべきである」〔同：九〇〕。第一三条「個人の尊重」に示されるように（憲法学の伝統的理解もそうであるように）、憲法は個人主義的自由主義を基盤としており、社会保障法理論もこの土台の上での再構築が必要である。それゆえ、社会保障法関係すなわち生存権や社会権は、従来の通説のように憲法第二五条ではなく、第一三条に基礎づけられねばならない。

こうして、今日の社会保障政策の策定にあたって根底におかれるべき中核的人間像は、現実の具体的な「弱い人間像」ではなく、自律的主体的な「強い人間」でなければならない。そして、そうした「強い人間」像の設定によってこそ社会保障の権利性が強められる。菊池が高齢者弱者論の克服を強調するのは、人格的に自律した（あるいは自律への潜在能力を有する）個人を前提に据えてこそ、たんなる保護されるべき客体ではない主体的な個人像や、社会保障政策推進にあたっての「選択」「参加」の重視などが「明快に導かれる」からである。現実にそうした能力が欠如し、あるいは不足する個人を援助するための法制度の整備という要請も、この前提に立って初めて強力な規範的意味合いをもつ。このことは、重度の認知症高齢者や知的障がい者などにおいても同様であって、「例えば重度の痴呆性高齢者などであっても、自律に対する潜在的能力をできるだけ発揮させるための権利擁護などの法制度の整備・充実が当然に求められる」〔同前〕、というわけである。

以上の立論から、菊池の「貢献」原則、すなわち「社会保障法制のあり方を論じる際に尊重されるべき規範的諸原則のひとつ」〔同前〕である「貢献」原則が導き出される。菊池が構想する社会保障の法主体像においては、高齢者も基本的には能動的な拠出主体である。「生活保護受給者などのように現実的に費用負担能力を欠く場合であっても、抽象的な負担可能性がある以上、自立に向けた何らかの取組みが求められ、たとえば、稼働能力があるのに確信犯的にフリーライダーをする〈サーファーの自由〉を認めるわけにはいかない」[菊池　二〇〇八：七四]。現実の生活保護の適用においては、要支援者に対して保護支給を前提としたうえでの自律に向けた姿勢の積極的なサポートが求められるとはいえ、否、そもそも「〈サーファー〉にカテゴライズされ得る要支援者はほとんどいないかもしれない」にもかかわらず(!)、「たとえ理念的にではあっても、社会保障の規範的基礎づけを考えるにあたって〈サーファーの自由〉を認めるか否かの議論は重要」である[同前]。

かくして菊池理論は、「個人の自由」の擁護というお題目のもと、実際には「自立支援」諸施策が如実に示したように、取るにあたいする「補完」の実もないまま、能動的主体としての義務・負担ばかりが要求されるという現実を容認することになる。そしてなぜか、日本ではほとんど存在する余地のない「フリーライダー」問題——それは、社会福祉行政において生活保護の「申請」でさえ容易には受理されないという違法・脱法行為がまかり通る事実が雄弁に物語っている——が、あたかも中心的な懸案事であるかのごとく、菊池によって執拗に言及される。そこでは、「負担しない」福祉受給者は貶められるばかりとなる。

(2)　社会保障における「有責な主体」論

菊池と同様の議論をより先鋭に行っているのが、近年社会保障ないし生存権(「生活への権利」)について精力的に発言している憲法学の尾形健である。

社会保障構造改革の根底にある、「国民の一人ひとりが、統治客体意識から脱却し、自律的でかつ社会的責任を負った統治主体として、互いに協力しながら自由で公正な社会の構築に参画し、この国に豊かな創造性とエネルギーを取り戻そうとする志」(平成一三年六月司法制度改革審議会意見書)を共有すると言う尾形は、社会保障給付における受給者の責任の問題について、より直接かつあからさまである。

尾形はまず、菊池の薫陶によるものか、ロールズの「基本財」のような財の平等な配分論は、人が一定の基本的な事柄をなしうるという基本的潜在能力の視点を欠いている、とするセン(およびヌスバウム)の批判を援用する。この批判を、尾形は、あたかもセンが「財」を否定しもっぱら「機能」を重視したかのように紹介したのち——言うまでもなく、センは「財」のみによっては「福祉(well-being)」が実現されないことを批判したのであり、「絶対的貧困」に対する強い批判が示すように、「財」の重要性を否定してはいない——、突然のように、「センの〈潜在能力〉は、自由の観念と密接にかかわるとされるが、こうした自由を享受する個人は、一方で有責な主体(responsible agents)であるとされている」[尾形 二〇〇三:一一〇]と断定する。論拠とされるのは、センの『開発と経済学』の比較的よく知られた部分、「責任は自由を要求する」という一節の前後[セン 二〇〇〇:三二七]であるが、何よりもまず、「自由のないところに責任はない」というそこでの力点、すなわち自由が実現されていないところ、そのための社会的支援や社会保障のないところで、個人の責任を問うことはできないという要点は無視されて、なぜか、センの潜在能力論は「能力実現や人間的機能の発揮が人間にとって非常に重要な価値であるという考え方を根底にもつものであるが、その反面、潜在能力を享受する自由を有する個人は、有責な主体として扱われることをも、含意している」[尾形 二〇〇三:一一一]ということになる。だが、前段（それ自体は正しい）と後段の論理は無媒介であり、後段は論証されていない。

尾形は、「社会保障制度を、個人の自律的・主体的生のための条件整備ととらえる考え方については、……最近の社会保障学説が精力的に展開している」［同：一一三］として菊池や佐藤幸治の憲法学・人権論における人格的自律説を引証しつつ、さらに自らの立場を「潜在能力論＋人格的自律権論」として規定する。「社会保障制度とは、各人が、自己の生を自律的・主体的に構想し、かつ達成する主体であり続けるための条件整備たるもの」とする一方で、「こうした主体は、さきの潜在能力論が含意していたように、有責な主体であり続けることをも、意味するはず」［同：一一二］だと強調する。他の貢献論や義務論よりも踏み込んだこの先鋭な主張には、尾形の議論の特徴と意味があろう。とはいえ尾形の論証は必ずしも分明ではない。憲法第三〇条（納税の義務）を根拠に、「〈福祉〉において人々を有責な主体として扱うことは」、まず「社会保障制度の費用負担主体として人々が扱われる」とする。すなわち、「無拠出の給付を受ける主体であっても、自己の生を追求するための努力を怠ってはならないことも含意する」［同：一一三］、といった具合である。

いずれにせよ、この議論の帰結は、たとえば生活保護法上の医療扶助をなくし、医療保険に加入させて医療費を生活保護費から支出させるといったことになる。けだし「生活保護受給者であっても、保険料を拠出して給付を受けるという〝自己責任をベースとした相互扶助の世界〟のメンバーであるべきだという考え方」（堤修三）は、尾形にとって大いに親和的だからである［同：一一二］。だがこの類の論は、社会保障・福祉の圧縮を企図する現今の新自由主義的な社会保障政策への、憲法学や社会保障法学のまさに追随と言うべきものである。尾形が構想する「制度の憲法学」なるものの実像であろうと思われる。

3　「自律基底的」社会保障法論・人権論のもたらすもの

「弱者」を切り捨て、「無所有」を現前させ、生存そのものの脅威をもたらし、しかもその原因を自らの「無力」「無能力」によるものと自認させ諦念させる日本の現状［中西　二〇一〇］に照らしあわせるとき、菊池や尾形らの「自律基底的社会保障法論」（そしてその背後にある「自律基底的人権論」）の重大な問題性が露わになる。というのも、この現状こそ、理論的にはまさしく、菊池らが依拠する近代リベラリズム思想の否定性を示しているからである。それは、（余儀なく）「自発的でない世界におかれた人々を〈個〉にばらしてその力を強化しうるというリベラリズムの想定」［同：一六］がもたらしたものと言えよう。「個体化（individualization）の進展が社会の側に〈弱さ〉を堆積させる」［同：一一］、つまり個体化が「社会」を衰弱させ、社会成員の「弱さ」を引き起した。一九八〇年代以降を席捲した新自由主義のもとで生起したこうした状況を、意識的であれ無意識的であれ、強力に支え推進したのがこの種の近代主義的リベラリズムであったと言わなければならない。「自律基底的」な社会保障法論や人権論がもたらしたのは、こうして、第一義的に「社会」なかんづく「平等への意志と、その実現に向けた他者への気づかい」［市野川　二〇〇九：七四］としての「社会的なもの」の破壊であり、つまりは社会権の損壊であった。

自律基底的社会保障法論に即して言えば、その問題性は以下のようであろう。

(1)「人権の本義」からの離反

菊池の「自律」基底的社会保障法論、またその背景にある「自律」基底的人権論の問題性は何よりもまず、「人権の本義」とも言うべきものを完全に忘却していることにあろう。

言うまでもなく、近代的な個人の自由は、圧制と支配への抵抗、それらからの解放を第一義的かつ中核的なものとして要求したのであり、そうした自由のための闘いが人権という法的規範を成立させた。しかもなお、そうした人権が「富と教養」の所有者である男性家長に限られ、不平等と差別とを克服しえないどころか、より激烈に拡大させてきた。そこから近代的人権は、平等を志向する社会権的なものの補完を不可欠とし、現代的な人権としての再構築を迫られてきたのではなかったか。そこでも「弱者」のおかれた境遇と、そこからの要求・闘いが人権規範の変容をもたらしたことは言をまたない。

その点で、全世帯数の二割強、高齢者を中心とした年金世帯や子育て世帯では四分の一超が貧困世帯であり、就労人口の今や四割超が低処遇・不安定の「非正規雇用」で、勤労世帯の二割をワーキングプアが占める等々、多くの人びとが生活困難と不安にさいなまれている現実は、菊池らの眼にはいかに映っているのだろうか。六五歳以上高齢世帯は総収入の七割が年金で、六割の収入は年金のみ、年金受給者の一七%は年収が五〇万円以下である等々、高齢世代の多数における貧困の絶対数の拡大と生活の困窮はいよいよ深刻である。高齢者はもはや弱者ではない、あるいは弱者にとどまるべきではない、そもそも現代の社会保障は「貧困化」と連接した「要保障事故概念」を前提としなくなっている、などの現状認識を平然と語り続けられる(とりわけ)社会保障法学者に対しては、率直なところその「人権」感覚を疑わざるをえない。というのも、「生存権・最低生活保障・国家による給付といった従来の典型的なとらえ方では、もはや現在の社会保障法の全体像を把握できない状況に立ち至っている」〔菊池　二〇〇〇：一六〕という二〇〇〇年時点での菊池の認識は、雇用と生活の激変、貧困の急増をもたらした「構造改革」最盛期後の二〇〇八年〔菊池　二〇〇八〕でも、変化していないようだからである。しかし、「生存権・最低生活保障・国家による給付」とは、国家に対する請求権の要求として、まさしく人権として、人権の担い手の力によって成立したものではないのか。

もっとも、日本の法学界の実情として、「もし近代的な人権が人権の担い手の意識や要求に即して、権力・支配への対抗を基本とする関係とするならば、この〔社会権的な〕意味での人権理論を伝統的・通説的な憲法学に見いだすことは難しい」〔大久保　二〇〇四：四〕ということなのだとすれば、このことは菊池に限られないわけではあるが。

同様に、人権をもっぱら個人の「人格的自律性」に基礎づける（佐藤幸治に代表される）議論も、人権の本義からは隔たっていると言わざるをえない。そこでは人権の担い手の意識や要求、運動などとは没交渉に、あるいはそれらへの無関心（また軽視や諦念など）により、もっぱら国家や集団に対抗して「個人の自由」を確保すべく、いつの時代にも強力に通用する、いわば「切り札」としての人権を基礎づける原理が探求される（菊池の場合、「メタレベルでの規範理論」としての「自律基底的」社会保障法論の追求）。「人間の尊厳」を人権の根拠とするのは、あまりに抽象的・無力だから、より強力な規範性をもつ原理が必要だといった思弁の帰結が、人権の究極の根拠は個人の「人格的自律性」であり、その核心が「個人の自己決定」だ、*というわけである。あえて言えば、仮にそうした論究が何ほどか有意味であっても

（人格的自律も自己決定もそれ自体は重要な価値である）、また樋口陽一が、いかに「強者であろうとする弱者という擬制の上に初めて人権主体は成り立つ」と強弁しようが、しかしそうしたことによって、日本の法的現実において（精神的）自由権がより強固に確保されてきたとも思われず、他方ではもちろん、憲法の社会権諸規定が確立され拡充されているわけでもない。むしろこの種の議論が、「一人ひとりの人間が独立自尊の自由な自律的存在として最大限尊重されねばならない」という「個人の尊重」を理念として、「自律的な個人の生、すなわち個人の尊厳と幸福に重きを置く社会」を築く（一九九七年行政改革会議最終報告）と、見事なまでに政策言語的に活用され、そのもとで多くの人びとの生活と〝自己実現〟がいっそう浸食されているというのが現実の文脈であろう。そのことこそが、目下は注視されねばならないはずである。

＊　「自己決定」について小柳正弘は、その主体たる「自己」が「理念としては〈強い個人〉が前提とされているのに対して、現実には〈弱い個人〉が主体として困難を引き受けている」のが現状であり、しかもそれでも「自己決定しなければならないのだとすれば、そういう私が他者によって支えられなければならないということを、すなわち私が他者とともに私たちとして決定することの必要性を示唆している」という展望と課題を、「〈私たちが私たちのことを決定する〉という忘れられた自己決定の理念型」［小柳　二〇〇八］の思想史的掘り起こしをふまえて提起しており、問題の本質的連関の考究として意義深い。小柳［二〇〇九］は、その全面的展開である。

（2）人格的自律性論の問題性

さて、人権を人格的自律性に基礎づける議論は、あらためていかなる問題性をはらむのか。

「自律（能力）」を人間の本質とみなす「自律基底的人権論」は、当然ながら、そうした属性や能力をもたない、あるいは不足する人びとを排除し（生命倫理が現実化している「生きるに値しない生命」の選別）貶める（「些細な価値」しかもたない人間の無視・否定）ことになる。そこで急いで、人格的存在たりうる「可能性」をもちだしたとしても、事態は変わらない。「可能的な存在」という規定が、可能性の発揮さえもが困難な人びとの存在という問題性は一応措くとしても、一般に（アメリカの separate but equal の法理と同じく）「地位の格下げ」［安西　二〇〇四：一一六］を伴うことは不可避だからである。だからこの種の立論は、万人における自由・平等の確保という人権の本義に反するという根本的瑕疵を必然的に内含するので、法律学の内外からすでに種々批判されてきた。

たとえば「人権の享有主体性を自律性等の特定の能力で判断する立場は、尊厳性および人権の認められる個人とそれが認められない個人と言う差別を内包し、女性、奴隷そして先住民族等を差別し、その尊厳性を否定した近代人権宣言の過ちを繰り返すことになる」［佐々木　二〇〇四：一一三］という趣旨の指摘は、自律基底的人権論の問題性の急所を衝くものであろう。また人格的自律の過度の強調により、確保されるべき人権が人格的自律に必須の権利に限定されることになりかねない、という懸念（戸波江二など）も杞憂ではない。なぜならこの傾向は、人権をもっぱら自由権に限ろうとするいわゆる「限定的人権論」として、すでに憲法学界での有力説になっており、人権としての社会権を相対化ないし軽視、あるいは事実上無視ないし否定するものとして現前しているからである。

その他、自律基底的人権論に対する法学者たちの厳しい視線・批判も少なくない。曰く、人びとへの自律規範の強制はあたかも「自由の強制」「ノルム化」であり、現実の弱者に対し不可能事を強制する理不尽・暴力にほかならない（石埼学など）。曰く、自律の強調は自己責任の過度の追求をもたらし、また自律の経済的・社会的前提を獲得するうえで困難をかかえる人びとを切り捨てることになる（堀［二〇〇六］、木下［二〇〇七］など）。むしろ人権は、現実にはしばしば弱い存在たる個人が、生きるうえでの力量と社会関係を獲得していくために必要な権利と言うべきであって、そもそも自律能力の有無・高低にかかわらず――他者への「依存」の有無にかかわらず――、憲法は自由に「幸福を追求する権利」を保障しているはずであり、「自律」ではなく、笹沼弘志が強調している（本書第1章参照）ように、権力への抵抗としての人権を強調すべきである、等々。

総じて、人権論や社会保障法論は、「周辺化された最も不利な立場にある者からの視点を意識させる提言を組み込んでいく必要がある」［紙谷　一九九六］と言うべきである。その意味では人権の基礎とは、「支配・保護」という他律的「力」の下にありながら、それに対してプロテストする権利であって、「すべての人が自由平等であるべきだ」という命題は、現実に他律的支配と他者への依存を強いられている人びとが「自由・平等」を「回復」する試みの正統化機能を果たさねばならないのである［笹沼　二〇〇七・二〇〇八］。

さらに「自律基底論」、この場合はとくに菊池ら自律基底的社会保障法論において汎用される、まさに「自律」の概念、あるいは「個人主義」や「自由主義」という観念、そしてまた「貢献原則」や「有責性」の議論は、歴史的・思想史的考察や哲学ないし社会科学の蓄積への関与を疑わせるほどの、しばしば粗すぎるものと言わざるをえないだろう。

たとえば、「自律」について、「自律基底的」な社会権論においても人権論においても、自律は自己完結的なものとして疑われていない。しかし、自律能力といい、あるいは自律的判断といい、それらは形成的にはもちろん、現実的・現在的にも本質的に他者媒介的である。自律能力の形成や補完自体、他者との関わりなしには実現されえない。つまり、あえて言えば、自律は依存を前提としている。能力においても、行動においても、生活一般においても、人はじつは常に他者に負うている。自律は孤絶した個人の自律ではない。しかもなお、自律を求めるのが人というものであるとするなら、人間は自律的であるとともに依存的・関係的でもあり、「人間は自律を求めつつ、同時に他者とのかかわりなしには生きられない存在」［遠藤　二〇〇四：一六二］である。「全面的に依存的な〈できそこないの個人〉」でもなければ、「完全自律した個人」でもなく、「自律的でもあり依存的でもあるような個人がいる」［金田　二〇〇〇：二〇五］。言い換えれば、人間は本質的に社会的な存在であり、「共同体に依存して初めて生きていける」という「個体としての貧しさ」（「各人の補完必要性」）と「他者への関係において自己の固有の存在をもつ」という「人格としての豊さ」（「相互補完性」）とをあわせもっている［宮川　一九九八：五〇］。それゆえまた、個人の自律という理想はそれ自体（抽象的には）肯定されるとしても、少なくとも、ラズにしたがって、「自律的な生が自律していない生よりも常に優れているわけではない」し、個人の自律は政治的（あるいは道徳的）理想ではあっても権利・人権ではないという意味で、「自律への権利は存在しない」と言うべきかもしれない［濱　二〇〇三：七以下］。

そして、個人が自律するためには親密圏や社会による支援を必須とするばかりでなく、十分な選択肢と選択的能力の形成およびそれらの現実の活用を可能にするような一定の成熟した社会的・共同体的な精神的・物質的「富」の蓄積――文化や権利を保障する制度等の「集合財（collective goods）」――が前提となる。そのような人間の生と生活の擁護のために、社会保障は「他者から侵害されないことによる

〈人間の尊厳〉の保持ではなく、他者との関係の中で果たされる〈人間の尊厳〉の維持、回復」〔太田 二〇〇〇：一二二〕をめざすべきものであろう。こうして、社会保障（法）学における人間像は「孤立した個人を実体化する思考に依拠する人権理解」〔石川 二〇〇〇：一五八〕ではなく、人間相互の関係性、相互的な依存性と応答性、補完性を原理的基礎とする人権理解にもとづかなければならない。

無媒介な個人主義の誤謬は、「責任」の問題の取り扱いにおいて際立ったものとなる。個々の問題での境界づけがいかに難しかろうと、リベラリズムの立場においてさえも（ローマーやセンがそうだが）責任の少なくとも個人的領域と社会的領域の違いは疑いなく存在する。菊池も認める「経済成長の鈍化、雇用の流動化などを背景として、少なくとも短・中期的には失業率の低水準への回復が望めない」〔菊池 二〇〇〇：二四八〕現下の状況のもとで、「すこやかで安心できる生活」（社会保障制度審議会一九九五年勧告）のための就労が困難な、あるいはその機会を閉ざされている人びとの困窮や労苦の個人責任を問うことなどできようはずもない。そしてまた、第一義的には「個人責任」のリスクを回避するために、菊池が大いに肩入れする「保険原理」が導入されたのではなかったか。その種の問題にまったくふれることなく、もっぱら「サーファーの自由」を難じて、無批判的に個人責任の問題を扱うことは、リベラリズム法学としても問題の多いものだと言えよう。

「貢献」についても、人間の生涯・その諸段階、人びとの具体的な存在の仕方や様態、人間の活動と生活の少なくとも主要な場面についての言及が不十分なままに、やみくもに社会保障受給者の「負担」が強要されるような論旨が目立つ。「制度改革を領導すべき政策策定指針あるいは基本的理念」の提示をめざす菊池は（尾形「制度の憲法学」同様）政策論への志向が強いが、新自由主義的国家の政治・行政との一体性、無批判的追随性において、社会保障法学の鼎の軽重が問われるところではなかろうか。

個人の義務としての貢献原則や有責性については、先述の「社会的財産」や「社会的債務」の観念が示す、いわば「共同の貢献と責任」に照らして、また逆に言えばリベラリズムの「自らの生産物の自己取得という範式」〔立岩　二〇〇四ａ：一〇〕の制限・誤謬に照らして、こう言うべきであろう。すなわち個々人は、従来そうであったし、現在もそして今後もそうであろうように、可能な条件や前提のもとでの〈人間─社会の自然必然性に関わる〉一般的で共同的な労働義務や限定的な社会参加義務以上の責務をもたない、と。人間存在の共同性、相互依存性あるいは相互応答性において、〈権利は必ず義務を伴う〉のではない。

これら概念上の問題性の最たるものは、「日本国憲法は個人主義を前提としている」と菊池が言う場合の「個人主義」の理解と取り扱いである。憲法が個人主義にもとづいているという主張は、憲法学説史的には、たしかに一定の理由があろう。たとえばつとに宮沢俊義は、「人間社会における価値の根元が個人にある」〔宮沢　一九九五：一八八以下〕として、「何よりも先に個人を尊重しようとする原理」たる「個人主義」を憲法の究極的な価値原理とみなし、第一三条がこの原理を表現したものであり、基本的人権の概念は「個人主義ないし人間主義に立脚する」としていた──ただし、「生活の保障なしの自由は空腹の自由」しか帰結しないがゆえに、個人の自由権を実質化するものとしての社会権が明確に要請されてもいた。芦部信喜も、「憲法における最高の構成原理」である「人間の尊厳」とは「現代的意味の個人主義」〔芦部　一九五九：五八～五九〕にほかならないとするなど、憲法は個人主義を採用しているという理解は、憲法学説史上の通説的位置を占めてきたからである。

だが「戦後人権の実際の軌跡」としては、じつは「個人の権利・自由ではなく、集団的権利の領域において、また人権体系論上の〈国家からの自由〉ではなく、〈国家による自由〉領域において、人権一般の制約原理である〈公共の福祉〉への対抗が現実化した」〔大久保　二〇〇四：五〕、という理解が正鵠を射ている。だとすれば、いわば社会権運動をつうじての個人の自由・権利の実現に、憲法学の主流はフリーライドしていたことになる。

ところが、そうした集団的・社会的権利拡大の趨勢に危機感を抱いた体制サイドによる司法反動と、企業社会化を軸とした社会変容によって（一九七〇年代）、社会権運動は壁につきあたった。「大衆社会化」のもとでの意識変化と相まって、自由と権利を求める批判的な社会意識の閉塞状況がもたらされ、そこから近代主義的知性を中心に、政治的アパシーの蔓延と私生活主義の横行が嘆かれるようになる。かくして、人びとの受動的・受益的な主体のあり方が否定され、自己を自律的・主体的な個人として確立ないし再建することが求められていく。その限りでは従来からの「個人の尊重」規定が、「鮮明に意識され」、「憲法解釈において真価を発揮するようになるのは、実はやっと最近になってからのこと」〔押久保　二〇〇三：一三〜一四〕という指摘それ自体は誤っていないだろう。つまり「憲法十三条前段の〈個人の尊重〉の規定にもとづく〈個人主義〉が人権の中核思想として真摯に捉えられてきた」のであり、まさしく「人権全体に関わる地殻変動」が生じたのである、と。ただし、押久保の立場は、「人権の基礎にあるはずの〈個人の尊重〉が等閑視ないし否定されてきたものに、〈社会権〉と呼ばれる一連の条項がある」、とする「超」個人主義ではある。「個人」の権利・自由を基軸にする「近代立憲主義」が一九八〇年代に〝復権〟して、人権の個人主義的理解が前面化し（憲法学説史の底流の顕現）、かつ全面化する

（法学界の多数説化？）かの趨勢である。「強い個人」が要求され、そうした個人が具備すべき「切り札」としての人権が規範的に要求されることになる。樋口陽一や奥平康弘、そして佐藤幸治らの憲法学・人権論はそうした流れに位置するだろう（本書第1章参照）。

そのさいしかし、日本国憲法が前提とする個人主義なるものは、戦後日本の自由と権利のための現実の運動と意識を、何らか中軸的に推進したものとは言いがたい。むしろ、状況の転変に伴って前面に現れ出たものの、必ずしも社会的実体をもたず、それゆえきわめて近代的性格の強い啓蒙的で道徳規範的性格の強いものであっただろう。そして、この種の個人主義は、ともすると個人の尊重（つまりは人格的自律・自己決定）に至上の価値をおくといった域を超えるものではなく、上述のごとき、個人とその価値の他者媒介性、人間の存在の仕方に関する省察やその必要に関する認識さえもたないようである。[*]また、近代の個人主義における自立・自律的主体が、家長による家族成員の支配という非個人主義的前提のうえに成立していた（いわゆる公私二元論）といった歴史的な経験と教訓の本格的な吟味も見られない。そこでは、中間団体からの自由、「強い個人」、たんなる個人の尊重ではなくもっぱら自己決定に収斂する個人の人格的自律が、無批判的に強調されているだけだと言っても過言ではなかろう。むろんたとえば菊池も、「ただし、ここで言う自律的個人は、関係性を前提としたものであり、また自己利益だけを追求する存在とも考えられない」［菊池　二〇〇八：七四］と、言葉としては、人間の関係的存在性について（最近は）まったく語らないわけではない。しかし、もともと（原理的に）相互媒介性の論理を有しない立言は、批判に面してのたんなる言い繕いという印象をしか与えない。憲法が個人主義を前提とするという主張は法学者たちのたんなる〝一つの解釈〟である。しかもそれは、第一三条に「個人の尊重」という規定があることや「立法者意思」の推定などに寄りかかった、歴史的・思想史的吟味を欠く、少なからず安易な解釈でしかないだろう——法解釈学は憲法の規定に拘束されるとしながら、他方でしかし、しばしばすこぶる大胆な推論をも試みているようにも見受けられるが。

＊　予感されている場合も、人間存在の共同性や他者媒介性が思想的・論理的に追求されず、いわばエポケーにとどまっている。「各人は自己の存在の全うをはかると同時に、同僚との共生を確保しなければならないのだが、このありようを考察することは、政治道徳的に言って非常にむずかしい」[奥平　一九九三：二四〜二五]。

「日本国憲法は自由主義を前提とする」という立言も同然であり、そこでは漠然と古典的自由主義が表象されるだけで、近代の自由主義が経験した諸展態（生存権・社会権規定はまさしくそうした展態の表現）についての多少なりとも立ち入った本質的考察は見られない。たとえば古典的自由主義から、J・S・ミルやT・H・グリーンを経て自由主義が革新されねばならなかった過程が省みられることもなく、ホブハウスやブルジョアらの社会的自由主義の吟味も、その対極にある所有的個人主義としての自由主義に関する本格的な吟味もない。自由主義の解釈として、ただ個人主義的自由主義という一つのイデオロギーが選択されているにすぎない、と言っても過言ではない——このことは「ボン基本法」第一条第一項の「人間の尊厳は不可侵である」という規定が、一般にドイツでは、「共同体拘束的人間像にもとづく〈人間の尊厳〉」であると解釈されていることとの対比によっても了解されよう。

社会保障の目的が自由の実現にある、より正確には自由の基礎・条件の整備にあるというのは、抽象的には正しい。問題は、逆にそこから、自由や個人をめぐる社会的諸関係、他者媒介性のいっさいが捨象されて、ただ自由、個人の自由、あるいは個人の自律が高唱されるにすぎないような議論がはびこっているということであろう。そうではなく、社会保障権を含む社会権の基礎は人間存在の社会性・共同性・集団性に求められなければならないだろう。*そして、社会権が特殊に近代の危機にもとづく現代的な産物であるという意味では、近代に固有の集団性＝「社会的なもの」がその根拠となるだろう。

＊ もちろん、社会権の現実態が資本主義の政治経済的秩序・法的関係のもとで二重性——〝資本主義性と超資本主義性〟——をもった存在であることは言うまでもないが。

4 〈働いて一人前・稼いで一人前〉か？

こうして、社会保障における人間像を、社会的存在としての人間の生存と生活という根底的な現実性に即して、今少し掘りさげて吟味する必要があるだろう。ここでは、ホブハウス『自由主義』の理論的難点と目されるものを直接の素材としながら、社会保障における人間像に関わる基本的問題性について検討を試みたい。人間観や社会観の根底に関わるそれらの難問は、ひとりホブハウスに限られるものではなく、しばしば現代の卓越した思想・理論の問題でもあり、また社会理論の基本的視座に関わるもの、あるいは社会の精神文化、社会文化のありようの核心に関わるものと思われる。

(1)「普通の健全な市民」の「労働による稼得・生計の維持」という前提

取り上げたい問題性の第一は、ホブハウスが、その基本理念を「労働による稼得・生計の維持」におき、したがって立論の基礎を稼働能力のある「心身ともに健全な普通の市民」に据えているとみなされることである。

ホブハウスは、労働による生計の維持が多くの人びとにとって困難な社会的現実に対する徹底的批判から、国家によるその条件確保という（旧自由主義の伝統に反する）要求を導いた。人口の多数を占める勤労階層は、労働によって生計をたてる。そして、労働の機会を活用することは社会と国家に対する個人の義務でもある。他方、産業社会は、労働の機会と「生活賃金」を提供せねばならないが、「産業」がこれをよくしえない場合、国家が「労働権」と「生活賃金を求める権利」を（さらにはそれらの代替としての公的扶助を）保障しなければならない。「個人と国家との間には互恵的な義務がある」［ホブハウス二〇一〇：一二四］というわけであるが、論理的な継起から言って、心身や意志に欠陥のない普通の市民の、労働を通じての生計の維持が理論的前提におかれていることはまちがいない。

こうした文脈での以下のような叙述のなかに、ホブハウスのいわば「平均的な人間像」を見てとることができよう。「普通の成年すべてが、有用な労働をつうじて健康で能率的な生活にとっての物質的な必需品を獲得できるようになるための手段を保障することが、社会の機能である」――これが「経済的正義の一般的原理の……最大の最も徹底したケース」である。言い換えれば、「すべての健全な成年男女が、文明人として、産業労働者として、よき両親として、秩序を守る有能な市民として生活すべきだという要求を認める」なら、「こうした生活を持続するための物質的手段を彼らのために確保するのは、社会の経済組織の役割なのである」［同：一五二］。だが、「普通の能力をもつ一人の正直な人間が、有用な仕事によって自分を養う手段をはっきりと見出すことができないような社会は、それだけ組織不全に苦しんでいる」というのが現実であろう。それゆえ、「経済的諸条件が、精神や身体、意志に欠陥のない普通の人が有用な労働によって自分と家族に食物、家屋、衣服を得られるようなものであることに気をつけることは、国家の仕事である」〔同：一二二〕。

さて、この、「心身ともに健全な普通の市民」という理論的前提、いわば平均的人間像からすれば、健康あるいは健全を欠く人間はどのように扱われるのだろうか。

労働力という「効率性を十分に維持できるだけの賃金に値せず、今後もけっして値しないだろう人びとが存在すると主張されるかもしれない。……もちろん、人口中には一定の割合で、肉体的に能力に欠ける人びとや精神的に欠陥のある人びと、道徳的に抑制のきかない人びとが含まれているということは、認めなければならない。誰もが同意するにちがいないが、これらの種類の人びとの取り扱いは、経済学のそれとはちがった原理にもとづくし、もとづかなければならない。ある種類の人びとには懲罰的な訓練が、他の種類の人びとには生涯にわたる介護が必要となり、第三の種類の人びと――知的、道徳的には健全だが肉体的に欠陥のある人びと――は、その不運のゆえに、公的慈善と私的慈善に頼らねばならない。ここには、機能に対する支払いの問題ではなく、人間的苦悩に対する援助の問題が存在する。……概して、人口のうちのこの種の人びとのために行われること、行われなければならないことのすべては、余剰金に課せられた義務である」〔同：一五三～一五四〕。

これらの人びとを「機能に対する報酬」という経済学的原理によって扱うことはできず――このこと自体の積極性、つまり市場秩序外の原理の適用の意義については先述のとおりである――別の原理つまり訓練や福祉サービス、あるいは公的扶助による援助が求められる。「平均人」とは別様の存在に対する別様の処遇が必要とされるのであるが、この処遇の内容と性格が問われることになる。

ホブハウスのこの問題連関については、すでに岩崎晋也が、自由に背馳するパターナリズムという観点から批判を加えていた。岩崎によれば、「ホブハウスは、平均的で善良な個人を前提とする人間観に依拠することによって、……平均的でない個人（障害者など）や、〈公共善〉の観点から善良でない個人（フリーライダーなど）を自由原理の外に放逐してしまった」［岩崎　一九九七：六〇］。つまりホブハウスは、「平均的で健全な個人」を前提にするので、「機会を利用しきれず貧民となってしまった人たち」や「知的・道徳的に問題のない身体障害者」、フリーライダーのような「道徳的に問題のある人」などは、「自由原理の適用対象とはならない」［同：五四〜五五］、と。

これらの人びとが押しなべて自由原理から排除されると岩崎が考えるのは、おそらく、「自由原理から除外された人に対しては異なる原理が適用され」る、すなわち「これらの人へはパターナリスティックな対応が許容されることになる」［同：五五］からである。そのさいホブハウスは、たしかに「これら自由原理の外におかれる人々の問題はあくまでも例外にすぎず、それよりも、それぞれの自由原理が適用されることによって、自由が保障される人々が生ずることの方が重要であると主張するかもしれない」が、「社会福祉にとっては、ミルやホブハウスが事実上自由原理の外に措いてしまった人びとの自由を、どのように保障するのかという問題の方が重要なのであり、これらの自由原理が除外した人たちは、決して例外といえるほど少数ではないのである」［同：六〇〜六二］。

ホブハウスが平均的で健全ならざる個人を自由原理から放逐したかどうかは、パターナリズムの理解に関わって、また岩崎自身が「事実上」と言い直していることを見ても、なお議論の余地のあるところだろう。*だがそうした人たちを、少なくとも「例外」視したということは、傾向的事実として認めねばならないと思われる。そして「決して例外といえるほど少数ではない」のは、とりわけ現代の眼からすれば紛うことなき事実であり、かつ、社会福祉の領域にとどまらず、社会理論全体の根幹に関わる重要な論点であろう。

＊　自己決定（の問題性）について、筆者も幾度か言及したことがある［吉崎　一九九八・二〇〇五］。しかし、とくに社会福祉の領域に視点を据えてこの問題を考える点では不十分だった。あらためてこの視点の重要性に気づかされたのは、山田［二〇〇四］によってである。山田は言う。「社会保障法における社会福祉法の際だった特徴は、〈自立〉（あるいは〈自律〉）の強調にある」［同：九七］が、それというのも「社会福祉制度においては、社会的支援の可能性が、自由－自律の大前提であり、自律は、社会福祉サービスに依存しているのであり、利用者の自ら選びとっている生活は、社会福祉サービスに従属している」［同：一〇七］からである。つまり「従属性、依存性が生じるからこそ、自立が強調され、目的とされなければならない」［同：九八］。そして、社会福祉法の「自由」は〈自律的人格が人権主体であるという流行の多数派人権学説とはちがって〉「〈従属〉に基礎をおく自律」［同：一〇七］であり、「社会福祉の法的人間像とは、〈従属的関係にその生存を賭けざるを得ない生活人〉」［同：一〇四］である、と。この位相からの考察は、問題の原理的考察（原理としてのいわば「依存的自立」）に寄与すること大と考えられる。

もっとも「例外」視とは言っても、ホブハウスが「労働権」と「生活賃金を求める権利」に代わる公的扶助を明確に権利だと規定したこと、しかもその物的基礎を「社会的財産」にもとづく再配分に求めたこと、そしてそうした主張が今日の「権利としての社会保障・社会福祉」の源基となったこと、さらに一般に彼の思想実践が閉じておらず開放的なこと（たとえば工場立法成立経過の分析）、などは失念すべきではない。パターナリズムの問題の重要性はそれとして、ホブハウスが、「平均的で健全」ならざる人びとの「自由」の問題に関しても、当時おそらく最大限に考え抜いた一人であるのは疑いえない。人間性の奥底での「究極的には一つであるというこの感覚が、平等の真の意味である」〔ホブハウス 二〇一〇：九三〕といった、『自由主義』の随所に示されるホブハウスの徹底した平等観・平等主義は、たとえば現代の思想家ロールズが障がい者の問題にたじろぎ、「例外」視したのとは明らかに異なる。

そのうえでしかし、たしかにホブハウスの「平均的」人間像から障がい者や道徳的に欠陥のある人びとなどが除かれ、それらの人びとが、事実上あるいは結果として「例外」視されたのは否定できないだろう。そうした「例外」視はさしあたりまず、ホブハウスにとっての中心的課題の設定と、その課題を解くための理論枠組みに、すなわち国家の行為による社会変革という課題設定のもとに、「労働権」と「生活賃金を求める権利」を確立すべく「抑制」、「統制」を提起し、必要な場合には国家が公的扶助という代替活動を行うという理論枠組みに由来する。この枠組みは一方に、社会の成立と存続の基礎が社会的労働以外のものではないという自明の前提をおきつつ、他方とくに労働によってもなお生計の維持が困難で、傷病や失業、老齢に備えることがかなわない大量の人口の存在が社会的矛盾を激化させている――ホブハウスからすれば自由主義の鼎の軽重を問うている――現実が必然化したものであろう。産業社会が巨大な富を集積させているにもかかわらず、その生産を担う労働階級の大多数が生計の維持にすら喘いでいるという眼前の現実が、いわば「労働による生計の維持」という可能性の現実化という課題を焦点化させた。そこでは、直接の労働によらない生計の維持（たとえば老齢期における）という領域も、老齢年金の分析など、もちろん失念されてはいないが、しかし重点が稼働領域の諸問題（傷病や失業を含む）におかれたことは否めない。

だがそうした理論枠組みのなかで、いきおい重い障がい者や要介護者など労働への従事が困難な人びと、あるいは労働の忌避者をめぐる問題が二次的・副次的になっていったことは否定しがたい。「労働による生計の維持」という基本命題のもとで、いわば「労働によらない生計の維持」が、権利（権利としての社会保険および公的扶助）とはみなされながらも、理論的かつ実践的に具体的に展開され、あるいは追求されることは少なかったということだろう。ホブハウスに限ったことではないにせよ、まさしく「歴史的限界」ではある。

しかしホブハウスの限界の真の問題は、じつはそうした歴史的制約というだけでなく、理論の基軸が労働による稼得・生計の維持におかれたこと、そのこと自体に求められるべきだろう。そしてこの限界は、もちろん、ホブハウス以降の現代でも普遍的な問題性であると言ってよさそうである。問題は、さしあたり、おそらく三つある。

個人に閉じ込められた「労働による生計の維持」 第一の問題は、「労働による生計の維持」という基本テーゼそのものである。現代日本の現実がまさにそうであるように、子ども・入職前の若年者は別として、また失業者・半失業者・「失業予備軍」については措くとしても、離・退職者を含め、直接の労働によらずに生計をたてねばならない人口が急増しており、かつてない規模に達している。障がい者や病者、要介護者や年金生活年齢層（とくに無年金・低年金者）に至るまで、そうした人口の多くが生活の困難と将来への不安に脅かされている。「労働による生計の維持」なる基本テーゼが、現代の具体的な個々人の次元では現実と合致しないのは否定すべくもない。とはいえ、社会の存立の基礎はいまだ（今後とも）社会的生産・労働であり、「労働による生計の維持」というテーゼを否定することもできない。

この隘路を切り拓くのは、「労働による生計の維持」が孤立した「個々人の労働による個人的な生計の維持」を意味しない、という点だろう。* これは、もちろん現実の姿ではある。だが、現実が余儀なくさせている事態の消極的な容認ではなく、「集合的・集団的な労働による個々人の生計の維持」を積極的な価値として追求・拡張し、確立することが求められよう。事柄の個人主義的把握が、あたかも自明視されていることこそが問題であり、今日とりわけ「労働による生計の維持」は社会的・集団的であらねばならない。

* これは、ホブハウスから批判的に継受すべきことの要でもあった。歴史的かつ同時代的な集団的労働とその産物としての「社会的財産」というホブハウスの議論は、一面でこうした認識に負っていたと言えよう。だが、労働によらない生計の維持という領域は、公的扶助や懲罰的訓練の問題に解消され、主題的に論じられることはなかった。

以上はまた、「生産・労働による（個人の）自立」という価値・目標を相対化すべきことも意味しよう。先述のように「自立」とりわけ経済的自立の可能性は、経済動向や労働能力、性別や年齢・世代、さらに国籍などにより客観的に条件づけられる偶然的・部分的なものであり、個人の努力や意欲には還元されえない。「個人に閉じ込められた」ものとしては現在、「労働による生計の維持」も「自立」も人口の大多数において成り立たない。

「稼いで一人前」という価値序列　第二の、より重要とも思われる問題は、「労働による生計の維持」という観念が、「働いて一人前」「稼いで一人前」という観念・感覚に連接していることである。「労働による生計の維持」が基軸の人間像となれば、「労働によらない生計の維持」が二次化・周辺化されるという連関が、「働いて一人前」と「一人前ならぬ（働かざる）存在」という価値的連関に移行・連動することは見やすいところであろう――「働いて一人前」の近代的・資本主義的様態が、「稼いで一人前」であると言うべきか。

ところで、この「人はみな、働くべきだ」ひいては「稼いで一人前」という観念は、しばしば指摘されるように、現代の北欧福祉国家でも基本的なエートスとされている。社会的・政治的施策の重点がこの観念に定礎され（「積極的労働市場政策」など）、そこに諸資源が動員される。もちろん、相対的に高い水準を達成している北欧福祉国家の社会福祉が、強い権利性のもと、相当程度に充実していることは言うまでもない。にもかかわらず、「働いて一人前・稼いで一人前」という社会文化のもとでの「働かざる者・稼がざる者」の地位が、たとえばスウェーデンにおけるかつての優生学的断種の実施が如実に示したように、劣価値的なものとなるのは想像にかたくない。少なくともそこでは二重基準が働いており、さまざまな様態と属性をもつ人間存在すべての端的な肯定はない。事実、福祉国家スウェーデンにおいても、すでに一九六〇年代後半から、生産主義志向のもとでの深刻な社会的排除（女性や障がいのある人びと、病人や高齢者などの〝排除〟）が、福祉国家を推進した社会民主主義内部の政策中枢からも、指弾されていたという［宮本章　二〇一二：一七］。

北欧福祉国家においてさえそうであるとすれば、もっぱら「自立・自助」を強調し、もともと貧弱な社会保障・社会福祉のいっそうの削減に邁進している日本やアメリカ合州国などにおいて、「稼いで一人前」というエートスが支配し、「稼がざる者」への強烈なスティグマ圧力となっていることは容易に理解される。

だが健康と仕事に恵まれた人でも、「稼ぐ」期間は平均して人生のおおよそ半分強という現状（二〇歳での入職、六五歳でのリタイア、八〇有余歳までの存命）からすれば、もはや「稼いで一人前」という人間像を留保なしに平均的なものとすることはできないだろう——ちなみに、リタイア後のための必要十分な備えを稼ぎ出せる人は日本社会の現状ではかなりの少数派だろうし、年金ももっぱら自身だけの稼ぎによるものではない。稼ぐ人・稼げない人・稼がない人、稼げない期間・稼がない期間のある人、そういう多様な人びとが「一人前」に生きていけるのは社会の生産力によるのであり、それは通時的・共時的な集団的労働、共同の生産活動によってこそ可能になる。言い換えれば、一人では稼げ（働け）ないし、一人だけの稼ぎで生計をたてられるわけでもない。一般に、人びとの労働への参画がなければ生命も生活の維持も可能でなく、社会が存立しないという意味で、労働の倫理を称揚することはよい。働ける者が働くことは必要かつ不可欠である。だが「稼いで一人前」というのは、種々の意味で（「一人前の稼ぎ」も得がたいあまりに多数の労働者の現存なども含めて）、今や明らかにフィクションである。イデオロギーとしてのその抑圧的効果を勘案すれば、「稼いで一人前」という観念・感覚はむしろ克服されるべきであろう。さかのぼって「労働による生計の維持」という観念も、その抽象性のままでは虚偽に転化する。むしろ「社会が稼ぐ・社会で稼ぐ」のであり、ここでも個人主義の再審が求められる。

権利主体としての「平均的人間像」の克服　第三に、以上からの帰結として、少なくとも権利（人権）主体を「平均的人間像」に措定することは誤りであろう。社会科学一般において、「平均」という観念が必要でもあり有益でもあることは多言を要しない。目下の問題連関でも、たとえば「平均的生活像」という概念は、社会施策の設計や生活保障における基準の策定などでは有意義かつ必須でもあろう。だが、こと人間存在の根本に関わっては、平均概念が抑圧的なものになるのは避けがたい。端的に言えば、基本的人権の領域に平均概念をもちこんではならない。平均的な人権主体といったものの想定は、ただちに平均的ならざる主体の人権享受に毀損をもたらすからである。たとえば奥平康弘は、「人権はある意味で平均的な権利でしかない」として、「子ども、ある種の老人、精神障害者、能疾患者など」欠けるところがある人たちの権利を「あらゆる人間に普遍的に平等に与えられるべき権利という意味での〈人権〉」から除外し［奥平　一九九八：一三七〜一三九］、人権としての社会権の相対化・軽視という看過すべからぬ重要事態をもたらしていた（本書第1章参照）。日本の法律学の多数説であるかに思われるこの種の理解は、ホブハウスが主体像に一定の問題性を残しつつも、自由権と等価値的なものとしての「労働権」と「生活賃金を求める権利」およびそれらの代替としての公的扶助を明確に権利として、対国家請求権として要求していたのとは対照的であり、一種の歴史的逆転・後退でもあろう――ホブハウスは、「人権」や「憲法上の人権」「特別な権利」などの〝面倒な〟区別（の必要）を知らなかったということかもしれないが。

人権主体における「平均」の想定が克服されなければならず、「平均」概念の適用範囲・妥当範囲の吟味が必要である。すべての人間が「ただの、普通の人」として肯定されるべきであり、その平等な存在と自由が、そして存在とその自由のための再配分が人権として確保されるべきである。こうして平均的ならざる人間の多在という厳然たる現実を前に、理論の組み替えと感受性の練磨が避けがたく求められているように思われる。

（2）「個人的貢献と報酬との均衡」（機能と報酬との一致）の原理的承認

ホブハウス思想の問題性の第二として取り上げたいのは、「個人的貢献と報酬との均衡」ないし「機能と報酬との一致」の原理的承認という命題である。これは個人主義の核心部の問題であるとともに、いわゆる所有的個人主義の深部に連接する論点である。

富の社会的基礎、「社会的財産」を強調しその説得的論証に努めたホブハウスは、他方で、「生産における個人的要因」の重視を促す。

「生産においては個人的要因がきわめて重要」〔ホブハウス 二〇一〇：一四八〕であり、「生産における個人の創意、才能、活力の役割を最小限に評価することなく、それらが適切な位置を認められるべきだ」〔同：一五七〕。言い換えれば、個人が他者の助力なしでなしうることがきわめて少ないとはいえ、「社会は、ある人が他の人よりもずっとよく活用できる諸々の条件あるいは機会を提供する。そして、これらの条件や機会をどう活用するかが生産における個別的もしくは個人的な要素であり、これが報酬に対する個人的要求の基礎となる。この個人的努力を維持し刺激することが、よい経済組織の必要事である」〔同：一四三〕。

人間－社会の存続のためには、なお生産・労働が必須不可欠である。この社会的生産と集団的・共同的労働を現実に担うのは、もちろん個々人である。ゆえに生産・労働の水準は、それら諸個人の創意や能力、活力に大きく左右されざるをえない。したがってまた、そうした機能の効果的な遂行とその意欲を刺激する報酬が支払われなければならない——自己実現とも関わる個々人の創意や能力の発揮が生産を押し上げ、それがしかるべき報酬にも結果するという循環の成立。すなわち「機能と報酬」を一致させねばならない、というのがホブハウスの「生産における個人的要因」の主張の要点・狙いであろう。

もっとも、そのいわば「個人の取り分」については、先述のようにホブハウスは（きわめて、と言ってよかろうが）抑制的だった。「社会的な価値のあるすべての機能は、その効果的遂行を刺激し維持するのに役立つだけの報酬を要求できる……すなわち、こうした機能を遂行するすべての人は、言葉の厳密に倫理的な意味において、そのような報酬を受ける権利をもつが、それ以上のものを受ける権利はもたない」［同：一五五〜一五六］、と。

ホブハウスのこの論旨は、一般には説得的であろう。問題はしかし、社会が提供する「ある人が他の人よりもずっとよく活用できる諸々の条件あるいは機会」を「どう活用するかが生産における個別的もしくは個人的な要素であり、これが報酬に対する個人的要求の基礎となる」［同：一四三］という理解である。そこでは条件や機会の活用自体が、他者あるいは社会・文化によって媒介される点が忘却されてはいまいか。もちろん一見したところ、個々人の間での創意や能力、活力の相違、したがって達成の違いは厳然としてある。そして、そこでのより優れた営為や努力を顕彰したり刺激し、より高い報酬によって貢献に報いることは、社会の「効果的な」運営上、必要かつ有益であるという判断を否定することも現実的でない。しかし、そうした能力その他の発揮それ自体が他者媒介的であるなら、ここでの「個人の取り分」「機能と報酬との一致」の根拠も少なからず分明ならざるものとなろう。

「所有的個人主義」の軛　立岩真也は、「個人に帰せられる部分とそうでない部分」という基準のとり方は、「改良派リベラリズム」の「自らの生産物の自己取得という範式に内属」する制約されたものだと批判する［立岩　二〇〇四a］。「社会の取り分」に関する明瞭な認識と要求を示し、同時に「個人の取り分」とその根拠を強調するホブハウスの議論にも、この批判は妥当しよう。

「改良派リベラリズム」の誤りは、立岩によれば、そもそも「私が作ったものが私のものであることを認めることはできない」〔同：一六六〕点についての無理解にある。言い換えれば「より多くもつ者は、もっぱら自らの権能において所有するのではない」。つまり労働・生産はまさしく共同の集団的活動であり、そこでの個人貢献分も、したがって生産物の取り分も、本来分別が不可能だということだろう。現代の「運－平等主義」（改良派リベラリズムの一つ）を、批判者たちが、自己の責任と自己によらない責任との境界を画しがたいがゆえに論難するのとは対極的に、ここでは生産への個人貢献分を確定することなどもともと不可能であるがゆえに、「個人の取り分」と「社会の取り分」という区別が成り立ちがたいとされる。であるなら原理的には（「現実」からの距離の開きは措くとして）、「働ける人が働き、必要な人が取る」〔同：一五九〕ということでよいはずということにもなろう。*

* とはいえ、「努力や労苦に応じて報いられるべきである」「寄与・貢献に対する報いがあってよい」とする現実性の次元を全否定することはできず、立岩も一定の範囲で是認する〔同：一六四参照〕。この種の「報酬」の如何は、さしあたり、共同体の「熟議」によって決められるべきものであろう。

立岩によれば、改良派「リベラリズムは、業績原理〔作ったものを取得することができる、業績に応じて受け取ることができるという規則〕を基本的な前提とし、本人の努力の及ばない部分を整除し、揃えることによって平等に近づけようとする」――「生産する能力を等しくすることによって平等の側に行こうとする」――が、「単純に生産と取得とを別に考え」ればよい、と批判する。そのことにより、「自らのできることの多寡によって受け取りの多寡を当然のことにしてしまうこと」、かつ「それを当然とする社会」から脱して、すべての人の存在とその自由のための「より多くもつ者からの再分配」が実現されるだろう〔同：一六四～一六五〕。さらにそれによって、「人の力とその産出物と人の存在とを結びつけてしまう規範」〔同：一六七〕を問題視し、「できることと得られることのつながり、できることと存在の価値とのつながり」の弱化〔同：一六二〕が達成されるであろう。「生産物は生産者の一部である」とか、「私が作り表出するものが私をそのままに示すとする価値を支持できない」。人は端的に肯定されるべきであり、「何かが……作られることにおいて人であることができる」〔同：一六六～一六七〕、のではない。

立岩の指摘は核心を衝いていると思われる。ホブハウスであれローマーら現代の「改良派リベラリズム」であれ、「単純に生産と取得とを別に考えようと言わない」のは、彼らが所有的個人主義の軛に深くつながれたままであるからだろう。マクファーソンは、「所有的個人主義」の定義的言表の第三項で、「個人は本質的に自分自身の身体と諸能力との所有主であって、それらにたいし何ものをも社会に負っていない」〔マクファーソン　一九八〇：二九七〕、と特徴づけていた。労働が他者＝社会を媒介しており、けっして個人完結的でありえず、したがって所有も「社会的要素」をその大きな部分として含むことを明確に認識していたホブハウスにあってなお、身体で区切られた個々人の資質や能力、活力の内部に立ち入っての他者媒介性＝共同性の把握にまでは至っていないということであろう。*

＊　現代の「働いて一人前・稼いで一人前」などの観念も、この問題性の線上にある。ただ同じく所有的個人主義が対象化されていないとはいえ、ホブハウス思想はまさに「歴史的制約」を負ったものとみなせるが、個人の「社会的貢献に対する報酬」を自明視する現代理論の制約性とその無自覚性は原理的欠陥と言うべきである。

「能力の共同性」の深度――躓きの石としての「能力の個人還元主義」

こうしてホブハウスにおける所有的個人主義の軛は、「能力の共同性」の理解の深度がいまだ不十分だったため、「社会的財産」の歴史的かつ同時代的な共同形成の強調にもかかわらず、「リベラリズムの範式」から抜け出しえなかったことにある、と言えよう。つまり、社会的次元での「能力の共同性＝共同行使」が認知されながらも「個人の能力」が固執されたのは、「能力の共同性」が「個人」次元にまで貫徹されなかったためだ、と思われる。

ホブハウスは、「生産の社会的要素」として、労働・活動の共同性・社会性をしばしば強調している。しかしそれは、いわばマクロな領域におけるものであり、個人の創意や能力の発揮が期待される場面での、個々の労働の集団的媒介性にはほとんど注意をはらっていないようである。だが現実の労働において、個々人の創意や能力がそのままで発揮され、実現されるわけではなく、それは他者の力量や熟練度、協働の組織や共同の活動などに深く媒介されている。すでに個人の能力の次元において、能力は他者に媒介された共同的なものである――身体的能力の向上でさえ、訓練や指導から生活環境・栄養等々に至る種々の社会関係のもとでこそ可能である。これら諸個人の共同の営為として社会的労働・生産がある。そもそも能力は、その形成や伝達においても、その行使や練熟においても共同的なものである。形成・行使においても継承・享受においても、歴史的・社会的に共同的な能力は、したがってまた社会・文化のありようによって可変的であり、発達可能性をもつ。そのようなものとして、竹内章郎が言うように、「能力自身においても、人は他人を頼り、〈自立していない〉」［竹内　二〇〇七：一三〇］。だから能力の私的所有視は、特定の歴史的時代の社会・文化、制度（市場・市場ルール）によるものにほかならない［同：一四九］。

にもかかわらず能力が個人に収斂され、もっぱら当の個人の所有物とみなされるところに、問題の真因がある。所有的個人主義の根源・実体は、「能力の個人還元主義」にあると言ってよいだろう。個人の能力はもっぱらその個人にのみ属するものではなく、したがって、その能力を発揮した成果としての生産物も、もっぱらその個人に属するものではない。

こうして、「個人の能力自体における共同性」という認識の欠落、この問題連関への立ち入った考察の欠如が、自由主義に瀰漫する所有的個人主義と重なり、「個人の創意と能力」への度を逸した執着、ひいては「個人の取り分」の安易な是認に結びついたと考えられる。「能力の個人還元主義」を否定し、「個人の能力自体における共同性」が認知されれば、所有的個人主義の軛からの解放もまたもたらされよう。「機能と報酬との一致」といい、「所有的個人主義」あるいは「能力の個人還元主義」といい、これらはまさしく「個人主義的自由主義」の問題性である。「グリーンの教えとトインビーの熱意が、自由主義を個人主義的自由概念という束縛から解き放って、現代の立法に道を開きつつあった」〔ホブハウス 二〇一〇：一六二〕、と個人主義的自由主義を批判し、「集団主義（collectivism）」の基礎づけに意を注いだホブハウスにしても、こうした問題性を免れてない。だがそれらの問題性は、たんにホブハウスの「歴史的制約」にとどまるものではなく、疑いもなく現代の課題であり、新たな福祉国家構想が向き合わねばならない基本的な問題群の一つであろう。

（吉崎祥司）

第Ⅱ部　社会権思想の歴史的・現代的意義

第4章　自立・自律の再定義——社会的自由主義から社会権思想へ

はじめに

「自立（independence）」、そして「自律（autonomy）」は一般に積極的な価値とみなされている。抽象的にはそれらは、たしかに肯定的なものであろう。しかし具体的な諸次元で問われるとき、あるいはその存立の条件や前提が立ち入って考察される場合には、「自立」や「自律」という価値も単純・無媒介に肯定することはできない。個人は、孤立して、「自立」的であることも「自律」的であることもできないし、「自立」や「自律」の実現には、一定の社会的条件・前提が必要とされるからである。言い換えれば、「自立」や「自律」が人間的自由の重要な一側面をなすとするなら、それらが真に成立するためには、自由を社会的次元において媒介することが必須のものとなる。この問題連関を、「社会的自由主義における自立・自律」という視角から探ってみたい。

そこで、しかしまず、「社会的自由主義」という一般には聞き慣れないであろう言葉について、説明する必要があろう。

さしあたり「社会的自由主義（Social Liberalism）」とは、歴史的な存在としては、たとえば一九世紀末から二〇世紀初頭にかけてのイギリスにおいて、自由主義革新の思想運動を主導したホブハウスやホブソンらの「新自由主義（New Liberalism）」をさす。また、L・ブルジョアやA・フイユらフランス急進派の「連帯主義（solidarisme）」をはじめとして、同時期のヨーロッパに広汎に存在した同様の思想傾向もこれに含まれる（［田中　二〇〇六］、［ローグ　一九九八］など参照）。これらの思想運動を「社会的自由主義」と名づけるのは、たんに現今の支配的な体制思想としての「新自由主義（Neo Liberalism）」との区別という消極的理由にもとづくばかりでなく、イギリス新自由主義や同種の思想運動がまさしく「社会的自由主義」と特徴づけうる内実を有しているからである。* すなわち「社会的自由主義」とは、端的には個人にも国家にも還元されえない固有の中間領域としての「社会」に基礎をおき、そこでの集団・団体（association）としての団結（combination）・連帯（solidarité）をつうじて、諸個人の自由を実現しようとする思想であり運動である、と言ってよかろう。「団結」とは「平等をつうじて自由へ赴く運動である」［ホブハウス　二〇一〇：二九］というホブハウスの一言に集約されるように、「社会的自由主義」においては、自由の希求は平等の要求とともに、平等なくしては獲得されえないと観念されていた。そしてこの平等を体現し、自由の実現を可能にするものこそ、社会内に組織された多様な集団・団体の団結・連帯である。

＊　S・コリーニやE・ラムズスタッドら（新）自由主義の研究者たちも、ホブハウス理論を「社会的自由主義（Social Liberalism）」と特徴づけている［大塚、一九九七：八一、一一四］。

言い換えよう。「社会的自由主義」は、古典的自由主義の「個人対国家」という近代的な理論枠組み

（その欺瞞）に対して、「社会」の領域における諸種の集団・団体の再建または新たな構築をつうじて、「集団対国家」（場合によっては「個人対集団対国家」）という対抗的な枠組みを提起するものであった。その意味では、一九世紀末からの自由主義革新運動は、「社会（的なもの）*」の再建・構築による自由の実現をめざすものであり、まさしく「社会的自由主義」の名にふさわしいものと言えよう。その主題は「平等にもとづく自由」であり、その展開領野は、個人と国家の中間にある、労働組合や協同組合、友愛（相互扶助）団体や共済組合、農業組合や教会、その他多種多彩な結社《アソシエーション》・文化団体、親密圏や地域共同体などの「社会」である。そしてそこに生起するのは、諸種の「社会問題」の解決への取り組みや共同生活・相互扶助の諸次元や諸課題、人びと相互の「交通」や自己実現、ボランタリーな集団活動における期待・願望や充足、等々が織りなす「社会的なもの」である。

＊「社会的なもの」という概念は、近年、社会学や政治思想の領域を中心に、時代の課題を読み解くキーワードともなりつつある。その意味と意義については、さしあたり市野川［二〇〇六］、ロザンヴァロン［二〇〇六］、森［一九九五］など参照。なお、「社会的なもの」には、「団結・連帯・集団行動」「中間集団」「平等」といった諸次元ないし諸側面が含まれており、これら相互の論理的連関が問題になるが、ここではふれる余裕がない。

そして現在、「新自由主義《ネオリベラリズム》」の席捲のもとで、「社会（的なもの）」の徹底的な破壊もが遂行されつつあるのだから、「社会的自由主義」はたんに歴史的な存在にとどまるものではなく、すぐれて現在の課題でもあろう。事実、今日の「新自由主義」の中心目標が、「社会（的なもの）」の消去と、国家の社会的介入の否定（ただし、いわゆる「小さな政府」は「強力な国家」たることを否定しない）に向けられていることについては、おそらく多言を要しない。つとに福祉国家イギリスの解体に狂奔したサッチャーが、「社会などというものは存在しない」とうそぶいた（［市野川 二〇〇六：一一九］など）とおりである。労働運動の規制力がほとんど消失し、社会保障・福祉が惨めなまでの水準に縮減され、勤労世帯の約二割・一千万人以上もが貧困状態に追いやられ（［ワーキングプア］）、格差の拡大と大きな不平等によって人びとの多数が孤立と不安のもとに放置されている日本の現状がすでに、「社会（的なもの）」の決定的なまでの損壊を示している。かつて古典的自由主義の個人主義と自由放任主義は、大量の構造的失業＝貧困に象徴される「社会問題」の解決に無力であるばかりか、その原因となってきた。そのことへの怒りと抗議が、集団・団体の団結、連帯を軸に労働運動と社会主義運動の発展を、また一九世紀末からの自由主義革新運動の展開——体制内改革による「国民統合」の回復という動機に発するにせよ——をもたらした。一世紀を経て現代社会は類似の事態に遭遇しているが、「社会（的なもの）」の再形成に向けての大きな動きがつくりだされるような状況にはなく、とくに日本において事態は深刻である。それゆえ「現在の課題としての社会的自由主義」は、集団・団体の団結・連帯を軸とする、「社会（的なもの）」の再生による平等な自由の実現という位相で、その内容の具体化と豊富化、問題性の析出と問題解決の水路の開鑿《かいさく》に努め、そのことによって当面する社会改革に向けての合意の形成に寄与すべきであろう。

ところで、「新自由主義《ネオリベラリズム》」による「社会（的なもの）」の破壊は、他方で同時に、もっぱら個人の自己決定と自己責任にもとづく「自立」の、したがってまた「自律」の要求と、これらの価値の専一的優越化・政策的宣揚を伴う。今日の支配的イデオロギー・政治的言語において、諸種の自立支援立法・施策に示されるように、「自立」は中心的な位置を占めており、またおそらくはその抽象的な正当性が批判的意識の封じ込めに力を貸している。「社会的自由主義」における諸個人の自立が、「新自由主義」的な

「強い個人」の「孤立的自立」、もっぱら経済的・就労的「自立＝自助」、そして自己決定至上的な「自律」と異なることは言うまでもない。だがこの種の問題連関の理論的分析は、これまでのところ必ずしも十分には行われていない。それゆえ「現在の課題としての社会的自由主義」は、今日の政策言語の要ともなっている「自立イデオロギー」の根底的で批判的な分析を、当面する重要な作業の一つとしていることにもなる。

さてしかしなお、「社会的自由主義」への今少し立ち入った言及が求められよう。

1 「社会的自由主義」とは何か

歴史的な存在としての「社会的自由主義」の思想内容を、イギリス「新自由主義《ニューリベラリズム》」の代表的理論家で、『自由主義』(*Liberalism*, 1911［ホブハウス 二〇一〇］)の著者として知られたホブハウスの論述に見ておこう。*

＊ ホブハウスについては、日下［一九六七］、大塚［一九九七］を参照。また、彼についてのここでの論述は、吉崎［二〇〇二］や、自由主義思想史上における「新自由主義」の位置づけの試みを含む、吉崎［一九九八］で補われたい。

(1) 万人が享受しうる自由／他者とともにある自由

まず、「社会的自由」とは何か。ホブハウスの目前にあったのは、社会成員の多数において自由がまだまだ実現されていないという現実であった。そこにはびこっている「非社会的自由は、自分以外の誰かの願望あるいは利益を考慮することなく自分の力を用いる人間の権利である」(〔ホブハウス 二〇一〇：六八〕。以下、本節での本書からの引用はページ数のみを示す)。個人として(個人にとって)は望ましいかもしれないその種の「自由」は、しかし「相互の接触のなかで暮らす複数の諸個人にとっては理論的に不可能である」〔同前〕。そうではなく「社会的自由〔social freedom〕」、すなわち「よきものとしての自由とは、他者を犠牲にして得られたある一人の自由ではなく、ともに暮らすすべての人びとによって享受されうる自由である」〔七〇〕。「それは共同社会のすべての成員によって享受されうる自由であり、他者の侵害をともなわない諸種の活動のなかで選択すべき自由である」〔六九〕。自由は、J・S・ミルが個人の自己主張にもとづくものでないと述べたように、人びとの相互的関係、相互的充足を前提とする社会的なものである。つまり、「社会的自由」とは、自己中心的でなく、他者配慮的で、他者とともに享受すべき平等な自由である。

こうした理解は、ミルや、とくにイギリス理想主義の盟主T・H・グリーンの影響を受けたホブハウスの、次のような自由観にもとづく。自由とは、何よりもまず圧制や拘束からの解放であるが、同時に、それにとどまらず、人格の発達を目的とする積極的なものである。すなわち、「自由の基礎は成長の観念である」〔九三〕。言い換えれば、諸観念の拡大、想像力の覚醒、情動や情熱の働き、理性的自制の強化・拡大といった「人格の基礎的な諸要因の発達」こそが「各人の生を価値あるものにする」〔一〇二〕のである。

そして、「人格のこのような実現もしくは十全な発達は、現実には一人の人間では不可能で、共同社会の全成員で可能となる」〔九八〕。言語や訓育、共同生活による社会的雰囲気の吸収など、一般に「個人は、通常認められている以上に共同社会に負うところが多い」〔一一五〕のであって、自由は、もっぱら「干渉するなという請求権」にもとづくものではなく、他者を媒介として初めて実現され、また充実が期待されるものである。すなわち、自由の基礎としての人格の発達は他者によって媒介されている。ここに「社会的自由」のいわば人間論的‐存在論的根拠がある。

こうして、人格的実現としての自由は社会の全成員によって媒介されており、したがって、自由は調和によって可能となる。社会の理想的あり方としての「調和」の生活のためには、一方で、社会的衝突を克服する（非社会的自由の放恣を抑制する）とともに、他方で、さまざまな境遇のもとにある諸個人の人格的成長を支援する（条件を整備する）ことが必須不可欠であろう。「十全な意味における調和は、衝突がないということだけではなく、じっさいの援助を含んでいる。したがって、各人に発達の可能性が、〔しかも〕他人の発達を容認するだけではなく、それを積極的に促進するような発展の可能性がなければならない」〔九八〕。その可能性のための条件の整備が、国家を含む社会の務めである。

（2）「社会的連帯の基礎」としての人間の根源的平等

しかし調和の理想にもかかわらず、現実には少数者の階級の繁栄のもとで、多くの人びとが自由を抑圧され、生活の困難に喘いでいる。だが、そうした大きな不平等には根拠がない。自由主義者として当然にも、ホブハウスはけっして個人の創意や才能また生産的活力の意義を軽視しないが、同時に、「人が他人に優越する権利にはどんな価値も認めない」〔一五七〕。なぜなら、人びとの間での能力や賢明さの違いは否定すべくもないが、「経験が示すように思われるのは、他の人びとに対して無責任な権力を行使するというテストに永久に耐えることができるほど、他の人びとより優れ、賢明である人びとはほとんどいない」［一七〇］からである。誰であれ、本質的に他者に優越する存在などありえない、とするこの言明の背後には、身分や階級や人種、あるいは性別などの区別の「はるか奥底」における「究極的には一つであるという感覚が、平等の真の意味であ」り、「社会的連帯の基礎」［九三］である、という人間の根源的平等への洞察がある。「究極的な一致」というのは、本源的には人はみな、いわば〝ただの人間〟として同様また同等である、ということにほかならないだろう。「自由主義は、彼に、他人が全体として自分に非常に似ており、人生の見方も同じであると考えるよう命じる。さらに自由主義は、社会的義務について語るときに、彼らのためだと称して仲間たちを支配できる上位者の地位を求めるのではなく、共通の目的のために肩を並べる同胞の精神をめざすよう、彼を励ます」［一三〇〜一三一］。

とは言えもちろん人間が根源的に同等であるということは、人びとの多様性や個性が尊重されるばかりでなく、必要でもあり、それらの発達・展開こそが望ましいという事実に反するものではない。「諸個人が相異なるのはよいことである。個性はよき生の一要素である……あらゆる無駄を留保しても、共同の生活が、そこに含まれる多様なタイプの人びとによってより充実し豊かになるし、その多様なタイプの人びとが諸個人の集団的経験の領域を拡大していくということからも言える」［八三〜八四］と、ホブハウスはミルを引証しつつ、異なった個性間にもたらされる人格的な相互豊穣化を積極的に評価している。ホブハウスもまた、「個人の人格的自由」を第一義的に重視する自由主義者である。ただし、その「個人の自由」の、万人における平等な実現を切実な現実的な課題としているのである（freedom から

liberty へ、と言うべきか)。

そしてまた、たしかに優れた個人とその社会的貢献ということは存在するし、諸個人それぞれの間での達成や寄与の間には明らかな違いもある。しかしホブハウスは、多くの場合その違いはそれほど決定的なものではないだろうし、また、達成の大きさとその報酬を声高に要求する者が「立派であり賢明である」というものでもなかろう、と言う。「社会には、その成員たちから分離し、彼らより優越しているとされる特別な人格などはまったく存在しない」[九七]など、『自由主義』にはさまざまな文脈で、繰り返し同様の思想が示されている。さらに、機会の平等の実質化をはじめ、社会的平等の普遍的実現を要求する。ホブハウスの自由主義の最奥の思想的基盤は「平等」であり、自由は常に平等の次元に定位されている。

機会の平等の具体化・実質化　旧来の形式的な平等概念を踏襲していては、平等の実質化・現実化は得られない。たとえば「機会の平等」も、その実質化がなければ、真に平等を実現することにはならない。「自由のためのたたかいは、それが貫徹するとき、平等のためのたたかいともなる。職業を選び、従事する自由が完全に実効性のあるものになるなら、職業を選び、職業に従事する自由とは、ある職業に就くための機会が他の人びとと平等であることを意味している。じじつ、この点は、自由主義が無償教育のための国家制度を支持し、今後も同じ方向を志向するであろうさまざまな理由のうちの一つである」[二五]。平等な「職業の機会」のためには、労働権が保障されなければならず、職業教育や訓練の整備、さらには「自由契約」や性差別に関する産業の規制などが実施されねばならないだろう。

教育に関して言えば、「富に恵まれていない人びとの頭を悩ませる教育の諸困難」に対する国家の無償教育の実施は、ともすれば抽象性のうちに解体しがちな機会の平等の原則を、具体的な実質性において追求するものだった。そもそも「教育が必要なのは知性の水準を高めるためであり、出発点における機会の実質的な平等を与えるためにも必要だったからである。そうした平等なくしては、人民大衆は「……自由を活用できないだろう」〔六二〕が、そのためには「教育の国家的管理」が必要である。教育の国家的管理については、「対抗的な権利も存在」し、原理上厳しい未解決の問題が生じる。しかし「国家が上位親権者であるという一般的な観念は……子どもの権利や親の怠惰から子どもを保護する根拠であり、また子どもが未来の市民として要求できる機会の平等や、社会の仕組みのなかで成人した個人として位置を占めるための訓練を受ける根拠である。またしても自由は統制（control）と抑制（restraint）を含んでいる」〔三〇〕。

このように一定の困難が存在しつつも、ホブハウスにとって自由と平等は一体のものでなければならなかった。そして、そうした平等は、もちろん所有の領域に限られず、社会のあらゆる次元に、すなわち、「富の社会的要素」の析出や所得格差の制限による経済的平等への接近から、「訓育・薫陶」の平等の保障などの広範囲にわたって要求される。

平等主義の普遍的要求　ホブハウスのそうした平等主義は、したがって国民的あるいは地方的な、また民族的または人種的な抑圧や差別、女性差別、宗教的差別などをも厳しく批判する。けだし、これらの差別・抑圧の撤廃要求こそ、「自由を求める運動の大部分」を占めていたのだから。女性差別は、たんに個々の女性に打撃を与え人格的自由の実現を妨げるだけではない。「女性を抑圧することがさらに大きなまちがいであるのは、それが共同社会の一半を構成する女性自身にとっての損失だからではなく、共同社会全体の貧困化、つまり女性の心の自由な活躍が貢献する共通資本（common stock）のすべての要素を損なうからである」［八四］。この認識が、たとえば現行の「女性差別撤廃条約」の基調をなすことは、見やすいだろう。

そして、「自由主義が一般に自治を好む傾向にあるのは疑いない」が、一国民に対する抑圧に関して、「自治の領域をどのように線引きするかを決定する」のは実際には容易でない。しかし、「一般的に適用できるように思われる一つの経験的な基準」は、「より大きくて強い国民に併合されたより弱い国民が、この結合の当事者双方にとって妥当であり、かつ自由に関する通常の原理すべてを満たしている法によって統治されうる場合、この取り決めは双方にとって最善だろうということである」［三二］。このことは、もちろん地方的な抑圧にも妥当する。

人種問題に関して言えば、「白人が自らの生活を律することを完全に学ぶまでは、白人が黒人とうまくやっていける最良のことは、黒人とかかわりをもたないことである」。同様に、「未開人《バーバリアン》にとって不干渉が最善であるなら」、それはまた「国際問題一般の最良の知恵である」［三三］。すなわち、「国民的自治と国際的平等とを支持する自由主義は、必然的に、普通に表現されているような帝国主義の観念とは衝突する」［一七六］。ホブハウスは、反帝国主義と国際平和主義*をあくまで主張し、要求しつづけてやまなかった。そして、こうも言う。「民主主義者は、自国だけのための民主主義者ではありえない」［一七四］、「民主主義の大義は、国際主義のそれと固く結びつけられている」［一七五］、と。

＊　「（一）あらゆる圧制の基礎である武力の行使に反対することは、自由主義の本質である。（二）軍事的専制に抵抗するのは、自由主義の実践的必然である……。（三）世界が自由になるにつれて、武力の行使は意味のないものと

なる。もし、あれこれの形態の国家的従属をきたさなければ、侵略には存在理由がない」［三三］。

「経済的平等」　こうしてホブハウスは、人間存在と社会の諸領域での普遍的平等を要求する。そしてホブハウスの平等主義は、「経済的平等」においてより現実的なものとなる。それは、私的相続財の指弾や高額所得の制限（累進的付加税）、人間の「基本的必要」に応える労働報酬（ミニマム）の要求、「健康で文化的な」生活の国家による保障などの点で、今日なお、十分にラディカルであろう。*

＊　ホブハウスの盟友ホブソンは、社会的自由主義の思想的特質を、端的に「〈新〉自由主義が旧とちがうのは、民主主義の三幅体である自由、平等、友愛のなかでは浮いて見える〈平等〉に積極的な意味を与えることをねらって、重要な経済改革の必要をよりはっきりと構想に入れた点にある」［ホブソン　一九八三：四七］と書いていた。

とはいえ、経済的平等は「現実的」でもあらねばならない。不平等・格差を厳しく批判するホブハウスではあるが、個々人の能力差にもとづく貢献の違いと報酬の差異は承認する。「経済学における真の意味の『平等』とは何なのか」と言えば、それは、「万人が平等な報酬を享受すべきである」［一三一］ということを意味しない。平等とはすべての人を同一に扱うことだという類いの「ある一つのばかげた誤解が、おもに平等に対する反対者によって、議論を引き起こす目的で助長された」［一〇〇］のである。「自由主義経済学の中心」は、社会的貢献と報酬との均衡、つまり「社会的な価値のあるすべての機能は、その効果的遂行を刺激し維持するのに役立つだけの報酬を要求できるという原理である」［一五五～一五六］、というのがホブハウスの基本的立場であった。「そして、彼がそれによって受け取る報酬が彼の財産となるのもまた、彼の権利である」［一五六］。それゆえ「機会の平等……が、すべての人を現実的に平等に扱うことを必ずしも意味しないのは、能力（powers）がもともと平等であることを意味しないのと同様である」〔九九〕。能力やそれに由来する貢献の違いによって、「所得、地位、職務、報酬等での現実の扱いにおける不平等」〔同前〕が生じるのは避けられない。つまり、ホブハウスは貧富や格差を否定しない。ただその不合理な、極端な差異を非難しその是正を求めるのである。それゆえその是正後に残る不平等は、いわば「格差原理」的に「共通善をめざして作動している経済システムの結果」〔一〇〇〕として肯定される。*

* 通時的・共時的な人間存在とその活動の共同性を見事なまでに描いたホブハウスであるが、不平等の源泉とみなされた能力や貢献それ自体の相互的補完・補塡という視点——個別的な労働の基底にある集団性や相互補足性あるいは共同的全体性（社会が社会として労働・生産に従事するという次元）——には至らなかったと言うべきか。とはいえ、もちろん、現代の諸思想の多くもが達していないこの境位（端的には、「能力の共同性」）をホブハウスに求めることはできない。

（3）自由と抑制

自由の実現のための自由の抑制　さて、社会の起源でもあり基礎でもある「衝突の可能性」のもとで、自由を効果的に実現するためには、自由は抑制されなければならず、「社会的自由」は、一定の制限あるいは強制を前提している。「すべての時代の社会的自由は抑制〔restraint〕にもとづ」〔六八〕く。自由の抑制・制限とは、すべての人の自由すなわち平等な自由を媒介するものであり、こうして「平等をつうじて自由へ赴く運動」〔二九〕が現実化される必要がある。「近代における社会統制の発達の大部分は、より実質的な自由に向けての欲求に動機づけられたものであった」〔一〇八〕。そのさい、実現されるべきより「効果的」あるいは「実質的」な自由の対象は、第一義的に弱者（the weaker party, the weaker man）や被抑圧階級・階層であり、そこでの統制はもっぱら「強制に対抗する強制」である〔一一二〕。

とはいえもちろん、自由の抑制あるいは強制は内面に及んではならない。「強制〔compulsion, coercion〕」は、「自由の領域、精神的発達の領域で失敗」〔一一三〕するであろう。というのも、「どのような力も成長を強制することはできない」〔一一二〕し、「強制によって性格を形作ろうとするのは、これを形成中に壊すこと」〔一一〇〕だからである。「強制」が関わるのはあくまでも「外的秩序〔external order〕」であり、「強制の目的」は、「個人的生活と精神的秩序」を「妨げられることなく自由に発達させる外的、物質的諸条件の確保をめざす」〔一一三〕ことである。こうして、自由の抑制あるいは強制の目的と範囲は以下のように要約されよう。「道徳性は自由な行為者の活動あるいは性格だから、これを強制することはできないが、道徳性が発達できる諸条件を創造することは可能であり、これらのなかで最も重要な条件が他者による強制からの自由である」〔一一〇～一一二〕。ここには、グリーンの息吹が強く漂っている。

抑制の三形態／団結による規制　自由の抑制・制限は、主に、「法の支配」（支配者の恣意の制約）と「社会的規制」、「国家の介入・干渉」という三つの次元で行われる。「法の支配」は、本来的に支配者の恣意を制約するものであり、「国家介入」は、広く、子どもの養育に関する両親に対する規制や公衆衛生などから「産業の統制」にまで及ぶ。

「社会的規制」の主な形態のうちの「団結による規制」が、労働組合運動による資本の規制を典型としていることは言うまでもない。一般に「少数者の意志、ことによると一人の意志が、他の残りの人たちの意志を妨げている」場合、「多数派が結束して彼を強制できるとしても、自由の原理は何ら侵害されない。それは強制に対抗する強制であり、おそらく形態や方法において異なっているが、原理や精神においては〔自由と〕一緒である」〔一一二〕。そして現実の要請として、「労働者を雇用者と平等な関係に近づけさせるには団結が必要だった」〔二九〕のであり、「団結」は、労働階級の「標準」的な処遇と生活を維持するためには不可欠であった。それは、広範な団体協約の現存が示すように、思い切った法律上の保護がない限り、労使の間の不平等を矯正する唯一の手段である。

（4）「積極的国家」の介入

そして無力であった「孤立した個人」の団結が、世論の力とあいまって国家にその（レッセ・フェール的な）不作為の翻意を迫り、産業領域への強力な介入、つまり「積極的国家」の市場への介入を求めるようになる。「『積極的』国家概念は、人格的自由（personal liberty）という真の原理とまったく衝突しないだけではなく、この真の自由を効果的に実現するために必要でもある」〔一〇二〕。国家の介入の必然性は、何よりもまず民衆の生活が成り立ちがたかったところに求められる。生活水準の向上や労働組合あるいは協同組合などの成長にもとづく諸改善にもかかわらず、最高の熟練工を除けば、「個人的競争のライン上に立たされた平均的労働者が、生涯にわたる完全な経済的自立を得る見込みは、労働組合の団体交渉によって補われ守られている場合でさえ、きわめて少ないように思われる」〔一一三〕。かくして、「産業における競争制度が、『生活賃金』の概念に具現化された倫理的要求を満たさないことは明らかである」。それゆえにこそ、介入が不可避であり、国家は、「自由な国家の市民すべての生まれながらの権利」である「健康で自立した生存」〔一二四〕を保障しなければならない。というのも、「国家の機能は、その市民たちが、十全な市民としての能力に必要なものすべてについて、自分たち自身の努力で手に入れることができるような諸条件を確保することである」〔一二二〕から。近代国家の正当性はこの点に存する。そのさい、「個人が自らなすべきことを国家が個人に代わって行なうならば……今日ではそれは、自由の問題ではなく責任の問題で」〔一一八〕ある。

「産業の統制」　国家による介入の主要な領域は、まず産業の統制、産業の反社会的活動と組織に対する諸規制であり、そこではとくに労働者保護が主題となる。産業革命期の当初、「しばらくの間は完全に制限のない産業活動というのが、進歩の合言葉になったかに見えた」〔二七〕。しかし「新しい工場システムが生み出した状態は、国民の良心に衝撃を与えた。早くも一八〇二年には、長い一連の法律〔労働立法〕の第一歩を見出すことができる」〔同前〕。多くの人びとを憤激させてやまなかったのは、何よりもまず子どもと女性の労働条件・就労実態であった。「工場制度は、表沙汰になれば国民の良心を憤激させる条件下における女性と児童の組織的雇用によって、早くからある一点において問題を突出させていた」〔六二〕。雇用主に対する規制・強制の必要性は、誰であれ否定すべくもないものになったのである。「経験的には、産業上の問題で何らかの集団的規制（collective regulation）策が必要とされることは明らかである」〔二五〕。もっとも児童にはじまって若者と女性、さらには成年男子も含め、立法が労働時間や賃金その他労働条件を公然と規制するようになるまでの歩みは平坦ではなかった。ホブハウスの時代になってようやく、産業における労働条件や安全衛生、災害や傷病などの諸問題の大部分が、国家が規定した条件や基準にもとづいた、雇用者組織と労働者組織の間の団体協約によって決められるようになった。この過程で、国家のそうした規制や立法を自由の侵害とみなしてきた旧自由主義的な風潮も後退するようになる。「適切なことには、経験の成熟とともに新たな立法の合意がより鮮明になったことであり、産業の統制によって自由が破壊されず、かえって確実なものとなることを人びとが理解したことである。新しい、より具体的な自由の概念が登場し、多くの古い前提に異議を申し立てたのである」［六六］。こうして、産業上の法的・制度的規制が発展するようになった。

「契約の自由」の制限　国家によるそうした産業の統制の主題は、契約の自由に対する干渉であった。しかし、古典的な自由主義のもとでは、契約の自由こそが社会関係の要諦とみなされてきた。「自由な契約と個人責任は、自由主義運動全体の核心と言ってもよい」［二七］。しかし、労働階級とその家族の境遇は、契約の自由と個人責任を言い立てて正当化するにはあまりに劣悪で、ゆえなく不当なものであった。「契約の問題において、真の自由は当事者間の実質的な平等を要請する」にもかかわらず、有利な地位にある者に対して、弱者が不利な条件を甘受せざるをえないという「経済的な侵害は永続化する傾向」にあり［六四］、落ちぶれた階級が援助なしに生活を再建するのはますます難しくなっていたのである。「なるほど、承諾した者に権利侵害はまったく生じない（*volenti non fit injuria*）と言われるかもしれない。……しかし、問題となっている分野では、論点は、一方の当事者がそれを望んでいないというところにある。契約は強いられた契約である。……より弱い立場の人間は、どんな条件でも同意するしかない。これは本当の同意ではない。真の同意は自由な同意であり、同意に十分な自由があることは、契約を行う当事者双方の平等を含んでいる」［六八］。こうして、万人のより大きな自由のために、国家は他の諸規制同様、他者に不利益を強いる強者の行為としての「契約の自由」を何ほどか規制し、制限しなければならない。

財産権の制限　国家介入の今一つの重要な領域は、財産（所有）権である。財産権もまた制限されなければならない。というのも、「経済的個人主義は偉大な物質的進歩の基礎をおいたが、しかしそれは、大衆の幸福を大きく犠牲にしてのものであった」［一四一］からである。それゆえ、ホブハウスによれば、「私たちはいかなる所有の権利も自明のものと仮定してはならない」［七四］のであり、ベンサムにならって、「ある種の所有形態が、ある個人に排他的な利益をもたらし、同時に公共の福祉に損害をもたらすならば、そうした所有形態の制限には、十分な根拠がある」のだから、それらは「個人の『不可侵の』権利などによって制限されるべき事柄ではない」［五一］、と言わなければならない。

たとえば、一般に富というものは、すぐ後でも見るように、生産力や社会的インフラの整備など、歴史的かつ同時代の共同の社会的営みに決定的に依存している。にもかかわらず、その富が一部の階級に排他的に所有されているのは不当である。同様に、産業における富が、集団的な協働労働の成果であるにもかかわらず、圧倒的に企業主の手中に握られ、多数の労働者が生計の維持にさえ困難をきたしているような状態は「経済的正義」にもとるばかりでなく、道徳的にも不正であろう。

また、あれこれの形態の独占は、社会の協働の富の詐取であり、そこでの所有の権力には根拠がない。たとえば土地独占について言えば、「土地そのものの質や立地に由来するすべての利益、あるいは関税による価格の上昇に由来するあらゆる利益は、それらが何人《なんぴと》の労働の産物でもないがゆえに誰の取り分にもならないだろうし、あるいは同じことだが、それらはすべての人に、つまり共同社会に帰すべきものである」［一三三］。つまり、都市内部や周辺部の「敷地地代のような富のいくつかの形態は、本質的に社会の創造したもの」［一四〇］であって、地主その他の「個人的財産」ではなく、社会の「共同の資産〔mutual property〕」とみなすべきものである。同様に投機は、「生産的な活動によって獲得された財産や所得ではないように思われる」〔一四六〕し、相続された富が、「日ごとに創造されつつある富とはまったく異なった地位にある」〔一四七〕ことも明らかである。したがって、これらの源泉に由来する所得への特別課税は正当であり、それが生産および配分を現実に阻害することはない。

以下の一節は、狭義の相続財ばかりでなく、他人労働の支配にもとづく財産の形成・継承を含めて妥当するだろう。「相続の原理をつうじて、大いに蓄積された財産が次々と継承される。その結果……文明がもたらす物質的な利益の分け前を生まれつき相続している少数者の階級が存在する一方、『われわれは裸で生まれ、裸で死んでいく』と言いうる、はるかに多数の人びとの階級がある。全体として、このシステムは修正を必要とすると主張できる。この状況における財産とは、本質的に、各人が自分自身の労働の果実を自身に確保することができる制度であることをやめ、所有者が一般に命令しうる条件で他人の労働を支配できる道具となっている……。この傾向はまったくもって望ましくないものであると理解されている」〔一四一〕。こうして、相続と他人労働の支配にもとづく財産権は明瞭な否定まであと一歩とも言うべき、根本的な疑義をつきつけられ、財産権に対するしかるべき制限や規制が求められる。

（5）「社会財」の概念

ホブハウスは、このように財産権の現実のありようを批判するが、もちろん財産権それ自体を否定しはしない。本来社会的に共同の部分を含む財産が排他的に私有されていること、そのことが権利として承認されていることを批判しているのである。なぜなら、「富は個人的基礎だけでなく社会的基礎もあわせもつ」〔一四〇〕からである。新しい「経済学の根本問題は、財産を破壊することではなく、財産の社会的概念〔the social conception of property〕を復活」することである。このことは、「富の社会的要因を個人的要因から区別し、社会的な富の要素を公共の金庫にもたらして、社会の成員の最も重要な必要に役立つように、これを社会の裁量に任せることによって行われるべきである」〔一四一〕。

「社会的財産」とは何か。ホブハウスは言う。「財産の基礎は社会的であるが、それは二つの意味においてである」。第一の意味は、所有者の「財産を維持し保障するのが社会であるのと同様に、それを最初に作り出すときに欠くことのできないパートナーもまた社会である」〔一四二〕ということである。「一方では、所有者の権利を泥棒や略奪者から保護することで維持することは、社会の組織された力である」。この力がなければ、所有者の「権利など一週間ともたない」だろう。他方では、「まったく独力で身代を築いたと考えている成功した実業家」〔同前〕といえども、商業の発達を可能にしてきた秩序と平穏、道路や鉄道や海路の安全、熟練労働者大衆、文明の賜物としての英知の総体、世界の進歩が生みだした生産物への需要、幾世代にもわたる科学と産業の集団的努力が築き上げた諸発明品等々の社会的な生産力とインフラがなければ、自らの繁栄を築くことなどとうてい不可能であったに違いない。第二の意味は、価値にも生産にも社会的な要素があるということである。「近代的産業においては、個人が助力なしの努力でなしうることはきわめて少ない。労働は微細に分割されている。そして、労働が分割されるのに比例して協同が余儀なくされる」〔一四三〕。需要供給は複雑な社会的諸力によって決定されるし、生産方法においても人はみな、文明のすべての利器、他人の手になる機械類、歴史の所産としての人間組織などを利用する。いずれにせよ、こうして、一見個人の所有物に見えるものも含めて、富の大きな部分、富をつくりだす基礎の大部分は、じつは共同社会に帰属すべきもの、「社会的財産」「社会財」である。そして、このように「年々生産される富の大部分が社会に起源をもつと考えるのが正しいならば、この〔諸個人への〕報酬の割り当ての後に余剰が残るであろうが、その余剰こそは、共同社会の金庫に入り、公共の諸目的のために、つまり国防、公共事業、教育、慈善、文明生活の増進のために役立つべきものなのである」〔一四五〕。

「財産の個人的基礎」とその限度　もちろん、個人に帰属すべき富・財産もある。個人の創意や才能、活力や努力に由来する要素は、財産の個人的基礎である。ホブハウスは、そうした基礎にもとづく財産の所有を否定しない。次の一節は、財産のそうした個人的基礎が財産の社会的基礎と分岐する一点を示している。「自由主義経済学の中心点は、社会的貢献と報酬とを均衡させるということである。これは、社会的な価値のあるすべての機能は、その効果的遂行を刺激し維持するのに役立つだけの報酬を要求できるという原理である。すなわち、こうした機能を遂行するすべての人は、言葉の厳密な倫理的な意味において、そのような報酬を受ける権利をもつが、それ以上のものを受ける権利はもたないという原理であり、また現存する富の残余は、社会的な目的のために共同社会の自由裁量に任せられるべきだという原理である」〔一五五〜一五六〕。人はその社会的貢献にあたいする報酬を得る権利をもつが、自らの貢献以上のものを受けとる権利はもたず、諸個人に帰す貢献分を超えた富は社会の共同の所有に帰す。

そのさいしかし、個人的貢献にもとづく所有とは言っても、そこには自ずからなる限界が存在する。高額所得付加税の必要性と正当性に言及しつつ、ホブハウスは「個人のもちうる産業的価値の限界」を年収五〇〇〇ポンドとし、「その金額以上の所得に対して急激な累進付加税をかけても、真に社会的な価値のある何らかの事業を妨げるということはありそうにない。よりありそうなのは、法外な富を得ようとか、社会的な権力を得ようとか、見せびらかしの虚栄といった反社会的な情熱を挫くだろうということである」〔一四九〜一五〇〕と言う。個人がなしうることには自ずと限界があるから、個人の稼得にも自ずと限度があるということであろう。あるいはまた、相続と遺贈の法的承認によって巨大な不平等が永続する経済システムは根本的に誤っていないかと問うなかで、ホブハウスは、「大多数の人びとが自分で稼ぐことができるもの以外は何ももたないままに生まれているのに、一部の人びとは、最も能力の優れた一個人がもちうる社会価値をはるかに超えた分を生まれつきもっているという状態を、私たちは黙認すべきであろうか」〔一四〇〕、と言う。そこには、一個人が生み出す「社会的価値」が多くの他者のそれを凌駕するなど本来ありえない、という平等主義者ホブハウスの確信が示されていよう。

「財産への一般的権利」　こうして、人はみな「財産への一般的な権利（general rights *to* property）」〔一三九〕を有する。財産の大部分が「社会的財産」として存在するのであるから、人びとはみな社会的富の共同の創造者として、財産に対する正当な請求権をもつであろう。「私たちは、国家財源に対する一定のミニマムの要求という形態をとった、共同社会の成員の真の財産権を認めるべきではなかろうか」〔一四〇〕。市民の「自活〔self-maintenance〕」の条件を確保するために、労働権（労働の機会と生活できる賃金での継続的雇用）の保障と並んで、「共同の蓄えのうちの一定の取り分を保障すること」〔一三二〕は国家の義務である。そして人びとは、「社会財」の公共的使用によりこの義務を遂行することを国家に請求する権利をもつ。この共同の富に対する請求権は、具体的には、国家による公的扶助や社会保障、公衆衛生や住宅を含む生活基盤、教育などの整備・充実をつうじて行使される。すなわち、「社会的財産」は、

「社会権」の物的基礎・財源をなす。

このようにホブハウスは、生存権（「文化的な生活水準」の保障を求める国家への市民の請求権）、労働権と団結権・団体交渉権（「生活賃金」での継続的な雇用の保障）、公的扶助を含む社会保障権（疾病や労災、失業や高齢等のリスクにおける生活保障や社会サービスを求める権利）、教育を受ける権利など、「社会権」論を先駆的に展開し、これらの自由権と同等の権利化を要求する。ホブハウスら「新自由主義者《ニューリベラリスト》」のこうした営為が、教育法の制定に始まる二〇世紀初頭のイギリスの社会保障制度の開始を思想的・理論的に主導した。まさしく、福祉国家思想の源流としての社会的自由主義、と言うべきであろう。

2　コレクティヴィズムと「社会（的なもの）」

さて、このような「社会的自由主義」において、本章の主題に従ってとくに注目したいのは、この思想の理論的主柱の一つをなす「コレクティヴィズム（collectivism）」（集団主義・団体主義・集産主義）である。それが理論的に重要なのは、「社会的自由主義」がいわば再発見した「社会（的なもの）」の具体的な定在形態を示すものであるとともに、自由の実現のための現実的あるいは課題的な媒介環となるものだからである。

（1）コレクティヴィズム

「法の支配」の原理の主唱者として日本の憲法学にも大きな影響力をもったダイシー『法律と世論』(一九〇五年)以来巷間に流布した、コレクティヴィズムという用語は、しばしばなされてきた恣意的な説明とは違い、「社会主義とは同義ではない」[椎名 一九八五：i]。コレクティヴィズムには、もともと労働者のそれ(友愛団体、労働組合等)もあれば、資本家のそれ(「集団的資本家(collective capitalist)」)、もあり、また中小生産者のコレクティヴィズム(協同組合、農民組合等)もあって、それぞれに実体をもっていた[同前]。生産や利潤の確保であれ、労働や生計の確立あるいは生活の保障であれ、個人的営為では全うすることなどほとんどおぼつかないという状況が必然化した、集団としての団結がコレクティヴィズムを成立させたのであり、コレクティヴィストは社会主義者に限られない。その意味でコレクティヴィズムは、中世的な旧体制のもとでの諸中間団体に淵源をもつものとも言える。

とはいえしかし、コレクティヴィズムは、本質的には、市民革命を不可欠の契機とした近代の産物と言うべきであろう。つまり、革命の自由主義原理にもとづいて国家と個人の直接の対峙が社会秩序の範型とされ、いったん結社が禁止された(「団結禁止法」「ル・シャプリエ法」等)後に、あらためて登場したもの、とりわけ一九世紀に澎湃と沸き起こったものがコレクティヴィズムである(「一九世紀のアソシエイションの文化」)。コレクティヴィズムは、結社の禁止にもかかわらず、集団・団体が叢生せざるをえない社会状況が普遍的なものとなるなかで、自由主義の構成原理の基軸であった個人主義を砕きつつ登場した。

それゆえまず、コレクティヴィズムは、ダイシーによって、「『個人主義に対する一つの便利なアンチテーゼ』というほどの『曖昧な表現』」として用いられた[同：一]。

しかしまた、「個人主義に対するアンチテーゼ*」である限り、一九世紀的現実では「団体主義はその中に自由放任主義に対抗する概念を含んでいる」のも明白である。かくして「自由主義のもとで進行する独占の形成――資本の団体主義――を階級対立の原因であると非難し、自由主義の基礎である契約の自由に対して国家あるいは団体が介入すべきであり、そしてそれが社会全体に有益であり正しい」［田崎一九八五：一二九］とする認識が、自由主義「新」急進派や知識人の改革派自由主義者を含む広範な労働者・勤労階層に浸透して、労働者階級がコレクティヴィズムのもっぱらの担い手であるかの観を呈していく。資本家（の団結）に対抗する労働者の団結が骨格となり、一九世紀後半以降のヨーロッパ社会を特徴づける一大要因たるコレクティヴィズムが形成されたという意味で、諸種のコレクティヴィズムの中心が労働者のそれだというのも、確かだろう［小関　二〇〇〇］。

＊　なお、一九世紀の「個人主義」という言葉について市野川［二〇〇六：一八六～一八七］参照。

（2）「社会（的なもの）」の再建・構築

ところで、このコレクティヴィズムの興隆はいかなる意味をもつのか。

広く民衆の生活・労働条件改善を現実的・具体的に担保するという直接の効果ばかりでなく、コレクティヴィズムには、「社会（的なもの）」の再建ないし構築という意義が帰せられるだろう。近代当初の基本価値である自由主義における対称軸は、あくまで個人と国家であった。そこでは社会は個人に回収され、集団・団体は存在すべからざる侠雑物であり、したがって団結は禁止される。しかし、国家にも個人にも解消されない、固有に「社会(的なもの)」の領域がある。「社会(的なもの)」というこの領域は、一方では、「社会的事故(social contingencies)」としての構造的失業にもとづく貧困などの「社会問題(Social Problem)」や酷烈な労働条件、あるいは伝染病の蔓延をもたらす都市公衆衛生の惨状——それらは、個人の責任に帰すこともできなければ、「消極的」国家の直接的作為によるものでもない——などとして実在している。他方ではそれは、もはや個人では完結しえない労働や生産の共同性・協働性(「社会的生産過程」)や、「社会的財産」「共通資産」あるいは「社会的相続物」等として、さらには相互的な交渉・交流における人間的諸力の形成・拡充、経験やコミュニケーションの豊富化などとして、客観的に存在している。そして、個人に還元されて自律的であるとされてきた限りでの「市民社会」は、「社会問題」を自律的に解決する力能もなければ、共同的な諸関係や諸価値を意識的に追求することもなかった(この意味での「市民社会」は「社会(的なもの)」を担保していない)。

「社会問題」に即して言えば、個人主義では対応しえないこれらの問題の解決のためには、社会的諸団体の要求と運動、これにもとづく国家の介入が必須とされた。自由主義秩序の抑圧性に抗して集団としての団結が求められたところに、コレクティヴィズムが成立したのである。そこで課題となっていたのは、まさしく「社会(的なもの)」の再建ないし構築と、自由実現の条件としての「平等」の現実化であった。「『社会的』という言葉には、一九世紀以降『平等という理念が深く埋め込まれていく』」が、こうした『社会的なもの』の浮上の背景には、一八世紀では予定調和的に捉えられていた「自由と平等との間に深い亀裂」が生じた歴史的現実があった。つまり、「一九世紀の『社会的なもの』」の課題は、「肥大する『自由』の中で痩せ細っていくように見える『平等』を今一度、構想しなおすこと」〔市野川 二〇〇六：一四二〕だったのである。

この連関をホブハウス流に表現するると、こうであろうか。「相互の援助は相互の寛容と同じように重要であり、集団的行為の理論は個人的自由《フリーダム》の理論に劣らず基本的なものである」〔ホブハウス：九五〕。既往の自由主義においては、不幸にも「感じやすすぎる良心と不十分な社会的責任感とが一致していることがある」〔一一五〕が、「共同社会の良心は、個人の良心とちょうど同じだけの諸権利をもっている」〔一一四〕のである。そして、その意味で「社会はある共同的な生命と性格をもっている」〔同：九七〕、と。

こうして、「社会的自由主義」の骨格はほぼ明らかであろう。その主題は、団結と連帯による平等な自由の実現である。つまり諸個人は、その本源的な存在性においても、現実の労働と生活においても、そして自由の実現においても集団的・共同的で社会的存在であり、自由は平等をつうじて初めて現実のものとなる。ここに「自立」の問題を考えるベースがあり、「社会的自由主義における自立」という問題視角が有意味なものとなる。

3 「自立」について

「社会的自由主義」においては、つまり現実の諸個人は、家族や友人や近隣住民に始まり、仕事仲間や労働組合や協同組合から、さらには諸種のクラブ活動や介護・援助の制度・組織等々に至る、さまざまな「社会的結合」、集団・団体の連帯により初めて「自立」を達成することができる。「自立」は、もっぱら「個人」としては可能でない。「経済的自立」における集団的・共同的要素の存在が普遍的であるのはもちろん、「精神的自立」もまた、他者の媒介を必然的なものとしており――自由の目的としての個人の人格の成長は「他者」とともにあって初めて可能――、屹立する個人の「自立」「自律」なるものはありえない。にもかかわらず、「自立」は個人的価値として観念されがちで、現在の政治的文脈ではとくに、「自立」がもっぱら経済的（就労的）「自立＝自助」に収斂され、社会の中心的規範として強要・強制されるに至っている。この連関を見ておこう。*

＊　以下、この「自立」の項については、おおむね、吉崎［二〇〇〇］によっている。

（1）「自立」の現在的位相

「個の確立」が要諦とされた近代以降、「自立」は常に肯定的な価値でありつづけ、思想世界を含めその意義が疑われることは多くなかった。「自立」という規範価値が、政治的・精神的な旧支配への対抗という点を中心に、歴史的に肯定的意義をもったことは否めない。そして現在でも、一定の前提・条件（人間存在の本源的な関係性と現実の生活総体における相互依存性）のもとで、また一定の範囲で（とくに子どもや青年の発達などにおいて、また別の文脈では障がいや介護の課題において）、積極的な価値であるのは確かだろう。

ちなみに、「自立」の意味・内容は多様だが、現在では大きく、①「経済的自立」「職業的自立」、②「身体的自立」「身辺的自立」、③「精神的自立」「社会的自立」、という三つの次元が含まれる、と理解されるのが普通であろう。歴史的には少なからず未分化で、またそれぞれの比重が異なっていたとしても、これらの全体的な相において「自立」が表象されていたと思われる。しかし、資本主義的諸関係の進展・全社会化とともにこれら一総体としての「自立」は解体し、一方で、生活領域から(相対的に)分離した思想世界では、精神的価値としての「自立」が地位を固め上昇させていく。他方、現実の社会関係・秩序においては、もっぱら「経済的自立」の如何・有無が、社会的地位を左右する要因として立ち現れるようになる。実質上、「経済的自立」に解消された「自立」のもとで、生計の維持が困難で、それゆえ貶められていた層のなかから、近年、「経済的(就労的)自立」が難しくても、「身辺的・日常動作的」には自立が可能である(=「ADL自立」)、あるいは、リハビリをつうじて「経済的自立」をも準備しつつある、などの主張が起こってきた。さらには、たとえ経済的・就労的に自立しえず、また介助なしには身体的・身辺的自立も容易でないとしても、自らの意志を表明し(「自己決定」し)、政治的・社会的諸活動にも参加するなど、精神的・社会的に自立することこそが「自立」価値の中心ではないか、といった提起が、障がい者の自立生活運動などを背景に、なされるようになった。

(2) 今日の政策的言語としての「自立」

しかし日本社会の現在の政治的文脈で高唱され、要求される「自立」は、歴史的なそれとは少なからず異なっており、また近年再構築されつつある、上記のような「自立」観を事実上ほとんど無視していると言ってよい。今日政策言語として流通している「自立」は、歴史的に形成され、それなりの普遍性をもつようになった「自立」観念を、一方では不当に肥大化させるとともに、他方では矮小化し特定の特異な方向に導いている。この場合「肥大化」とは、「自立」観念をその抽象性のままに、他の諸観念から切り離し、それらに優越する価値とみなすことをさす。「矮小化」とは、経済的・就労的自立、身辺的・生活動作的自立、精神的・社会的自立などの諸分肢の有機的連関として成立する「自立」を解体・分断し、もっぱら経済的・就労的自立＝「自助」を要求することを意味する。

多少とも詳しく言えば、政策言語としての今日の「自立」を特徴づけるものは、以下のようであろう。①基本的な諸価値のなかからの「自立」の抽出と一種特権的な地位の付与、とりわけ人間存在の本源的かつ現実的な共同性・関係性からの切断（「依存」との対置すなわち「依存的自立」の否定・無視）、②「自立」のもっぱら「個としての自立」への収斂（「個人的自立」というイデオロギーの強要）、③「自立」の経済的自立＝「自助」への収斂、④「自立」の個人責任化・自己責任化、⑤徹底した「自立」要求とまつろわぬ者・「自立に困難があるとされる者」の排除（自立意思・意欲のある者だけを対象とする諸種の「自立支援」立法や施策）、⑥他者に他律を強要する「自立」（現代帝国主義的な収奪・搾取にもとづく「自立」の先進国性や、性別分業に象徴されるような他者の生の犠牲における「自立」）、⑦「能動的な従順さとしての自立」（企業的秩序への適応形成等）。

とはいえもちろん、現在の政治的文脈における「自立」は、歴史的あるいは一般的な「自立」観念とまったくの別物ではない。そもそも近代の「自立」観念は、今日の政策言語におけるような矮小化や虚構性を許すものだったと言える。イデオロギーとしての「自立」概念の操作を許す要因が、歴史的に成立した「自立」観念に抜きがたく内在していたからである。近代の「自立」観は、前近代的な中間集団の解体を客観的背景として、かつ中世的な支配（政治的かつ精神的、経済的かつ社会的な全体の細部にまで及ぶ強権的な支配・干渉）への対抗原理の正当化という必要に迫られて、「自己労働にもとづく自己所有による自立の実現」、およびそうした「自立した個人」の社会契約による秩序形成という論理構成をとることになった。この論理の特徴は言うまでもなく、「個人」である。「自立」は、論理的には自己完結的であり（「原子論的個人主義」）、他者を媒介しないものだった。かくして「自立」概念の歪曲を導いた要因とは、端的には「自己労働にもとづく自己所有」が担保した「個の自立」という論理——近代市民社会の機軸をなす論理——であっただろう。

（3）「自立」の近代的構造

日常的な意識では、「自立」は普通、できるだけ他人に「依存」せず、迷惑をかけないこと、人の手を煩わさないことなどと表象される。若者にとっての「自立」とは、第一義的に「誰にも頼らずに自分のことができること」である、とする近年のアンケート結果もある。しかし言うまでもなく、「誰にも頼らずに自分のことができること」は、さしあたりまず、「誰にも頼らずに生活できること」を必ずしも意味しない。自明ながら、人はみな社会的分業、つまり相互依存や頼り合いをつうじてはじめて生活する（生活物資やサービスを得る）ことができるからであり、本源的に「誰にも頼らずに生活できる」ことなどありえない。にもかかわらず、「一人でやっていける」という表象が成立しているのは、商品生産と交換が普遍的なものとなった資本主義社会に固有の「物象化」によるものである［後藤　二〇〇一：二］。この全面的に物象化した社会関係のもとでは、人は貨幣を手にすることによって、他の具体的な人格と没交渉のままで生活できる、つまり物資・サービスを自由に購入できるという感覚が得られる。貨幣をもってさえいれば、他に依存することなく経済的に「自立」できる（そして、「自立」を「経済的自立」に収斂させるのが資本主義の歴史的に必然的な傾向であった)、という思い込み・倒錯が生じたのである。

そのさい、ところで、「誰にも頼らずに」一人でやっていける「自立」した人間とは、必要な物資やサービスを買う十分な貨幣をもっているか、またはそれだけの貨幣を稼ぎ出すことができる者でなければならない。事実、近代市民社会の「自立した個人」とは、まず資産家であったし、次いでやがて経済的に「自立」しうる賃金労働者(「家族賃金」の稼得者)だった。* しかしまず第一に、すでに述べたように、「自立」なかんずく「経済的自立」が可能なのは、実際には条件的・偶然的、一時的・部分的であり、経済動向・景気変動や労働能力、性別や年齢等々、そして労働政策などによって客観的に条件づけられていて、個々人の努力や意欲には還元できない。

* 「自立」と対立させられるに至った「依存」概念に関しては、フレイザー/ゴードンの系譜学的研究[フレイザー二〇〇三]、および後出のメイヤロフ[一九九三]参照。

第二に、「自立」のために必要な貨幣を稼ぎ出す能力をもつ者はもっぱらその当の「個人」である、というのも正しくない。「個人の能力」と言っても、それは例外なく常に、歴史的にも同時代的にも、他者・社会によって媒介されている。つまり「所有的個人主義」者やリバタリアンが主張するのとは違い、個人はその能力の多くを社会に負うており、その能力の行使にもとづく労働の成果も、全一的に当の個人にだけ属するわけではなく、多く社会に還元されてよいものでもある。もっぱら「個人の能力」によって「自立」が可能である、「自分の能力を使うさいに他人の世話になっていない」、などということはありえない。その意味で、「能力の共同性」もまた、「自立」の相互依存性、より適切には「依存的自立」という自立の本源的なあり方を示している。要するに、「自立」とは、誰にも面倒や迷惑をかけず、誰にも頼らず助けを請わず、他人の手を借りずにやっていくということではなく、相互に依存し援助し合いつつ、頼りになる共同体（共同関係）を維持するための集団的義務を果たす――これが「一人前」ということの内実であろう――一方、そうした関係性を楽しみ、それをより豊穣で非抑圧的なものへとつくりあげていく共同の努力と別のものではないだろう。

こうして「自己労働にもとづく自己所有」という論理、およびこの論理によって担保される「個の自立」というテーゼは、根幹において誤っている。けっして個人完結的でありえない労働は他者＝社会を媒介しており、所有は「社会的要素」をその大きな部分として含む（共同の福祉の原資）。そしてそのように、「自立」は本質的に相互自立的であり、「個人的自立」は、当の個人にとっては、それ自体固有でかけがえのない意義をもつことは当然としても、「依存的自立」のいわば一側面にとどまる。その意味で、「自己労働にもとづく自己所有」、およびこの論理に担保された「自立」はイデオロギーでしかない。「自立」観のこの近代的制約性が批判的に対象化されないままに、新自由主義《ネオリベラリズム》イデオロギーの喧伝のもとで、「自立」はいよいよ孤立的なものとして観念されていく。しかも、「自立」を一定程度公共的・制度的に支える福祉国家がきわめて未成熟なままに*、その解体的再編に入った日本ではとくに、「自立」の共同性を認知しうる場面は少ない。

* 「開発主義国家体制」が福祉国家をいわば擬似的に代行してきたという意味では、日本には福祉国家は存在しなかった、と言うのが正確であろう。

そして、あくまで個人としての「経済的自立＝自助」を要求し、この要求に応えない者・応ええない者を排除しようとする新自由主義は、あたかも人間の「存在」そのものを脅かしかねないものとなっている。「自立」の強調は今や、働き盛りや子育て世代の多数の生活保障を危うくし、生活と将来への不安を著しいものにしているばかりでなく、とりわけ「特定の産業構造において〈生産〉をめぐって構造的・固定的に周縁化され」ている高齢者や障害者、若者や女性など、多くの人びとを「価値を奪われた存在」へと貶めている［福島・星加　二〇〇六：一一七］。こうして、新自由主義的イデオロギーの一環として機能する「自立」の前提にある、近代的な「自立」観の制約性が問われねばならない。「自立」はそれほどあたりまえの価値でもなければ、無条件に肯定されうる価値でもなく、「無批判にそれによりかかってすませられる言葉」［中西　二〇〇七：一八二］ではない。何よりも、人間存在は本源的に関係的・共同的であり、相互依存的である。「自立」は関係や能力の共同性を前提しており、関係のなかに「自立」がある。人間の本質的な存在様式は「社会的諸関係のアンサンブル」であり、「自立」ではない。

4　「自律」について

「自立（independence）」に関連して、「自律（autonomy）」についても、簡単であれふれておくことが有益であり、必要であろう。

（1）「自律」とは何か

「自律」とはさしあたり一般的には、①外的な支配・強制からの「自立」という条件のもとで、②理性的な自己支配という「自らを律する」側面と、③自らの価値系に即して選択・決定し行動するという

「自らで律する」側面をあわせもつ、三つの次元から成り立つと言ってよかろう。メンダスは、①を「自由」、②を「理性」(病的欲求や理性を根底から掘り崩す抑えがたい衝動に服さないこと)、③を「自己規定」(自分が従う法則を自身で立てること)と特徴づけている［メンダス　一九九七：七六～七七、一二六～一二七］。

「自律」と「自立」　ここでは、「自立」は「自律」を構成する一要素であり「自律」の内在的条件である。「自律」は、「他者依存的でない自立の状態をその条件としている」［玉木　二〇〇四：二八六～二八七］。ただし「自立」の主要な次元の一つである「精神的自立」は、「自律」(ないし部分的には「自己決定」)とほぼ同義なので、広く「自立」は「自律」を含むといえ、両者は相互に重なり合い前提しつつも、それぞれ展開する位相と内容を異にすると理解される。

「自律」それ自体に価値はあるか／「生活の事実」としての自律　「彼自身のやり方で自己の生活を展開していくのが最善である。彼のやり方それ自体が最善だからではない。それが彼自身のやり方だからである」［ミル　一九六七：二九二～二九三］というミル流の「自律」観では、「善」が問題となりえず、「合理的な選択」にもとづく自己決定として「悪をなすこと」も排除されない。他方、「自律はたしかに価値があるが、しかし自律それ自体に価値があるというより、むしろ自律は善に向けられるときにのみ価値あるものとなる」、というラズの主張［玉木　二〇〇四：二九三］には聞くべきものがある。

しかし、「自律」それ自体に「目的としての本来的価値」はないと言っても、とりわけ現代は、やはり、そこに価値あるものを見出す、いわば「生活の事実としての自律価値」とも言うべきものが存在するのも確かであろう。「個人は自律的でなければもはや充実した善き生を送ることができないほど、自律は我々の生活の事実となっている」〔同前〕、というのはラズ自身の認識でもある。歴史的・伝統的な慣習や行為様式のほうがしばしば妥当で、より効率的・思考経済的であり、公共的妥当性をもちうるにもかかわらず、多様性と選択にもとづく自律的決定というエートスが、ときに促迫的なまでのモードともなっている。

「自律それ自体には価値はない」という判断の正当性を一方で承認しながらも、他方でそうした言明への違和感も解消されないというジレンマを解く鍵は、「自律」の成立条件を問うことにあるだろう。「自律」を可能にするものとしては、普通「自律の前提としての一定の能力」「多様な選択肢」「自立」があげられる。

「自律能力」は形成されなければならない　メンダスが強調するように、「自律」はまず修得され、維持されなければならない。「自律能力」なるものが個人に最初から備わっていないことはもちろん、自己完結的な「自律」など存在するわけもなく、また個人の「自律」的な選択や判断には常に誤る可能性がある以上、「自律」は修得されかつ維持されなければならないものだからである。そして、「空虚な自我」と「位置ある自我」をめぐる（リベラリズムに対してコミュニタリアニズムが仕掛けた）論争の経緯を紐解くまでもなく、個人の「自律」の陶冶、「自律的理性」が可能となるのは、当の個人をとりまく社会の環境と文化のなかで、「自律」の価値内容を共有する「背景的基盤」においてである。その意味で「自律はどのように形成され、またどのように発展するかを説明するためには、集団、つまり社会の全体に訴えなければなら」ず、自律の形成・維持は、「個人自身の内的本性からだけでなく、社会全体の本性からも説明する必要がある」〔メンダス　一九九七：九六〜九七〕。

自律の条件としての多様な選択肢と「自立」　ところで、「背景的基盤」における「価値内容」と言っても、それは一元的ではなく多元的であって、「自律」が成立するためには、もとより十分な選択肢が必要である。そのさい「自律の条件をなす十分な範囲の選択肢の種類と質は社会の環境に依存しているので、個人の自律に対して配慮することは同時に社会の環境に対して配慮することをも意味している」〔玉木　二〇〇四：二九九〕。したがって、「公共的文化の育成と保護」（ラズ）が政府に要請されるし、「社会構成的文化」（キムリッカ）の重要性が強調される〔同前〕。

そして、「自律」の前提条件としての支配・強制からの「自立」は、すでに見たように、たんに個人的なものとしては可能でなく、共同的・集団的自立として現実的であった。

（2）　関係性における自律

こうして、「自律」を「個人的・孤立的自律」と捉える観念は誤謬であり、「自律」と「自立」のいずれについても、関係性のなかにおくこと、他者との関係性・交渉、環境や文化のなかで具体的に捉えていくことが必要であろう。「自律」の基礎は、関係のもとでの、関係性のなかでの「自律」である。そして、自由も「自律」も歴史的社会のなかで形成され実現されるのであるから、その社会のなかで捉え返されなければならないが、そのことをつうじて、「自律」（ときに「自己決定」）を可能にする社会のありようというものが意識的に対象化されるようになる。そこで、「自律」の社会的被規定性は、社会発展による個人の形成・相互作用という視点に反転する。この問題連関は、存在論的にもまた実践的にも、「対象への依存（没入）・かかわりにおいて自律が可能となる」という位相を示すであろう。「自律」とはすなわち、「自己の生の意味を生きること」でもあるが、しかし、音楽家の自分の音楽への没入がそうであるように、「自分自身の生を生きること」ができるのは、私がある対象に依存していればこそである。「あるものに対して自分を深く没入することがなければ、人は自分自身であることはできない」のだが、「私は他者に専心しているがゆえに、また他者と依存関係にあるがゆえに自律的であり得る」［メイヤロフ　一九九三：一六三］のである。

それゆえ、「自律」価値も相対的・部分的である。歴史的社会において形成され・育成されるものである限り、「完全に自律した人間」などというものは神話であり、「本当に自律的でなければうまく生きていくことができないのか」［玉木　二〇〇四：二八四］と言えば、必ずしもそんなことはなく、「常に自己決定しなければならない」というものでもない。「自律できない人」も多く存在するし、すべての人が少なくとも生涯のある時期には非自律的であって、多少とも「自律的でもあり依存的でもあるような〈個人〉がいる」［金田　二〇〇〇：二〇五］、というのが現実の姿だろう。そして「多かれ少なかれ、人は他人と共に生き、他人に依存して生活している」のだが、しかし「個人の生が相互依存的な関係にあるからといって、個人がその人生の重要な場面において、自律的な選択と決定ができないということではない」［玉木　二〇〇四：三〇〇］。いわば自律・自己決定至上主義とも言うべき個人主義的「自律」観においては、屹立する「自律」的個人は成熟した「自律」能力を前提とし、したがって自律能力に欠けるか低い人たちの道徳的存在性のいかんがアポリアとなっていた。しかし能力の欠落や不足それ自体は、社会のなかにそれらを自然に補完するような文化と関係が成熟していれば済むことであり（幼い子どもの使い走りを周囲が自然に支えるように、あるいは、言葉の不自由を障がい者の不都合ばかりに押しつけず、たとえば手話の習得によってコミュニケーションの拡大をはかるように)、もっぱら孤高の「自律」的生に道徳的価値が宿るというのでもない。むしろ、そうした(自然的で相互補完的な)成熟した社会の文化の形成に努めることこそが、真に道徳的行為と言うべきものであろう。

かくして「自律」もまた、「自立」と同様、社会によって浸透されており、また媒介されなければならない。他者と切り離された「個人的・孤立的自律」はありえないし、「自律」が常に枢要な価値として、他の基本的な諸価値に優越しているというものでもない。

5 「社会的自由主義」と「集団的自立」——社会権の再建

「自立」も「自律」も社会的関係性において捉えられねばならない。この「関係的自立」(また「自立」は「自律」の条件でもある)を、存在論的位相あるいは一般的・抽象的次元から、具体的な次元での社会関係に媒介し現実に実現するのが「集団的自立」である。

「集団的自立」による以外に、諸個人の「自立」を実現することはできない。「集団的自立」という用語自身には歴史的な陰影がつきまとっており、とくに日本の知的世界での汎用には抵抗も少なくないだろう。そして、現在の体制がまさしくその一つであるブルジョア的支配への対抗としての「集団的自立」が、抑圧の側面を含むことも確かだろうし——すでにホブハウスも「両刃の剣」としての「団結」に言及していた——、この側面の作動範囲がおのずと機制されるわけでもない。その意味では適切なコントロールの機制が必要であるばかりでなく、本質的にこの側面は克服されいわば「共同的自立」として止揚されるべきだろう。だが「社会的弱者への権利侵害の跋扈」(〔竹内 二〇〇六〕参照)とも言うべき現在、福祉国家もまた「集団的自立」の現実的かつ具体的な形態にほかならないという認識のもとで、「集団的自立」を確立することが急務なのである。そして教育や陶冶における「自立」も、何よりもまず集団や共同の努力、信頼や依存の大切さなどについての教育であるべきだろう。

ところで、そうした「集団的自立」を現実につくりだすのは労働運動をはじめとする社会運動その他の広範な社会的諸活動であり、「集団的自立」を制度的に担保し機制するものは「社会権」(社会的基本権)である。現在の新自由主義政策が生活と労働、福祉や教育の領域にもたらしている壊滅的なまでの打撃は、とりもなおさず「社会権」の蹂躙でもある。多くの人びとがリストラ・不安定雇用と低賃金、生活困難と将来不安のただなかに追い込まれており、子どもたちもが格差の固定化のもとで呻吟している現状は、まさしく生存権と労働権、社会保障権と教育を受ける権利の著しい侵害であろう。「社会権」の確保・確立は、多くの人びとが「健康で文化的な最低限度の生活」さえも奪われている現状を変更していくうえでの、歴史的な普遍性を担った、具体的な制度的保障である。そのさいたしかに、「社会権」もまた従来は市民法的秩序の枠内での権利にとどまるものであった。その意味では、たとえば「私的所有権」──そのコロラリーとして「契約の自由」や「営業の自由」などがある──を論理の中核とする「市民権(的自由権)」を制約するような「社会権」の再構成が必要である。

おわりに

小沢弘明によれば、今日の「新自由主義（ネオ・リベラリズム）」は、「資本制生産様式の問題であると同時に、生活様式にたいするヘゲモニーの問題でも」あって、個人の自立と自己責任、効率性等、「生活のすべての局面で、〈心のハビトゥス〉の改変と支配が進」んでいる。そうした「ネオ・リベラリズム」は、短期的には「新古典派経済学（マネタリスト革命）の政治的表現」であり、中期的には「福祉国家・社会国家の解体を求めるイデオロギー・運動・体制」である。しかしまた、「長期的に見れば、……一九世紀以来の社会・公共圏・共同性を抹消し、国家と個人の二元システムへの転換を図っている」［小沢二〇〇六：三二］ものでもある。そして「新自由主義の現実は、一九世紀と同様に再び〈社会問題〉を引き起こしている」が、「それを解決する二〇世紀的な制度や主体も消え去ろうとしている」現在、思想・理論の問題としては、「自由で自律的な個人」に定位してきた自由主義への対抗のなかから生まれてきた社会思想の系譜を参照すること、「歴史的には、社会思想の自由主義からの脱却過程を分析することが課題となる」［同：三九］、という小沢の指摘は、社会権に資する社会的自由主義の視角からの自立・自律概念の再定義という本章の主題にとってきわめて示唆的である。

「歴史的な存在としての社会的自由主義」は、その社会経済的分析や国家論的考察の不備ないし弱さ、物象化論の欠如などから、なお個人主義的自由主義ないし所有的自由主義の限界をよく克服しえていないものである。同時にしかし、それは、「社会（的なもの）」の豊富な内容の分節化的把握をとおして「社会・公共圏・共同性の意味を問い直し、協力や普遍の道を模索すること」〔同：三二〕に最大限努力したものと言えよう。そこには、自由主義内部の対抗であったがゆえに、かえって他の社会思想ではよくなしえなかった諸問題の解明に寄与している部分も少なくないように思われる。歴史的な存在としての不十分さや限界の克服は、もちろん「現在の課題としての社会的自由主義」に託されているが、「社会的自由主義」の彫琢のための素材はなお歴史的な研究の分野に、とくに一九世紀からの世紀転換期における社会思想・政治哲学の領域に多く残されている。

（吉崎祥司）

第5章　格差・差別・不平等への対抗——人権論の再興に向けて

はじめに——人権論の脆弱さの克服のために

現在の格差・差別・不平等*や人権侵害に対しては、既存の人権論・人権思想はあまりにも脆弱だと言える。本章ではこの脆弱さを克服し人権論を再興するために、若干の考察を試みる。なお本論に先だち、人権侵害や差別などの現実を一瞥しておきたい。

＊「格差・差別・不平等」という並置に違和感を抱く読者もいるかもしれない。しかしたとえば、正規雇用からの排除による格差・不平等は、労働権（社会権）の剝奪・侵害として、明白な差別であると言うべきだろう。

格差・差別・不平等の現実　現在、格差・差別・不平等や人権侵害——社会権／法的人権の侵害およびこれと一体の市民権／法的人権侵害——は世界的に拡大を続け、また自明のこととされつつある。その根源には、米国を頂点とし日本を含む現代帝国主義諸国家とその同盟、また多国籍企業化とその事態を支える新自由主義の政策と思想がある。*

＊　本節の記述は逐一出典を示さないが、後藤道夫・渡辺治らによる『ポリティーク』や竹内［二〇〇五ｂ：二四九〜二五〇］などＲＥＭ研（あとがき参照）の成果によっている。なお新自由主義をたんなる市場原理主義として理解する論者は多いが、この把握は誤りである。私が随所で強調してきたように、新自由主義は〈財政的には小さい場合もあるが強力な国家［権力］を内在させた市場原理主義〉である。現代では、国家主義や封建的復古を含む新保守主義や優生思想も、これらを自家薬籠中のものとしている新自由主義の問題だと言える［竹内　二〇〇一：二一〜三三、二六〜二七］。

日本国内だけを見ても、現代帝国主義や新自由主義が震源となった格差・差別・不平等の現実は非常に激しい状況にある。若年層に著しい正規雇用の激減と非正規雇用の増大があり、他方で、富裕層はますます富を増やしている。これらが賃金低減圧力および労働条件悪化をもたらし、労働権侵害や労働基準法の改悪につながり、社会権／法的人権のいっそうの侵害を生んでいる。また生活保護や就学援助世帯の顕著な増大やジニ係数一への接近などの経済格差の拡大は、生活保護等の漏給問題も含めて考えるべき深刻な人権侵害である。さらには、家庭の経済格差が子弟の将来に直結する次世代育成の問題は、世代を超えた大きな人権侵害とその固定を生む。社会保障領域で従来の応能負担が応益負担化していることや医療の自由診療（混合医療）化、また社会保険料値上げは、社会保障への財政削減をつうじての、私有財産や金力によって人の命を左右する人権侵害であり、格差・差別・不平等にほかならない。

だが、以上のような格差・差別・不平等を超える人権侵害の現実にも留意すべきであろう。なぜなら格差・差別・不平等の下方移譲――より「下」のものが差別をより強化し格差・差別・不平等の温存強化に手を貸す――が生じているために、上記の問題とともに把握されるべき、よりいっそうの格差・差別・不平等と人権侵害が起きているからである。たとえば、高度成長を最底辺で支えた日雇労働者の一部がホームレスに追い込まれ、釜ケ崎や山谷などの路上で二日に一人が死亡する事実や、差別法たるハンセン病予防法が一九九六年にようやく廃止された後も、ハンセン病者や元患者に対して続く格差・差別がある。後者には、強制隔離などの差別克服としての処遇改善の後も存続する偏見による差別という問題、元患者の生活擁護のための療養所存続による隔離温存の問題や、ホテル宿泊の拒否、さらには未解決のままである旧日本帝国主義下での朝鮮・韓国人ハンセン病者差別も含まれる［日弁連　二〇〇五］。

さらに、水俣病や薬剤エイズなどの公害・薬害患者に対する補償拒否や地域からの排除といった差別もある。母体保護法が（一九九六年に優生保護法から名称変更）、出生前診断による障がい胎児の安易な排除や遺伝病者差別を促進する現実と商業的優生学もある［リフキン　一九九九：一八〇以下］。近年かなり知られてきたが、特別養護老人ホームやグループホームのみならず家庭内でも障がい者・高齢者虐待が頻発している。障がい者雇用を隠れ蓑に、雇用者が年金を詐取したり、死に至る暴行を知的障がい者に繰り返した滋賀サン・グループ事件［サン・グループ裁判出版委員会　二〇〇四］や水戸アカス事件［毎日新聞社会部取材班　一九九八］なども、深刻な人権侵害であり格差・差別・不平等問題である。

既存の人権論の脆弱性と三つの論点　よりいっそう問われるべきは、以上の格差・差別・不平等や人権侵害の現実が、既存の人権論・人権思想の脆弱さを示していることである。言い換えれば、人権論・人権思想が健全でまっとうに機能しているならば、上記のような格差・差別・不平等は見られないはずである。以下では、こうした脆弱な人権論・人権思想を再興するために、三つの論点に即して若干の考察を試みたい。

第一（第1節）は、古典近代以降の人権論が人間の共通性・均質性を抽象して成立し、この点が既述の差別などを昂進してきた点である。つまり人間諸個人の共通性にもとづく人権論は、この共通性に与りえない存在を排除する人権侵害論・不平等論でもあるということである。これには健康概念の厳密化なども関連して、差別解消を掲げるなかでの差別昂進や、人権確立のなかにある人権侵害という点も加わる。だが、これらを既存の人権論は看過しがちである。

第二（第2節）は、格差・差別・不平等に関する馴化と純化である。つまり一方では、格差・差別・不平等の現実がありながらこれに馴らされ、差別などが存在してもそれが存在しないかのごとくに思われ、また他方、こうした差別などへの馴化をつうじて、逆に露骨で酷い差別（純化された差別）しか格差・差別・不平等として認めないという問題である。さらにはこの純化された差別などへの馴化が進み、差別や人権侵害の事実がよりいっそう隠蔽されてしまう問題も深刻な点である。

最後の第三（第3節）は、格差・差別・不平等の克服と人権論再興には不可欠な、市民権／法的人権（政治的権利を含む）と社会権／法的人権との関連問題である。とくに既存の人権論は社会権／法の意義を正確に捉えず、事実上看過して市民権／法のみを評価しがちである。またその裏面として「社会権的」生活保障が市民権の剝奪を伴った場合でも、それがさほど非難されないという問題もある。

私がとくに近年問題だと考えるこの三つの論点は、けっきょくは市民権／法と社会権／法との関連を焦点とするので、権利／法的問題としてまとめられる。* したがって、三論点それぞれに市民権／法と社会権／法が登場するが、本章ではそのすべてを権利／法論に収斂させずに、三つを区別して論じる。

* 本書全体で問う市民権／法は、社会権／法（social rights）と相関した civil rights である。この市民権／法は、今なお市民権と訳されがちなシティズンシップ（citizenship）――国家や共同社会などでの完全なメンバーとしての地

位等の保障を意味し、最近ではカタカナ表記が増えている——という、より広義の概念とは異なる。

なお本章では、人権侵害の事実問題というよりも考え方や思考・思想の大枠を論じることを主眼としている。しかしまた本章は、この主眼に即応したかたちで三論点に最終回答を与えるまでには至っておらず、法学関係をはじめとする既存の人権論の膨大な蓄積に対する逐一の検討も省いている。それゆえ本章は、今後の人権論・人権思想の進化をめざした問題提起としてご了解いただきたい。

1　人権思想における人間の共通性・均質性

排除をもたらす共通性・均質性とその克服の方向性　日本でも、一九七〇年代後半から八〇年代半ばにかけては明確に指摘されていたように（たとえば菅［一九八六：一六〇〜一七七］）、端的には古典近代の成立以来、市民権／法的色彩が濃かった近代人権論は、人間諸個人の何らかの共通性・均質性を抽出・抽象して成立したものだった。それは階級問題ともつながって、この何らかの共通性・均質性を保持した人間のみを権利主体とした。たとえばフランス革命時の『人および市民の諸権利宣言*』では、西欧の白人で一定の稼得のあるキリスト者の男（シトワイアン＝ブルジョア）のみを意味した。またそれ以前のロックの議論なども、非西欧人の排除を前提とした帝国主義的でブルジョア的権利主体論だった。これらはまた、市場での等価交換可能な労働力商品やその他の商品の所有者のみを権利主体としたにすぎない。この把握がなぜ問題かと言えば、そうした共通性・均質性に与りえない存在を人権主体から排除し差別を強力に正当化したからである。近代人権論は人権侵害論でもあったと言わねばならないのである**。

＊　一般に膾炙する『人権宣言』は完全な誤訳であり、そこではすべての人は想定されておらず、女性を排除したうえで、さらに一定の稼得ある白人男性のみを市民として認めたものである。条文ではまた人《オム》、庶民《プープル》、国民《ナシオーン》、市民《シトワイアン》という権利主体を表す言葉が、現代的に言えば市民権／法的平等を謳いながらも、社会権／法的差別――能力主義的差別を肯定するために権利主体は市民に限るなどとして――を隠蔽するために巧妙に使い分けられている。

＊＊　近代人権論が排除論たる人権侵害論でもある点について、マクファーソン［一九八〇］、現代帝国主義との関連も捉えた後藤［一九九七］、新自由主義批判を主眼とする竹内［二〇〇一］、植民地支配が前提のロック権利論とカント哲学の意義との関連を捉えた平子［二〇〇五］を参照されたい。

こうした排除をもたらす共通性・均質性には、人種や性なども含まれる。だからこそ近代人権論は実態的には、容易にレイシズムやセクシズムなどの差別推進論に陥った。だが現在に至るまで排除をもたらす共通性の最大のものは、個人の私的所有物としての一定の能力だった。つまり近代人権論の多く――市民権／法にもとづく人権論――は、一定の能力概念のうえにのみ成立していた。それはコミュニタリアン哲学者のテイラーも、「ある存在がA、B、Cに対する権利をもっているという確信の背後にある直観とは、その存在が尊重に値する能力を示しているという直観である」［Talor 1992：342］と認めたことだった。この一定の能力（共通性）に依拠するがゆえに、近代人権論の多くは、能力の多寡による格差・差別・不平等に道を開き（能力の個体還元主義）、能力主義的差別の積極的担い手にさえなった。市民権／法的人権論は社会権／法に補われない場合、人権侵害論となるのがある意味当然だったのである。

したがって人権論の再興には、排除をもたらす共通性・均質性に依拠しない理論構築が必要だが、その実現は相当に困難である。なぜなら能力概念はむろんのこと、人間という範疇でさえすでに個体還元主義的な一定の共通性を前提にするからである。極端な例とも言えるが二〇世紀後半以降、遺伝子や染色体上での共通性・均質性に大きな欠損をもつ人間は生物学的次元での人間個体の共通性がないので、人間にあらざる存在だという議論もある[Glover 1984]。この点では、マルクスが「ギリシャ社会が奴隷労働を基礎とし、したがって人間やその労働力の不等性(=不平等性)を自然的基礎としていた」点と比べて、「すべての労働が同等な」「人間労働一般」となり、「人間の同等性(=平等性)の概念がすでに民衆の先入見としての強固さをもつ」[MEW23 : 74=八一]近代社会を示したことにも、排除をもたらす共通性と同じ問題が含まれる。つまり人間個体を前提にし、個体還元主義的な人間労働の共通性・均質性に依拠する点では、労働に参与しえない人間存在を排除する人権侵害論に至りかねない。[*]だが他方での人間労働の同等性を示す近代社会は、労働能力商品を含む「商品所有者としての人間の相互の関係が支配的な社会的関係である社会」(*ebd.*=同前)でしかなく、当然のことだがマルクスは、商品所有者という共通性を前提に人間を捉える点は批判した。この点ではマルクスも、排除をもたらす共通性に直結する個体還元主義を問題視し、関係規定を重視していたと言える。[**]

* このためたとえば、分析的マルクス主義者コーエンは、労働における搾取の廃棄だけでは人権を確立した平等な制度には至らないとし[Cohen 1989 : 908]、リベラリストのネーゲルも、「生産能力の低い人々の労働の一定価値が剥奪される、という意味ではなく、彼らが、異なる選択をした組織のもとでは、獲得しうるだろうものを剥奪される意味」[Nagel 1991 : 101]を強調し、労働に参与しえない存在を排除しない議論を重視している。

** 排除をもたらす共通性を教唆する個体還元主義的人権論を克服するために、また諸個人間の差異を真に擁護するためには、差異性の強調［菅　一九八七：一六七〜一六九］を超えて、徹底した関係規定からの人権論が必要である。「能力の共同性」論［竹内　二〇〇五a：一七九〜二〇〇］からの人権論構築は、この一つの試みである。

排除をもたらす共通性・均質性の抽象性と具体性

さて排除の肯定につながる人間の共通性・均質性は、抽象的なものでもある。それゆえこの抽象性は、時々の具体性に侵害され、抽象的に把握された人間性なるもの（人権としての保護対象）は時の権力や社会的趨勢に支配されるものであった。それは比較的近年でも英米豪圏が主導する生命倫理学などで、人間存在が抽象的に生物的存在と人格的存在とに分断されることに見られる。たとえば「重症心身障がい者」については、さまざまなケアや医療（社会・文化）のなかで具体的に存在しているその人格的存在が忘却され、具体的な人格を欠くたんなる生物学的存在だとされる。つまり「健常者」の共通性・均質性としての生物学的存在プラス人格的存在のうち、「無能力な重症心身障がい者」は生物学的存在でしかなく、具体的な人格的存在という共通性に参与しえない「抽象的な重症心身障がい者」は人間範疇に属さないので、安楽死という名の殺害が行われても、それは殺「人」ではないとされる。*

＊　この論調の難点は竹内［一九八七］等で指摘してきたが、人権論がかかえかねないこうした抽象的な共通性の問題の解決には、「死に近い生」や重症者をも含めて把握される上記の「能力の共同性」論が必要である。

既存の人権論を支配した抽象的な共通性・均質性は、事実上は一定の具体性が貫徹してのみ存在しうるものでしかない。つまり抽象的な共通性は、現実には具体的なものに貫かれ、この具体性が人権侵害を肯定するのである。抽象性が具体性に貫徹されるこの問題を、個別から抽象した普遍概念を現実の普遍と偽る物象化された議論として鋭く批判したのもマルクスだった。彼は『ドイツ・イデオロギー』でシュティルナーやバウアーが時代を超越した「普遍的な人間なるものとその主体化」がありうるとした議論を、普遍性を語りながら実際には具体的な利己的人間を説くだけだと非難した。この抽象的な「普遍的な人間なるもの」をいくら抽象しても、そこには「利己的個人ないし私的人間」という諸個人の具体的な共通性が事実上は貫徹するからである［MEW3：211～212＝二二九～二三〇］。

だから古典近代の市民権／法的人権論は抽象的な人一般を把握しているように見えるが、実際には利己的人間やブルジョアとしての共通性・均質性を備えた人間を捉えたにすぎなかったのである。そして、「市民的権利は、各人は自らを防衛する手段を与えられて〔自己所有して〕いるという理由で、社会的〔≒社会権／法的〕保護の必要性を否定することを可能にした」［マーシャル　一九九三：四三］。こうしてけっきょくは社会権／法の否定を前提とする「人権」（市民権＝市民的権利）にとどまったのである。したがって市民権／法的人権を無差別の抽象的な人一般の人権論だとすること自体がまったくの誤りであり［村上　一九七九：一二二］、人権論の再興には、市民権／法的人権論の抽象性の背後に潜む排除をもたらす共通性を捉える必要がある。そして、この共通性が社会権／法の一定の成立以降も、健康概念の厳密化などによる不健康な者の排除に接続してきた点を把握せねばならない（後述）。

繰り返すが上記の共通性・均質性にもとづく人権論は、容易に排除・差別・不平等の肯定論となる。「こういう人権論は差異の側面がどんなに抑圧されても、それは人権無視とも、差別とも考えないということを含んでいる」［菅　一九九四：一〇八］からである。実際、在日朝鮮人や障がい者やハンセン病者などへの差別は、日本国憲法も規定する人権論の存在のなかで生じてきたのである。つまり人権論が不在だったから差別が生じたのではなく、差別を温存する人権論が存続してきたのが現実なのである。

秀・美・正・健康・標準化 対 いっそうの劣・醜・悪・不健康・低次元化　しかも以上の差別は、たんに時々の一定の共通性・均質性に担保されただけではない。共通性・均質性の範囲は、古典近代の市民権／法的人権論以降、また一九世紀末からの社会権／法の一定の成立以後はより拡大したが、このことがかえって格差・差別・不平等の昂進とその正当化につながった面があるからである。つまり労働階級に見られるように人権主体がある程度拡大すると、人権を保障されて共通性に与りうる存在と、他方で相変らず共通性に与りえない存在とのさらなる区別が生まれ、それまで以上に格差が目立つことになる。たとえば、ある程度人権を保障され富裕化・健康化した庶民に対して、重度の障がい者やハンセン病者や公害患者らは富裕化・健康化しえない悲惨さの目立つ存在になる。こうして彼らは貧困・不健康・未発達な存在として、人権論に即しても排除されやすくなる。既存の人権論は一定の富裕・健康・発達を推進することにより、かえってその共通性に与りえない存在を排除する人権侵害論になりかねない。

このことは健康や病のイデオロギー性を問うてきたデュボスなどが、近代の健康観の問題として以前から強調してきた。彼は、病気や健康に関わる社会領域も人間の自然性の領域も、「飛躍的に拡大し……『健康』概念は、その外延が縮小され内包が拡大されて個人レベルの問題として厳密化される」［竹内 二〇〇五a：一四四～一四五］と言う。換言すれば、健康という共通性・均質性が厳密化されると、ここに入りえない病者・障がい者らがそれまで以上に増え、それまで以上に排除されるのである。

人権論が何らかの共通性・均質性に依拠している限り、その共通性のもとで厳密化された健康概念が入りこむ。そして人権が保障され厳密化された健康を身につけた「健常者」側が、それに属さない存在だという理由だけで（病気・障がい自体には無関係に）、病者・障がい者らの側を排除することがある。それはけっして特異なことではなく、たとえば、二〇世紀初頭から先進国で常態化した遺伝病者らの不妊化施策、ナチスの健康政策以来存続している国民の健康化推進と他方での不健康者の排除――最先端の健康診断や受精卵診断の実施と対になった重度障がい者の安楽死が典型――、産児制限論による劣った子孫排除論、健康を権利ではなく義務とした日本の健康増進法〔御輿　二〇〇二〕などに見られる。それらは、既存の福祉国家への近代優生思想の浸透〔市野川　二〇〇〇〕としてもまとめられよう。*

* 「現在の社会・文化のもとでは、病気・『障害』の治療・軽減や能力形成……それ自体を徹底してゆけば、『障害』の排除志向のうちに介在しかねない『障害者』排除の志向を通じて、優生思想の『普及』に寄与する反ヒューマニズムが跳梁しかねない……。他方で、優生思想に反対して『障害者』の差別・抑圧につながるいっさいに反対……してゆくことによって、『障害者』排除への反対に介在しかねない『障害』排除への反対を通じて、病気・『障害』の治療・軽減一般を軽視ないし無視する反ヒューマニズムが台頭しかねない」〔竹内　二〇〇五a：三一〜三二〕。

人権が保障される側のいっそうの秀・美・正・健康・標準化が進めば、その分これらが保障されない弱者側のいっそうの劣・醜・悪・不健康・低次元化が相対的に進み、共通性からの乖離も進む。これにより弱者に対する差別も昂進するが、この隘路を共通性・均質性に依拠する人権論は脱却できない。それは、たとえばハンセン病者差別に関する「知覚の麻痺、皮膚に生じる紅斑皮疹にはじまり、やがて眉が抜けおち、唇がたれさがり麻痺した四肢が変形するなど、外見的にいちじるしい変化を被るにいたる。この身体の変形がとりあえず〔差別の〕一つの元凶だった」〔武田　二〇〇五：一二〕ことにも該当しよう。このため、個体還元主義的な共通性・均質性に依拠しない人権論の必要性が提起されるのである。*

＊ 健康や疾病や障がいや美醜などに関わって共通性・均質性を不要とする人権論を構築するには、個体還元主義の廃棄と関係性の徹底した追求に加えて、常識的には豊かで充実した人生など想定不可能とされる重度障がい者や末期患者の豊かな生存・生活を保障しうるような価値論的革命も必要だろう［竹内 二〇〇五ａ：三二一～四五］。

2 格差・差別・不平等への馴化と純化

格差・差別・不平等への馴化の歴史性　格差・差別・不平等への馴化と純化およびこの両者の悪循環を把握することも、人権侵害の現実を把握し新たな人権論を構築するうえで現代では大きな意味をもつはずである。格差・差別・不平等への馴化とは文字どおり、これらに馴らされきってしまい、差別を差別として意識することもなくなることである。人権思想問題での例をあげれば現在、広く受容されている能力主義的差別は、教育分野でも企業社会としてもすでに高度成長期の一九六三年「経済発展における人的能力開発の課題と対策」（経済審議会答申）や六六年の中教審答申における「期待される人間像」などで打ち出され、日本社会において広範にかつ着実に実行されてきたものである。

こうして能力主義的差別に馴らされると、過去の差別は差別ではないかのように思い込まされ隠蔽されてしまう。その結果、現在の新自由主義隆盛下での純化した露骨な能力主義的差別のみ――重度の認知症者を虐待したり、植物状態の患者を「脳死」者に含めて死なせドナー化するなど＊――を差別とするだけとなり、それ以外の格差・差別・不平等は隠蔽されがちとなり隠蔽の意識化も少なくなる。それを避けるためにも、現在の格差・差別・不平等への馴化と純化につながる深刻な問題点を把握する必要がある。それは、今後の人権思想の再興の際にも差別などへの馴化と純化の歴史性として強く意識すべきことだろう。以下、能力主義的差別を[**]軸に五点を指摘しておきたい。

＊　〈努力したものが報われる社会を〉や〈機会の平等はよいが結果の平等は駄目だ〉論も、能力の個体還元主義にもとづく能力主義的差別論である。これらの批判については、竹内［二〇〇一：二五八〜二六一］を参照されたい。

＊＊　現代では能力主義的差別に格差・差別・不平等全体が収斂する、という論点にも注意しなくてはならない。「実力〔＝能力〕主義体系の不正な報酬の一覧表……に対して、それらの人種的あるいは性的な現われを直接攻撃することによって、打撃を加える方法はない」［ネーゲル　一九八九：一五六］からである。

①古典近代では、他の諸差別を否定するために、個人所有の能力による差別が肯定された。たとえばフランス革命時の『人および市民の諸権利宣言』第六条では、「能力以外の何らの差別もなく」という近代主義的主張が封建的な身分差別などを否定するために展開された。それ以来人びとは、この能力の個体還元主義による能力主義的差別に長年にわたって馴らされ、差別を差別として把握する感性を脆弱化させてきた。そして現在では、たとえば障がい者福祉においてすらケア給付などを利益とみなし、この利益に応じる支払いができない重度障がい者を社会福祉から排除することになる、応益負担化による能力主義的差別が障害者自立支援法以来、自明視されつつある。[*]

＊　近代主義を批判するフーコーでさえ、死の自己選択という問題をつうじて、能力の個体還元主義という近代主義に陥ったほど［竹内　一九九五a：一六三〜一七一］、能力主義の威力は甚大である。

②一九世紀後半に登場した社会権／法の意義が本当には理解されてこなかった問題、つまり社会権／法が市民権／法の延長としてのみ理解され、社会権／法が固有に克服するはずの格差・差別・不平等の

存続に馴らされてきた面がある（この社会権／法理解の問題については本章第4節で述べる）。

③先に記した中教審答申などによる高度成長期における格差・差別・不平等への馴化は、企業主義的能力主義としても無意識のうちにかなり浸透している。その典型は格差社会論においても、格差・差別・不平等が高度成長期にはなかったかのような筆致になっていることに見られよう〔山田　二〇〇四：一六二〜一六五〕。

④一見、差別批判論に見える議論の多くが、現在の格差・差別・不平等の根源である新自由主義的な社会編成原理を容認している問題がある。つまり純化された酷い差別現象を非難するだけで、逆に新自由主義自体がもたらす包括的な格差・差別・不平等には馴らされてしまっている。たとえば、生活保護世帯の増加や就学援助給付世帯の増加などの所得格差の拡大は指摘され批判されるが、それらが新自由主義による社会権／法への攻撃、より広範な人権侵害である点が指摘されることはほとんどない。*

＊　さらに所得税の累進性の極度の緩和（最高税率が、一九八六年までの七〇％から九九年以降の三七％へ低下し、現在は四〇％となっている。加えて消費税導入とその税率もアップしている）などの点でも、新自由主義政策が容認されている。これとも関係して多くの「差別批判論」が、賃金格差や正規雇用激減による格差の根源である、アメリカナイゼーションとしての現代帝国主義化（第三世界への抑圧も含む新自由主義化）を認めたうえでの差別批判でしかないことも差別などへの馴化の問題である。

⑤プラトン以来の弱者排除論である優生学の存続が、現在の格差・差別・不平等を昂進させながらこれを看過・隠蔽していることによる差別への馴化がある。しかも現代の優生学は商業的優生学として消費者的欲望を梃子にしているため、庶民的で日常化しやすく、そのため無自覚なままに優生学的な差別

への馴化が昂進している［竹内　二〇〇五ｃ］。さらに、たとえば出生前診断による障がい胎児ゆえの中絶が増加しているように、もはや偏見による差別とは言えない露骨で純化した差別が進行しているのである。*

＊　障がい胎児ゆえの中絶（胎児条項）は、一九九七年に優生保護法を改定した母体保護法においても認められていないにもかかわらず、母体の健康を著しく害する点や経済条項的論点にすりかえられて拡大している。ちなみにマスコミ報道を中心に事実上この胎児条項を認める発言が繰り返され、そうした差別発言への馴化も進んでいる。

現代の格差・差別・不平等の純化　格差・差別・不平等の純化は、差別などへの馴化と循環することで、偏見がなくとも生じて正当化されるものである。そこには、いわゆる戦後民主主義の脆弱さが露わになって表面化した格差・差別・不平等も含まれる。近年では、たとえば高齢者福祉の改悪（改定介護保険法）や障がい者福祉の改悪（障害者自立支援法）の法改正が該当する。これによる応能負担の希薄化と応益負担の強化は偏見とは無関係の金力しだいの差別として、自己負担増による福祉からの排除や福祉給付低下をもたらしている。これらは、民主主義的な社会福祉の破壊により純化された格差・差別・不平等である。

こうした差別の純化は、たとえば「食べようとしないなら、本人が生きたくないということだからそのままでいいのではないか」といった認知症の進行で生じた拒食についての発言にも見られる。死なせることを自己選択的な自死として煽る、こうした露骨で純化された差別を誘発する発言は医療関係者からも発せられることがある［民医連新聞　二〇〇六］。この純化された差別（死の強要）は、死なせる事態を「自己決定論」として本格的に正当化するものだと言える［竹内　二〇〇五ａ：六三〜一一九］。

こうした純化された格差・差別・不平等は、萌芽として見られた事態が大きく現実化した問題でもある。たとえば、六〇年代から七〇年代にかけて「厚生白書」「心身障害者対策基本法」「人類遺伝学将来計画」などで、出産管理に関してすでに「不健全な子孫を残さぬよう」という記述や、「不幸な子供を産まない」ための自治体行政はあったが、その多くは計画止まりだった［福本　一九八二：一八二～二〇九、松原　二〇〇〇：一九一～二二五］。それが現在、トリプルマーカーテストやその発展技術を入口とした絨毛診断などの出生前診断が広く普及して、〈障がい胎児の中絶は当然〉とばかりの純化された胎児差別が現実化し、産科医や検査会社が検査を宣伝する状況にある［竹内　二〇〇五a：二〇三～二一八］。

加えて言えば出生前診断による障がい胎児の差別は、優生学と一体のものでもある。だがそれは、ナチズムの「大虐殺で頂点に達したあの恐怖政治」とは異なる商業的優生学によって純化されている。「より健康な赤ん坊を望むのはいけないことだろうか」という庶民の意識には何の偏見もなく、「商業的優生学は……、経済効果の上昇やよりすぐれた性能水準、生活の質の向上といったことをうたい……、市場の勢力と消費者の欲望によって拍車をかけられ」［リフキン　一九九九：一八〇～一八一］る、という日常意識にもマッチしたものである。この意味で我々自身が、消費欲望や市場によって純化された格差・差別・不平等の積極的担い手になっている可能性も高いのである。

教育改革国民会議の座長でノーベル賞受賞者の江崎玲於奈が唱えた、以下の遺伝決定論的教育論にも、偏見とは異なる純化された格差・差別・不平等の主張がある。「遺伝情報が解析され、持って生まれた能力がわかる時代になって……、ある種の能力の備わっていない者がいくらやってもねえ。いずれは就学時に遺伝子検査を行い、それぞれの子供の遺伝情報に見合った教育をしていく……、個人一人一人の違いを認める教育とは、つまり、そういうことだ」[斎藤 二〇〇〇：一三〜一四]。既述のサン・グループ事件やアカス事件も、障がい者だからただ働きさせても暴行で死なせてもよいとする純化された差別である。「普通の人」にはありえない「障害者への虐待が各地でおき、死者もでている」[毎日新聞社会部取材班 一九九八：六一]が、このような事態が拡大しつつある。これらは、障がい者への差別抑制が手薄となって生じた純化した格差・差別・不平等である。*

* 「死ぬまで『被害の純化』に襲われ、『人としてあらゆるものを奪われ、地獄の責苦を悩みぬいて』生涯を閉じ、死後も故郷の墓に眠ることが許されない」ない、ハンセン病者に関する差別も同様である[日弁連：はじめに]。

上記とは一見無関係に見えるが、「平等や公平といった概念を目の敵にした経済戦略会議」[斎藤 二〇〇〇：二〇三]のリーダー竹中平蔵の次の発言にも、同じく偏見と言うより格差・差別・不平等の純化が見られる。「経済格差を認めるか認めないか、現実の問題としてはもう我々に選択肢はない……、道は前者しかない」。経団連主催フォーラムでは、ある企業の会長が日本経済の建て直しに必須だとして、露骨に「貧富の差を広げたらどうでしょう」と発言している[同：二〇五〜二〇六]。同様の問題として、「お金で何でもできる」という偏見抜きの私有財産しだいでの純化した格差・差別・不平等の肯定もある。

この純化された格差・差別・不平等への馴化が進むと、格差などによる人権侵害がより酷くなり、それがまた隠蔽・自明視され、さらに純化されたより露骨な格差・差別・不平等が生じる。たとえば、テロ対策という名目で殺人を躊躇も逡巡もなく実行することがある。その際には殺人という差別が——恥辱や苦痛にさいなまれているがゆえの、死よりも酷い差別された生もありうるが、殺人が差別や抑圧の極致であることも確かである——強力に肯定されている。のみならず「人の裁判権の外に置かれ」たホモ・サケル（聖なる人）が「犠牲化不可能という形で神に属し、殺害可能という形で共同体に包含される」［アガンベン　二〇〇三：一一八〜一一九］というような、殺人を殺「人」ではないとする差別も生じている［竹内　二〇一二b］。だからこそ、格差・差別・不平等への馴化と純化の悪循環を断ち切る、新たな人権思想が必須なのである。

3　社会権／法思想と市民権／法思想との関係

市民権／法思想の重視から帰結する二つの問題　現在の格差・差別・不平等の克服に資する人権論を構築するには、市民権／法思想と社会権／法思想との相違と両者の関係を新規に捉え直す必要がある。ここでは相互に深く連関する二つの問題を扱うが、その第一はとくに新自由主義が隆盛するなかで、社会権／思想が市民権／法思想に還元して理解され、歴史的に確認されてきたはずの社会権／法の独自性が雲散霧消しかねない点である。社会権／法思想を侵す格差・差別・不平等が、市民権／法思想によって放置され、また社会権／法思想による格差批判が非常に不十分で、それが新自由主義の昂進に大きな力を与えている。まったく異なる市民権／法と社会権／法とが新自由主義下では同じ権利／法論として市民権・法に還元されるという非常に深刻な状況が生じているのである。*

＊　新自由主義は私的所有権や自由契約権などを保護する市民権／法ルールを重視し、またそのための国家権力発動をも強く要請するので、無軌道な私利私欲主義ではないし、中間層上層などの支持を得やすい思想でもある［竹内　二〇〇一：二一八〜二三一］。

第二は第一の問題の帰結でもあるが、社会権／法と市民権／法とが真に対等には、また対等な相互関係のもとで捉えられていない点である。市民権／法を大前提（普遍的契機）とし、そのうえでのみ社会権／法を考え、逆に、社会権／法を市民権／法の大前提として同時に考えることはなきに等しい。社会権／法の意義は市民権／法のようには認められず、第一義的権利／法思想は市民権／法思想であり、社会権／法思想は二義的なものとされている。以下この第一と第二の問題について述べたい。

社会権の市民権への還元　第一の市民権／法への社会権／法への還元は比較的新しい人権論、とくに人権主体の現代的再考論においても散見される。たとえば「人権の主体を、少なくとも一度徹底的に個人を担い手としたものとしてとらえる、市民革命期の反団体的・『個人主義的憲法観』の立場に立ちかえってみる必要がある」［樋口　一九九四b：一八四］という主張がある。* これは、人権の基本モデルが市民権／法――第2節で見たブルジョアのものでしかない権利――のみに求められ、人権が市民権／法に還元されて社会権／法固有の意義や独自性を顧みない議論である。

* ここには個人主義的な人権の主体論により、社会権／法の母体の一つとしての集団主体の歴史的意義を忘却させる問題もある。労働法把握の現代的問題にも関わるこの論点は、本書第7章を参照されたい。

また佐藤幸治は、「憲法一三条の『個人の尊重』『幸福追求権』と結び付けて理解するとき、『基本的人権』を根拠づけるものは、各人それぞれ自己の幸福を追求して懸命に生きる姿に本質的価値を認める道徳理論である」［中村睦　一九九九：一二三］と言う。これでは基本的人権の眼目には憲法第二五条などの社会権／法が登場せず、人権論全体が市民権／法に還元されてしまう。留意すべきは新自由主義に批判的で主観的には現在の格差などを告発する人にあっても、人権を市民権／法へ還元しがちな点である。この傾向が支配する限り、社会権／法の独自性が把握されず社会権／法的人権が本当には擁護されない。

たしかに、「従来の社会権論は自由権〔＝市民権〕と社会権とが異質であることを強調した」［同：二一七］と社会権／法と市民権／法との異質性を強調する論述もある。だがそこで指摘される異質性は、個人の自由か国家の自由（権力）か、個人主義か集団主義かといった論点についてでしかない。こうした異質性論では両者の独自性が捉えられず本物の人権思想には至らない。なぜなら、全体としては社会権／法を市民権／法へ還元しながらでも、市民権／法と社会権／法との個々の異質性は主張できるからである。だが、上記のような主張では、社会権／法の独自性は無視される。市民権／法と社会権／法とは内容のみならず出自も基本的性格も異なるのであり、この点を明示して両者の真に対等な相互性を捉えなければ本物の人権思想には至らない（本書第7章）。

人権論再興にとってまず重要なのは、市民権／法とはまったく異なる社会権／法の独自性の確定である。それは、エヴァルドやT・H・マーシャルが指摘し私も彼らを紹介しつつ論じてきたことだが、既存の人権論の多くは、社会権／法の独自性を実際には論じてこなかったのである。その出自や基本的性格を含む独自の社会権／法思想に関しては、拙著『平等論哲学への道程』の第二、三章［竹内、二〇〇一：八九〜二〇二］でも詳論したが（本書第7章参照）、その骨子は相互に関連する次の三点である。*

＊ 一九世紀末からの社会権／法思想の要諦をなすこの三点には、往時の古典的帝国主義や社会帝国主義［センメル 一九八二］による支配——帝国主義戦争への動員や優生学的心性の涵養など——への代償や、激しい労働運動などの成果という面があるが、この点は本章では割愛せざるをえない［竹内 二〇〇一：一七〜二二］。

まず、市民権／法に還元しえない社会権／法の第一の独自性は、①集団性を重視する社会権／法こそが、「理性や意志の力を所持しうる権利主体のみならず、生きているものすべて、というほどの権利主体の多様化」を生みだし、「社会権／法的秩序という枠組みのなかで初めて、主体は唯一生命体であるという事実だけにもとづいて権利主体になる」［Ewald 1993：29～30］という点に見られる。* この論理がブルジョアなどの共通性に依拠した古典近代の差別的な市民権／法的権利主体を平等化し、すべての人間という点での集団的人権の可能性——真の実現はまだない——を拓いた。上記エヴァルドの文言からは、生者すべてを権利主体とするのが社会権／法であることを読みとりうるのだから、社会権／法の集団性の意義は明らかであろう。

＊ この①と次の②には、産業社会の集団的富裕と集団的害悪の統計的事実、平均的個人像の抽出、社会保険による市場関係の一定の遮断、リスク把握の新手法など多くの根拠がある［竹内 二〇〇一：八九～二〇二］。

①の別表現でもあるが、②「社会的権利〔社会権〕の内容は、それを要求する個人の経済的価値によって決まるのではない」［マーシャル 一九九三：五五～五六］。市民権／法だけでは、たとえ人種差別が克服されても（今も克服されていないが）、市場での等価交換可能な商品所有者という経済的価値がある人間（ブルジョア等々）しか権利主体になれなかった。これに対して社会権／法により初めて、権利主体は個人の経済的価値とは無関係に成立しうることになった（今も完全ではないが）。* そしてこの②と①により、権利主体が飛躍的に拡大し市民権／法の平等主義化も本格化しはじめたのである。この点では、真の市民権／法は社会権／法と一体でしか理解されえず、社会権／法を前提してのみ真の市民権／法もありうるという把握が必要になろう。

＊ 一九九四年の社会保障制度審議会社会保障将来像委員会第二次報告は、「保険料を負担する見かえりとして受給

は権利であるという意識を持たせる」と言ったが、こうした、権利の有無を経済的価値に求める新自由主義による格差・差別・不平等や人権侵害は社会権／法の破壊に直結している。

最後に、社会権／法を実現する財源にも関わるが、③社会権／法は古典近代の市民権／法をそのまま認めては成立しえないという点である。つまり社会権／法は本来の市民権／法の一部を制限してのみ成立するが、このことが現代では忘却されがちである。端的には、商品交換を遮断して――ノブレス・オブリージュ（高貴な義務）による慈善事業を含む――初めて、また私的所有権（市民権の一部）を制限して初めて、したがって累進課税制などによって初めて税金にもとづく社会保障（社会権）が実現する点である*［竹内　二〇〇一：一〇七〜一一三、一九〇〜一九六］。

＊　一部の市民権／法の制限によって初めて社会権／法が成立するということは、私的所有権の制限による社会保障の権利について該当するだけではない。自由契約や商品交換に関する契約権や取引権などの市民権／法を制限して初めて、労働基準法や労働組合法等に関わる労働権・労働基本権等の社会権も成立するからである。したがって、市民権／法的自己決定論によって労働法を再構成する試み［西谷　一九九二：五五〜一一一］には、労働運動の非民主的多数派批判や労働運動の主体的形成論に関わっての意義はあるが、市民権／法の制限による社会権／法の成立という点からすでに指摘されているように［吉崎　一九九八：一四三〜一七一］多くの問題がある。

商品交換の遮断とは、労働の対価としての労賃獲得や貨幣支払いと等価の商品取得などの市場での等価交換（商品交換）――搾取は別途存在する――と、その大前提である私的所有権の発揮を一時的に止めることである。なお慈善事業も無償（対価とは無関係）という点では商品交換の遮断の意味がある。本来の私的所有権（市民権の一部）が維持され、私的所有にもとづく商品交換がそのまま存続していると、労働の対価である私的所有物への累進課税という社会保障（社会権保障）の財政基盤は成立しない。強制的に私的所有権を一定程度制限する課税こそが、社会権／法を支える財政基盤を形成するからである。こうして③は、市民権を前提にした「社会権」が真の社会権たりえないこと（次項）の最大の理由でもある。私的所有権を制限する課税がなければ、社会権の端緒すら開かれないからである。したがって、市民権と社会権とを「競合もしくは対立する権利群」［伊藤　二〇〇五：一九二］として把握するのは、人権侵害を昂進する「権利」論の描写ではあるが権利の一般論としては問題がある。真の社会権／法であれば、それは私的所有権など市民権／法の一部を制限して成就するからであり、その場合に存在するのは制限された市民権／法とこの前提のうえでの社会権／法であるため両者は対立・競合しないからである。市民権／法と競合・対立するのだとしたら、それは真の社会権／法ではないのである。

また市民権／法的自由が無制約の自由ではないように、現にある市民権／法も制限された市民権／法でしかない。こうした制限された市民権／法と社会権／法とを対立・競合させれば、市民権／法と社会権／法とが一体化してのみありうる真の人権からは必ず乖離する。*両者を競合・対立させる意識はまた、市民権／法の一部を制限して成立した社会権／法の独自性を把握せず、社会権／法を市民権／法に還元するものになろう。そこには次項で示すように、第一級の権利は市民権／法で社会権／法は二義的権利にすぎないとする意識もあろう。一部市民権／法の制限により成立する社会権／法を把握し、そうした両権利／法の一体性を捉えなければ真の人権には至りえない。

＊　この制限された市民権とほぼ同内容を、福祉国家を重視し自由権（市民権）を平等権の一つとして規定するドゥオーキンは、「自由権は常に制限されている」論として展開する。ドゥオーキンも否定したように、自由と平等との、また市民権／法と社会権／法との対置・対立論は一見当然に見えそうだが、新自由主義下の現代においては、格

差・差別・不平等の正当化につながりかねない危うい議論なのである〔竹内　一九九九：一六四～一七一〕。

それゆえまた現在、私的所有権（市民権）の制限が緩和されることによって社会保障削減による社会権／法的人権の侵害が拡大している。この状況下、たとえば社会福祉基礎構造改革批判の鉾先が私的所有権の肯定に向けられてよいはずだが、そうした批判は非常に少ない〔竹内　二〇〇五b〕。社会権／法を市民権／法へ還元して理解する傾向が根深いからである。

なお、社会権／法と市民権／法の「両者の相互関連性」〔中村睦　一九九九：二七〕という把握は重要だが、その場合、市民権／法と社会権／法の成立以来の独自性を把握したうえで、両者がともになければ真の人権には至らない点をふまえるべきである。すでに示唆したが、両者は成立期以来その出自や基本性格においてまったく異なっており、だからこそ両者の相互関連の把握が重要なのである。

社会権／法の第二義的権利としての把握　第二の社会権／法が二義的権利／法としてしか把握されず、市民権／法ほどにはその意義が認められない問題について検討しよう。これは市民権／法を侵すようなある種の「生活保障」が、権利／法とは別次元で肯定されてきた問題でもある。たとえば英国救貧法以来の貧者の生存維持や、現在でも障がい者らの劣等処遇に見られるが、市民権／法を否定するものであっても、そこでなされる生活保障は擬似的「社会権保障」として承認されがちだった。

この点に関わって日弁連は、「強制隔離と処遇改善の『表裏一体論』」〔日弁連　二〇〇五：一六二〕――強制隔離（市民権否定）による処遇改善（擬似「社会権」の実現）――が、らい予防法下で存続した点を批判している。また「療養所は……、社会から患者を隔離すると共に自らも隔離し、生活保護や国民年金、医療といった基本的な社会福祉・社会保障制度からも自らを切り離し」、と真の社会保障からの隔絶や事実上の社会権／法の無視も批判する。だが同時に「らい予防法の枠内で、国の全額負担の『福祉』を提供する体制をつくり」「療養所における『福祉なき福祉』」〔同：一五九、一六二〕などと、真の福祉ではない「福祉」や「福祉なき福祉」を批判しつつも、この隔離された差別的な療養所での紛い物の福祉を処遇改善だとするのである。そうなると強制隔離（市民権侵害）があっても処遇改善として「社会権」が実現したことになり、市民権を無視した「社会権」という「人権」を認めかねない。真の福祉ではない処遇改善が登場すると、真の権利／法は退場せざるをえない。

以上の社会権／法を二義的に扱う意識は人権論全体を真摯に捉えていないため、市民権／法としての人権論にも悪影響を及ぼす。つまり強制隔離があっても人権思想や人権意識が成立するという、市民権／法思想の自己矛盾すら肯定される。たとえばそれは、ハンセン病者や元患者の強制隔離と人権意識に関して次のように現れる。「近代という歴史段階において、強制的に隔離施設に収容していくことは、その生産力や人権意識、医学の発達レベルに全く対応しない処遇である」〔同：三九〕。一見もっともそうな叙述だが、これでは隔離施設を建設した歴史段階がまた、人権意識も成立させたことになり、けっきょくは人権意識と強制隔離とを並存させ、強制隔離（市民権侵害）を許す「人権」を認めることになる。これは既存の脆弱な人権論の描写ではあっても本来の人権思想・人権意識を捉えた記述ではない。社会権を二義的権利扱いする限りは、また市民権／法思想と社会権／法思想とを真に対等に相互前提的に扱わない限りは、市民権／法の実現も不可能なのである。*

＊「国、社会によって人間が選別され、命が選別される。このような非人道的な行為が日本国憲法の下で違法とされるどころか、逆に優生保護法（一九九六年に母体保護法へ改正）の制定により合法化された」〔日弁連　二〇〇

五：はじめに]。そうだとすれば、人権侵害を許容してきた日本国憲法における人権論も未完なのである。

ちなみに戦後労働法を牽引した沼田稲次郎も社会権を二義的に扱った議論をしている。たとえば「基本的人権は市民的人権と社会的人権に大別できるが、後者は前者を普遍的契機として、ないしは一般的前提として含んでいる……。刑法によって護られる生命・健康の権利は生存権の基本的一般的前提であり」[沼田　一九八〇：四五]と言う。だがこの〈市民権／法は社会権／法の基本的一般的前提〉と同時に〈社会権／法は市民権／法（少なくとも現代の市民権／法）の基本的一般的前提〉と言うべきであった。また「生存権によって護られる生命・健康の権利は刑法によって護られる生命・健康の権利の基本的一般的前提だ」とも言うべきであったが、いずれも検討されていない。* こうした社会権／法の二義的権利扱いは、新自由主義を批判し、格差・差別・不平等を非難する論者にも見られる。

＊　ハーバーマスにも社会権／法の二義的権利扱いがあり、これが理想的発話状況論、社会（福祉）国家批判、西欧立憲主義国家賛美などの彼の主張の問題点にも深く影響している[Habermas 1981：528～547＝三六四～三八一、Habermas 1998：516～539＝下、一六五～一八三]。本書第2章の補論を参照されたい。

社会権／法が市民権／法のようには権利として位置づけられなかったために、「社会権保障」を掲げつつ人権侵害に至るという問題も深刻である。たとえば、第二次大戦後の世界最先端の英国の社会保障「揺り篭から墓場まで」の生みの親で、「ベバレッジ報告」にその名を残したベバレッジにその典型を見ることができる。ベバレッジは、「一般的な欠陥によってそのような〝完全な〟地位を占め［最低平均収入が保障され］ることができない人間は……、産業社会から取り除かれ、公的施設できちんと保護されねばならない。と同時に市民権はすべて永久に完全に奪われねばならない。選挙権だけでなく、市民としての自由と生殖の権利もだ」と述べた［トロンブレイ　二〇〇〇：四三］。貧困者の保護を言いつつ同時に市民権剝奪を当然とするこの議論が人権侵害なのは明白であろう。さらにウエッブ夫妻らも参加したフェビアンにも優生思想的な「社会保障思想」があった。「フェビアン主義者が示した集算主義思想は、立派な労働者のための社会保障制度だけでなく、国家の指導のもと、〝不適合者〟を排除する活動までも意味した」［同：六三］からである。社会権／法を実現すべき「福祉国家」の多くが、優生思想と深く結びつき人権を侵害しているという問題は現在も存続している*［市野川　二〇〇〇：四四］。

＊　リベラリズムと優生思想との結合が積極的に主張されたり、個人レベルの優生思想を不問に付すなど、既述の商業的優生思想に基盤をもつ現代の優生思想の根深さは、庶民の日常意識への浸透の深さともあわせてあらためて真剣に把握し直さねばならず［竹内　二〇〇五c］、そうした試みを新たな人権思想に生かさねばならないだろう。

また日本でも、戦前からの海野幸徳などに見られるように、フェビアンらと同じ優生学と一体化した「社会事業（社会福祉）」論が存在したが、そこにも社会権／法の二義的権利扱いが見られる*。既述のサン・グループ事件などでの障がい者虐待において、福祉事務所や障がい者施設、県障がい福祉課等による管轄問題でのたらい回しや訴えの無視なども同種の問題である。そこには、障がい者の「社会権」的処遇に人権侵害が伴うのも仕方がないとする意識があるからである。これは障がい者の「生活向上」と市民権の剝奪を不可分とする意識・行為だが、福祉のプロによるものだけに社会権／法を真の権利・法としない問題をきわめて深刻に示している［サン・グループ裁判出版委員会　二〇〇四：一八三〜一九五］。

＊　「社会福祉の中の優生思想を問わなければならない」［中嶋　二〇〇八：三一六］として、新たな方向を示す研究もでてきている。

これらはつまり、擬似的「社会権／法思想」が実現するのなら市民権／法的人権を無視してもかまないという人権侵害論である。

おわりに――三つの論点の確認

現代の格差・差別・不平等の克服のために、脆弱な既存の人権論を止揚して人権論を再興しようとするなら、少なくとも本章で示した三つの論点を生かす作業が必要になろう。

繰り返しになるが相互に連関する三つの論点の第一は、個体還元主義的な人間の共通性・均質性に依拠する「人権論」を克服せねばならないということである。つまりこの共通性に与れない存在を排除し格差・差別・不平等を容認する「人権論」を脱却しなくてはならない。第二に、現在の格差・差別・不平等への馴化（馴らされること）、および純化（露骨な差別などのみへの差別の還元）と両者の悪循環を捉えねばならない。そして、この馴化と純化の克服に資する人権論を構想する必要がある。第三に、市民権／法思想と社会権／法思想各々の独自性を正確に把握したうえで、両者の相互性を捉え、両者を真に統一して新たな人権論・人権思想を構築せねばならない。この市民権／法思想と社会権／法思想との統一のなかには、当然ながら、第一の排除をもたらす共通性・均質性の問題の克服も、第二の差別などの馴化と純化の問題の克服も位置づくはずである。

（竹内章郎）

第6章　将来社会の展望と社会権

はじめに——社会権的なものとコミュニズムに関する問題提起

二一世紀の現在、今後の社会変革論に限定して社会主義やコミュニズムを論ずる場合、どのような議論がありうるだろうか。* たとえば、環境問題や自然と社会・文化との媒介を焦点とするコミュニズム論、世界的貧困と格差の克服に至るコミュニズム論、市民社会論を通路に民主主義の実現へと至るコミュニズム論などが一定の意義ある議論になると言えるだろう。

＊　本章では、『ゴータ綱領批判』にならい、基本的に社会主義という語は用いずコミュニズムの低次・高次と表記する。ちなみに私は、F・フクヤマらの野蛮な歴史終焉論や資本主義の称揚、ソ連・東欧社会主義の崩壊にコミュニズム終息を見る俗論、さらには独裁国家を称揚するプラトン『国家』などを容認し、かつまたリベラルやコミュニタリアンを重視する一方でマルクスはほとんど省みないあまたの学会などとは異なり、マルクスの時代的制約は凝視しつつもその議論の意義は継承する立場をとっている。

ただし以上も、マルクスが提唱して以後、豊富な議論を積み重ねてきた、コミュニズム運動による権力奪取、資本主義的搾取の廃棄、生産手段の社会的所有（共有）と階級の廃棄、抑圧的国家権力の廃棄、精神労働と肉体労働との分裂の克服と最終的な国家の死滅、真に平等で自由な人間や真の人間史の開始などに関する理論的蓄積をふまえてこそ本来のコミュニズム論だと言えよう。*そうした議論とも接合可能な一つの試みとして本章では社会権／法的＝福祉国家的なものを位置づけ直し、これを通路とする新たなコミュニズム論の端緒について考えてみたい。

＊ 差別・抑圧の廃棄としての平等は同一性と非同一性をあわせもち、コミュニズムにおける「真に平等で自由」な状態も単純なものではない［竹内 一九九九：一一〜一九、竹内 二〇一〇：六〜一四］。なお以下では、権力奪取や生産手段の社会的所有とマルクス的な歴史の三段階論（人格的依存→物像的依存→全面開花の自由な個性）や急進的変革論と斬新的変革論との関連、また社会権／法＝福祉国家の重視とコミュニズムの「国家」廃絶＝死滅の重視との関連には立入ることができない。

本論に入る前にまず確認しておきたいことは、社会権／法を契機とする本章におけるコミュニズム論は、マルクス＝レーニン主義的社会主義の国家体制論――民族自決や市民的自由を抑圧する国権主義的全体主義体制論――や、その「生存保障」論の焼直しではない、ということである。つまり、ソ連・東欧が市場の暴力に代えて強制した計画の暴力――闇市場と世界市場にも翻弄された――やこれと不可分の「生存保障」論は本章のとるところではない。めざすべき方向は、たんなる生存保障を超えて、新たな社会・文化の担い手としての福祉やありうべき真の市民権／法と結合しうる真の社会権／法を想定しつつのコミュニズム論である。したがってコミュニズムの高次（「能力に応じて働き、必要に応じて受け取る」論と国家死滅の）段階を展望しつつも、その低次（「能力に応じて働き、働きに応じて受け取る」論と国家存続の）段階の暫定的必然性を意識している。また本章のコミュニズム論は、社会権／法をコミュニズムへの限定的だが重要な通路としつつ、ベルンシュタインらの修正主義や前世紀中葉の収斂理論もふまえている（ただし、それらと同一基調にはない）。

社会権／法は近年の新自由主義隆盛下においては軽視される傾向にあるが、本章ではそれを新たな光のもとで「復興」させ、刷新した社会権／法的＝福祉国家的なものによって資本主義＝商品交換を遮断・規制することを重視する。同時にこの遮断・規制が現在の格差と抑圧に満ちた現実の変革にとって意義があり、かつ現実的で新たなコミュニズム論の契機になると考えている。* ちなみに既存のコミュニズムの闘争相手は通説では資本主義のみが強調されるが、じつは身分制的初期労働組合主義、アナキズム、保守的国家主義、社会民主主義、慈善的人間主義などによる議論にも及んでいた［エスピン－アンデルセン　二〇〇一：七三］。だが既存のコミュニズムはこれらの議論が関心を示した社会権／法的なもの［竹内　二〇〇一：一三三以下］を捉えきれなかったので、逆説的だが階級廃絶による平等な自由人たちの連合論からも乖離したように思われる。

＊　旧社会が未発展のうちはコミュニズムの低次段階の実現も不可能だ、というマルクスが随所で示す把握や、人種・国籍・性・能力による差別・抑圧も廃棄するコミュニズムからすれば、社会権／法の発展も新自由主義的現実を含む旧社会のうちに求めねばならない。

以下に、社会権／法と市民権／法との関連、既存の革命論上の社会権／法、社会権／法の資本主義性と超資本主義性、社会権／法の「外部性」と集団性、物象化論との関係、正義や善としての社会権／法などの論点から新たなコミュニズム論を考察していきたい。

1　社会権／法と市民権／法との関連——既存の把握の不十分さ

市民権は、近代個人主義を特徴づける私的権利として市民革命期に成立した。そして、私的所有権、選挙・被選挙権、思想・学問の自由や移動・居住の自由の権利などとして諸個人の私的自由を拡大させてきており、その進化の必要は現在も継続している。だがそれは、『人および市民の諸権利宣言』第六条後半に典型的なように、個人の能力の多寡が自由の有無に直結する権利でもある。さらにマルクスも指摘するように、市民権という「私的権利は、私的所有と同時に自生的な共同体の解体から展開する」[MEW3：62＝五八]ため資本主義にふさわしい権利だと言える。とくに成立期の市民権／法は、私的所有とこれにもとづく商品交換や資本主義的搾取を支えるだけでなく、共同体の解体・簒奪や本源的蓄積に適合した差別・抑圧と不可分のものだった。* 付言すれば市民権／法それ自体は、私有財産の保護、これを基盤とする搾取の自由を含む市場での等価交換、契約の自由、他者に対する危害禁止という四つの権利・原則と一体のものである[竹内　二〇一一a：一二～三七]。

＊　市民権という私的権利の基盤である「本来の私的所有は、どこまでも簒奪（Usrupation）によって生じ」[MEW3：348＝三八九]、「農民は唯一、自らの所有を保障してくれる同じ市民法原理によって、まさに搾取され破滅させられる」[MEW5：473＝四七〇]。また、ナポレオン民法典≒市民法の差別性にも留意すべきである。

対するに社会権は、大きくは生存権保障を核に社会福祉・社会保険による社会保障権と、団結権・団体交渉権・スト権を含む労働権の二領域からなる。たとえば生活保護や障害者年金などによる生存権保障が、市場での等価交換的見返り抜きに貧窮者や障がい者になされる。また労組の団体交渉権やスト権は、市場契約の自由を遮断・規制して、資本側に団交を受諾させストを理由とした解雇を禁止する。こうした社会権／法は、市民権／法とくに私的所有権や契約の自由権を遮断・規制することにより成立する。その典型は私的所有権の制約によって可能となる累進課税だが、これなしでは社会権／法の大半が成立しない。累進課税にもとづく社会権／法――昨今は新自由主義によって弱まっているが――は徴税額に含まれる剰余価値（搾取分）の一定部分の再配分により私的所有を、また資本主義＝市場を遮断・規制する点では資本主義等の「外部」でさえある。加えて社会権／法はその成立期から、個人主義的な市民権／法とは異なる集団性[*]や無差別平等性をもつ。だからこそ――累進性の程度などでコミュニズムへの近さも異なるが――、社会権の「復興」をつうじたコミュニズムを語りうるのである。

＊　この集団性は、重要な契機である労働者の団結としての集団性を含むが、これに還元されえない（後述）。

ちなみに市民革命期の市民権／法がとくにそうであったように、社会権／法に担保されない市民権／法は、資本主義的諸関係と市場に翻弄されつづける不平等で差別的なものでしかない。そしてこの資本主義＝市場内部の差別的市民権／法という事情は、実際は現在も存在している。たとえば移動や居住の自由の権利（日本国憲法第二二条）は、すでに所持している私有財産や能力を活用しての移動や居住が公権力を含む他者に邪魔されないことを意味する。この財産や能力がない者にとっては、生存権などの社会権と切断された市民権は画餅でしかなく、むしろ差別的なものとなる。本章でも強調するように市民権／法を平等化するものでもある社会権／法は、その財政基盤たる累進課税も含めて資本主義＝商品交換＝市場を遮断・規制することで成立し、それらの「外部」なしにはありえない。[*]このように市民権／

法と社会権／法とは異なる。

＊ 米国の医療システムの市場化への非難に即しての発言だが、「市場原理を絶対に入れてはいけない場所、国が国民を守らなければならない場所」［堤　二〇〇八：九四］は、日本では社会保険や社会福祉などの社会権／法の在処であり市場の「外部」である。またこの「国民を守る国」は階級支配の道具や権力抑圧機構としての国家ではなく、社会権／法を核とする共同事務機能の「場」たる国家である。

もちろん本来の権利は市民権／法と社会権／法との真の統一にある。だがこの点はほとんど無視され、先述したように、社会権／法の擁護派でさえ、社会権と市民権とを「競合もしくは対立する権利群」［伊藤　二〇〇五：一九二］と捉えてきた。繰り返しになるが、この対立的把握は「人権侵害を昂進する『権利』論の描写にはなろうが、権利の一般論としては問題がある。真の社会権であれば、それは私的所有権などの市民権を制約して成就したからであり、その場合存在するのは、制限された市民権とこの前提の上での社会権であり、そうした両者は対立・競合しない……。私的所有権（市民権）と競合・対立する『社会権』は、まだ真の社会権ではない」［竹内　二〇〇六：一〇］のである。

また社会権／法は市民権／法のようには重視されず、両権利の真の統一も看過されがちであり、さらにそれが実施される場では救貧法的スティグマがつきまとい、真の社会権／法からはほど遠い状況にある。たとえば、福祉事務所職員の生活保護申請者への差別発言――「女だから体で稼げるでしょ」、「生活保護受給は高齢・障がい者のみ」――などの言葉に差別・抑圧の典型を見ることができる。さらに新自由主義隆盛下にあって、介護保険・障害者自立支援の問題など社会権／法のいっそうの後退という事態も進行している。本章でのコミュニズム論に接続しうる社会権的なものの「復興」は、この現在の差別・抑圧を克服しようとするものでもある。

2　既存のコミュニズム革命論と社会権／法的なもの

ところで一九七〇年代までの日本のコミュニズム革命論では、社会権／法やこれを体現する福祉国家（社会国家）については、「国独資国家の『庇護者的』側面の拡大が、『社会国家幻想』を生み出す」として、福祉国家は資本主義を擁護する「無花果の葉」にすぎないという把握が通常だった。しかもこの「庇護者性による抑圧」こそが資本主義に対する大衆の忠誠離反を招く（当時のユーロコミュニズムの旗手カリリョ発言）、とされて、福祉国家の抑圧機能を革命の契機とする把握さえあったのである［田口　一九七八：二五］。ただし、東欧社会主義崩壊直前には、「資本主義諸国における勤労者の民主主義運動の前進とその圧力の下で展開された『福祉国家』政策」［藤田勇　一九八九：九七］として、福祉国家的＝社会権／法的なものを民主主義の本質的価値だとする評価もなされつつあった。だがそれでも社会権／法が、コミュニズムを構成したり将来社会への移行上での重要課題にならなかったことは確実であろう。

そもそも既存のコミュニズム革命論は、社会権／法が登場した一九世紀後半のベルンシュタインやカウツキーの社会権／法的議論にあまり留意したものではなかった。しかも彼らの社会権／法的議論は、河合栄治郎らの社会民主主義的福祉国家論での若干の言及を除けば一般にも注目されなかった。二〇世紀後半の優れた社会主義的文献にも、彼らの社会権／法論はほとんど言及されていない。むしろ市民権／法のほうがコミュニズム論において着目されてきた。たとえば人権宣言二〇〇年記念出版であった一九八九年刊『講座　革命と法』の第二巻は表題の『フランス人権宣言と社会主義』からも推測されるが、ジャコバン的生存権や四八年革命やパリコミューンの生活防衛にはふれるものの、一九世紀後半の社会権／法にはあまり言及せず、社会権／法を含まない人権宣言的内容をソ連東欧などの社会主義革命に直結させている。また生活や自主管理のコミューンを強調しても、これらと社会権／法とは関連づけられないままであった。*

＊『講座　革命と法』（日本評論社）は、ベルンシュタインとカウツキーとの革命論や生産問題での論争には言及するが、彼らの社会権／法論にはほとんどふれない。なお社会権／法の登場やこれと保険社会構想・自由主義の自己否定との関係については、エヴァルドの議論に論評を加えた竹内［二〇〇一：八九以下］を参照。

歴史を尊重すれば、一九世紀後半のビスマルク的なものも含む社会権／法を往時のコミュニズムも問うべきであった。たしかにたとえばベルンシュタインの社会改良論はローザ・ルクセンブルクが非難したように、社会改良が「資本主義的搾取に秩序と規則性を与える」［ルクセンブルク　一九六九：一八四］にとどまる点を放置するものであった。つまり彼女からすれば、ベルンシュタイン的社会改良は「利潤の攻撃に対する労働力の防衛、資本主義経済が衰退傾向を辿る際の労働者階級の防衛」［同：二一四］にとどまるにすぎない。そのような社会改良を「正義や公平な分配」として評価すれば、マルクス経済学は、職人的労組による互助に新たな経済の根幹を見出したワイトリング以下となる［同：二一六］。またベルンシュタイン的資本主義の「適応性」論は、マルクス的な資本主義自体の矛盾による資本主義死滅論の放棄に至る［同：一五九］。だが「民主主義は、まだ階級の事実上の止揚ではないが、原理的には階級支配の止揚だ」［ベルンシュタイン　一九七四：一八九］とするベルンシュタインは、社会権／法を捉えた点ではローザの非難を超えていた面もあった。

たしかにベルンシュタインには、「民主主義は……、社会主義を獲得するための手段である。またそれは社会主義実現の形態である」〔同：一八八〕という、コミュニズムの低次段階を民主主義と完全に同一視する問題がある。だが同時に彼の民主主義論は、たんなる政治的平等論ではない。彼の「公立小学校、救貧制度の充実、この分野での労働者の資産家と同等の投票権、間接税の引き下げと累進的直接税の引き上げ、相続税の引き上げ、貧民のための強制徴収を可能にする農業立法、労働者保護のための工場立法とその拡大」〔同：一八九〕という主張は、まさに社会権／法的なものだからである。しかも「資本に止めを刺す（dem Kapital den Garaus machen）ための手がかりとして労働階級に有益であり、その限りでは」「民主主義に政治的手段以上のものが見出せる」〔同：一八八〕という指摘はきわめて重要である。この〝資本に止めを刺す民主主義〟は、政治的な市民権／法次元にとどまらず、社会権／法を含んでこそありうる真の「同権的市民」〔同：一九三〕からなる民主主義であり、だからこそ民主主義が「原理的な階級支配の止揚」とも形容されるのである。[*] つまり彼の言う「社会の全成員の平等権なる法的概念」〔同：一一二〕は社会権／法的内容を含むものなのである。そこには権利／法の偏重は見られるが、資本主義や階級支配の廃棄論を含むベルンシュタインの社会権／法的提起を、「マルクスらのそれ〔社会主義把握〕とはむしろ対照的な自由主義的な法学的な把握」〔藤田勇　一九八九：六八〕と非難して済ますべきではない。

＊　ベルンシュタインが資本主義下の社会権／法をも民主主義の枢軸としたがゆえに、市民権／法の偏重に陥らなかった点は随所で確認され――「普通選挙権は民主主義の一断面にすぎない」〔ベルンシュタイン　一九七四：一九一〕、

マルクスを肯定して述べた「政治的平等が一度与えられると……国民の傾向は経済的平等に向かう」［同：二〇三］等――、このことおよびこの点と関わる少数者を抑圧する多数者民主主義を否定した点では［同：一八七］、本章は彼の主張を肯定する。だが彼のマルクス解釈や、彼が「資本主義の強靭な生存能力と余裕能力に合わせて社会民主主義の戦略を組みかえることを要求したことの意味」［平子　一九九一：二七九］、また近代工業と共和制の非両立論、権力関係と専門性の混同、権力奪取に関する楽観主義などの議論全般は本章では扱えない。

他方ベルンシュタインの議論には、市民社会≒資本主義の改良の自働的延長上にコミュニズムを想定できるかのような――自立した市民の解放論にとどまる――誤りもあり、また市民社会から排除されたルンペン・プロレタリアートら最底辺を含む労働階級全体の解放論に至っていない問題もある。だがこれらの問題を理論的に解決できていないのは、既存のコミュニズム論も同じである（現代の市民主義やプレカリアート≒不安定なプロレタリア問題を想起されたい）。これらの解決には社会権／法論の刷新が必須であり、そうであればローザが批判した改良主義も必要になる。もちろん改良主義である既存の社会権／法論≒福祉国家論が、保守主義や自由主義的改革による旧救貧法的体制がプロレタリアを体制内化する点に同調しかねず、また福祉受給者からの市民権剝奪がコミュニズム運動を脆弱化させる問題を無視することはできない［エスピン－アンデルセン　二〇〇一：七三］。したがって、これら問題のすべてを克服すべく社会権／法論をコミュニズム論に接続させる努力こそが求められるのである。

なお近年は上記のベルンシュタインは一顧だにされず、ハーバーマスやアーレントの議論がコミュニズム論に代替しうるかのごとき社会改造・公共性論として称揚されがちだが、これは大きな錯誤である。第2章の補論で述べたように、近年の社会改造論の主眼たるハーバーマスの「合法性」概念やアーレントの政治的アクション論は、市民権／法的に限定された「手続き的合理性」を焦点とする市民権のみを本来の権利として社会権を放置する。たとえばハーバーマスは、三つの市民権のみについて——四つ目は市民権に含まれる政治的権利、五つ目が社会権——、「権利のこれら三つのカテゴリーが、討議原理を法媒体へ、つまり水平的社会化一般がとる法形態の諸条件へと適応することからすでに生じている」［Habermas 1998：156＝上、一五二］と述べる。けっきょく市民権／法の手続き性をつうじての討議と水平的社会化のみに主要課題を収斂させ、社会権／法を軽視する権利／法構成を正当化する。社会権／法を軽視するハーバーマス的法理論やアーレントのアクション論はコミュニズム論や社会変革に至らないどころか新自由主義を肯定しかねない［竹内　二〇〇三］。ちなみに真っ当な社会民主主義派の社会権／法論——資本主義を基礎に労組やこれに依拠する政党をつうじての市場規制と福祉国家的改革——をコミュニズム派は批判的に摂取すべきだったが、それは政治戦術的になされたにせよコミュニズムの原理次元では皆無だった。そうした社会権／法のいわば継子扱いは、市民権／法を偏重し新自由主義に荷担しかねないハーバーマス的法理論やアーレント的哲学の流布と偏重に接続していよう。

3　社会権／法的なものの資本主義性と超資本主義性

マルクスのコミュニズム論には、社会権／法的平等を重視しない傾向が確かにある。たとえば晩年のマルクスは「ゴータ綱領」を批判し、『あらゆる社会的・政治的不平等の除去』という……、漠然たる結語に代えて階級区別の廃絶とともに、これから生じる一切の社会的・政治的不平等は自ずと消滅すると言うべきだ」[MEW19：26＝二六]と階級廃絶のみを目標とせよと述べた。だが階級廃絶への過程に生存権や労働権を保障する社会権とこれによる平等実現が位置づけられれば、社会的・政治的不平等の除去と階級の廃絶とを対立させる必要などいっさいない。実際、『資本論』のマルクスは初歩的社会権／法（工場法）を評価し、これによる社会的不平等の除去や改良主義を階級廃絶の過程で捉えていた。この点についてエスピン－アンデルセンは次のように言う。「マルクスは、社会的平和主義にもとづく改革が社会主義の実現を遅らせる可能性に頭を悩ませ」たが、同時に「マルクスは、イギリス工場法に関する分析の中で、ブルジョア的改良が有意義であるばかりか将来的に労働者の地位を強化すると結論づける……。『共産党宣言』の結びのページでは、後の自由主義とさほど大差のない改革が唱えられる」[エスピン－アンデルセン　二〇〇一：七四]。

だがピアソンらネオマルクス主義者は、工場法は革命運動を資本主義に取り込み、剰余価値搾取を有利にするという観点から、マルクスは工場法を否定的に見たとする。社会権／法的なものは「資本の利益を保障するさいの付属的な副産物であるとみなされ……、イギリスの工場法など、比較的初期の一連の改革に関するマルクスの次のような論評……は、それらの改革が労働者階級の利益となり、彼らを保護したことはまちがいないが、それ以上に、それらの改革は『イングランドの畑にグアノ［人造窒素肥料］をまくことがよぎなくされるのと同じ必然性』――すなわち将来の剰余価値の唯一の源泉の、全体的損耗からの保護――から生じる、というものだ」[ピアソン　一九九六：一〇四]。マルクスは工場法を剰余価値搾取のためのものと捉えた、という評価だ。マルクスの工場法的社会権／法論に関してこのように相違する評価を正確に評定するには本章は研究不足だが、マルクスのコミュニズム論には資本主義延命策に尽きない社会権／法を肯定した面もあると曖昧ながら考えておきたい。

社会権／法に関するマルクス的把握の評価自身よりも重大なのは、全般的な社会権／法＝福祉国家における階級性と共同〔社会・事務機能〕性との両義性や矛盾についてであり、以下この点を見ていきたい。たとえばエスピン－アンデルセンは、社会権／法にもとづく「社会政策は、階層化に歯止めをかけると考えられてきたが、他方では社会政策は階層化を押し進めもする……。福祉国家はそれ自体が階層化システムである」〔エスピン－アンデルセン　二〇〇一：四〕とする。つまり「社会的移転に関していえば、中産階級が社会的移転によって低所得階層以上に利益を受ける蓋然性が高くなると、それによって平等主義的な志向が抑えられる」〔同：六三〜六四〕から、社会権／法＝福祉国家は階級分化と不平等、階級性を強化するが、同時に「スカンジナビアでは、福祉国家が経済システムに内在する不平等主義的圧力に抗する力強い対抗要因になっており」〔同：六五〕、この平等促進の点では、社会権／法＝福祉国家は階級的ではなく共同的なものである。

他方で、福祉国家の資本主義性や階級性は明白で、「資本主義の観点から言えば、国家による福祉政策は、資本蓄積を不断に推進するための助け」〔Ginsburg 1979 : 2〕だとする議論もあるが、社会権／法＝福祉国家は階層分化を緩和し、労働階級の生活向上や民主化にも貢献するため、両義的・矛盾的把握に至る。たとえばマーシャルは社会権／法による「対象を限定したサービスの給付は、階級－減退的であると同時に階級－形成的でもあ」り〔マーシャル　一九九三：七三〜七四〕、「社会的権利の現代的な形態は、地位身分による契約の侵害、社会的正義に対する市場価格の従属、そして自由な交渉を権利の宣言におき換える……。とはいえ、これらの原理は今日の市場の活動……、契約〔＝市場原理〕システムそのものの中に定着している」［同：八七］とする。さらにピアソンは社会権／法的「福祉国家政策は、労働者を、市場の原理から保護しているという点で、市場に対抗する……。しかし明らかに、多くの福祉国家の政策、特に初期福祉国家の社会政策は、市場に対抗的なものではなく、市場に味方した」［ピアソン　一九九六：七六］と言う。またオコンナーによれば、社会権／法の危機は資本蓄積と国家の正統性との矛盾であり［オコンナー　一九八一］、ゴフは社会権／法の核が社会的統制と民衆抑圧との矛盾だとする［ゴフ　一九九二］。

ちなみに現実には労働能力商品たる労働者も、市場で売れずに廃棄されたり廉価販売される商品のごとく、失業によって生存の危機に陥ることもある。この失業などによる生存の危機は、しばしば資本主義的利潤追求にとっても阻害要因となる。そうした事態は雇用者側や支配階級にとっても回避すべきであるため、労働能力商品のあり方を市場におけるそれとは別個に「保全」する必要が生じる。と同時に労働階級側からは、労働権保障（団結権、団体交渉権、スト権等々）としての社会権保障とともに、失業や労災の際の生存保障や賃金確保が労働運動的に要求されるようになる。*

＊　発展した社会権／法的＝福祉国家的なものの実現は、その大半が「先進国」に限定されているが、産業別労働組合と社会民主主義政党の発展、労働時間規制や雇用保障、社会保険による医療保障や高齢者の年金保障、子どもや障がい者に対する社会福祉、公営住宅保障や義務教育中心の教育保障などに見られる。

歴史上はこれら「労働者の現実のニーズを充足」する社会権／法と、「資本蓄積の遂行の手助け」たる社会権／法との合体として福祉国家の初歩的段階が成立した。この福祉国家的＝社会権／法的なものは資本と労働との階級妥協の産物であり、労働側のコミュニズム志向を逸らせ資本主義に囲い込むものとなる。だがそれは同時にニーズ充足と資本蓄積との矛盾、共同性と階級性との矛盾でもあり、この矛盾である社会権／法的゠福祉国家的なものは資本主義自体の矛盾——ベルンシュタインを非難したローザの強調点——だとも言える。そうであれば社会権／法的なものは、生産力と生産関係との矛盾のうちに位置づけられ資本主義の変革に向かうものともなる。こうした社会権／法が私的所有゠資本主義に懐胎するならば、それは「私的所有の私的所有への関係は、すでに私的所有が自己疎外する一つの関係だ」[MEGA IV/2：448＝九五] とされるさいの私的所有の自己疎外にも位置づけられよう。

加えて累進課税にもとづく社会権／法は資本主義経済に無関与な生存権を含むので、資本主義を超える面もある。つまり社会保障などは、その実施の瞬間には資本主義の原理や階級性や市民権／法を超え、それらの「外部」の共同性をも担う。また社会権／法の進展は累進課税を強化して所得再配分（搾取の奪還）を進めるので、「搾取の程度」を大幅に下げる [後藤・木下 二〇〇八：一五七以下] 点でも資本主義を批判するその「外部」的意味を担う。したがって社会権／法を担う累進課税自体には次のマルクスの評価が与えられてもよいのである。「労働者が生産物を自分自身のものとして認識すること、その現実化の諸条件からの分離を不当なもの、強制されたものとして評価すること、これは大変な意識で、それ自身、資本にもとづく生産様式の産物だから、その死滅への葬送の弔鐘である」[MEGA II/1-2：371＝三九八～三九九][*]。こうして社会権／法が「資本主義死滅への葬送の弔鐘」を意味するなら、それは資本主義゠市場の「外部」における諸個人の真の共同性やコミュニズムに接続しよう。

＊ また「累進課税は、現存の生産諸関係の内部で実施しうるブルジョア的措置であるだけではなく……、ブルジョアジーの反共和主義的多数派を抑制する唯一の手段だった」[MEW7：42＝三九]。

4　市場や資本の「外部」と排除──社会権／法の集団性と平等性と「外部性」

コミュニズムに接続する社会権／法的なものの資本主義の「外部性」は、一八六六年から八四年の英国選挙法改正運動と一体の「新民主主義による……社会主義的諸改革」［ダイシー　一九七二：二五七］にも見られた。この社会権／法的なものとコミュニズムの低次段階との結合における資本主義の「外部性」は、既存のマルクス主義は看過しがちな点だが、保守派法学者のダイシーですら認めたことだったのである。彼によれば「立法の形式での国家干渉の有益な結果」である社会権／法的「諸改革は、レッセ・フェール制度の死の弔鐘を鳴らし」［同前］た点で、資本主義「外部」のコミュニズム志向なのである。またこの社会権／法的諸改革は「婦人の自由に課せられた諸制限」も非難し、「強者に対する弱者のための国家の法律、資本に対して労働のための、また奢侈と安逸に対し貧窮と苦悩のための国家の干渉」として、「国家の費用でする教育」「国家の費用による自作農保有地の供給」「貧民のための都市での良き住宅」「累進課税」［同前］を含むものであった。さらに「新民主主義の側での社会的変化を求める公然たる希望は、チャーチズムにより代表されるあのたんなる政治的変化を求める希望とは著しく異なり……、社会主義理論を意識的に採用せずに、社会主義的法律を求める希望」［同：二五六〜二五八］とも評された。*

＊　ただし、ダイシーの真の主張は、「国家的干渉の有害な結果」「国家的救済は、自助を減退させるという否定しえない真理」［同：二五八］だと言うように、社会権／法的なものを有害とする新自由主義者が共鳴するところにある。

また、一九世紀後半に至り社会権／法は、集団的なものとしてもコミュニズムと連動する。なぜなら「個人としては、不平等な自由主義原理や市民権／法に、また商品交換関係（市場秩序）と資本賃労働関係に翻弄される無力な存在」の労働者が、「市民権の集団的行使という、自由主義的な元来の市民権／法からすればありえない」労働組合（集団）をつうじて、「一定の社会権／法……、公的年金や医療保障などの一定の社会保障を獲得した」［竹内　二〇〇一：一五〇〜一五一］からである。この点で労働運動の団結は社会権／法の理解に不可欠である。したがって日本国憲法の人権理解において、「ひとの権利と国民との権利とに大別できる人権のなかに例外的に勤労者の団結権を保障する旨の規定（二八条）が含まれる」［沼田　一九八〇：四四］といった認識は、誤りだと言える。なぜならこの集団（団結）保障の例外視は、たとえその主観的意図が雇用側の団結の否定にあったとしても集団的なものとしての社会権／法の地位を低下させるからである。

加えて通常、労働運動に担保されたと理解されている社会権／法の集団性は、労働運動のみには還元されるものではない。社会権／法の集団性はより普遍的な社会的基盤によっても、コミュニズムの集団性と共同性につうじるからである。まず社会保障に関わる危害や害悪などは一九世紀後半からの産業社会では、もはや個人還元主義的リスクではなくなり、大工業に典型的なように産業社会の規則的集団性にもとづくリスクとなった。そして社会権／法の財源である富や財貨も規則的集団的に産出されるので、社会権／法はそもそも個人還元主義的なまた能力主義的な次元においては成立しない。こうして市民権／法を担保した個人の能力や個人的稼ぎなどは否定され、「集団的富という総体の基礎のうえで、これら富の諸個人への配分が想定され」、「害悪による重荷も、集団的な利益〔＝富や福祉〕に伴う必然的対価としてすべての人に配分すべきこと」になり、富と害悪との「均衡を回復し、社会的な重荷の配分上の不平等の縮小が妥当となる」［Ewald 1993：21］のである。

つまり社会権／法は集団性に担保され平等主義につながり、加えてこの社会権／法的な「社会的規則性に従う害悪の配分が、個々人の行為の善悪から相対的に自立する程度に応じて、自由主義的正義が疑問視され」るようになる［*a.a.O.*：10］。であるなら社会権／法的なものは、自由主義と一体の個人主義的で競争主義的な資本主義とその不平等性をも疑うことになる。こうして社会権／法的なものは資本主義を超える集団性や平等性を内在させた共同性、つまり「人間の真の共同的存在」［MEGA IV/2：452］をも担いうるのである。以上からすれば、社会権／法における集団性と共同性やコミュニズム、さらには平等主義との緊密な連動も了解されよう。

この社会権／法による不平等縮小には別の意義もある。集団性を重視する平等主義が能力を含む個々人の諸属性を不問にして集団内の差別を排除するので、市民権／法とは異なる社会権／法の無差別平等性が明確になるからである。つまりブルジョア革命期の差別色にまみれた市民権／法とは異なり、社会権／法は個人ごとの能力や財力に無関与な無差別平等化を示した。加えてこの集団的で平等な権利である社会権こそが、『人および市民の諸権利宣言』や『米国独立宣言』の個人主義的で能力による差別を容認する市民権［竹内 二〇〇一：三七以下］自体の平等化を促し、権利全般の無差別平等化を進めたのである。権利の真の平等性は市民権／法ではなく、コミュニズムに連動する社会権／法によるものである。*

＊　だが社会権／法の集団性は「先進国」における帝国主義戦争への庶民全体（集団）の動員に結びつくものでもあり、また「先進国性」は優生学的でもあった［竹内　二〇〇一：一七以下］。なお社会権／法の集団性は今も労働者の団結と等値され、「労働法体系のなかで団結権およびそれにもとづく集団的労働法の優位を認め」、「労働法体系を構成する要素として個人（特に労働者）よりも集団（特に労働組合）を重視する思想」［西谷　一九九二：八～九］といった誤った非難もある。この誤りは、集団性にもとづく社会権／法に個人主義的な市民権／法理解が介在することによる。

ちなみに社会権こそが真に平等な権利である点は、日本においては市民権重視の権利論という一般的また学界的風潮のために看過されがちだが、以下のとおりすでにマーシャルやエヴァルドが指摘してきたことである。「社会的権利〔＝社会権〕の内容は、それを要求する個人の経済的価値によって決まるのではない」［マーシャル　一九九三：五～六］。「社会権／法的秩序という枠組みのなかでは、主体は唯一生命体であるという事実のみにもとづいて権利主体になり」、社会権／法こそが「理性や意志の力を所持する権利主体のみならず、生きているものすべてというほどの権利主体の多様化」をもたらす［Ewald 1993：29～30］[*]。

＊　この一九世紀末に示された権利の平等化傾向に対して、二〇世紀末日本の社会保障制度審議会社会保障将来像委員会（一九九四年）は、「保険料を負担する見返りとして、受給は権利であるという意識をもたせる」、と保険料支払いと権利保有とを直結する不平等・差別を主張し社会権／法の意義を否定している。

だからこそ諸個人は社会権／法的には、資本主義下の自らの地位や能力には無関与に平等に生きうる。そして社会権／法による諸個人の平等な生存論はある種の媒介を経れば、マルクスの言う「抽象的個人」論・「無所有の大衆」論［渡辺憲　二〇〇二、マルクス／エンゲルス　一九九八：六六～六七］とも接続するのである。なぜならプロレタリア（労働者）ら「無所有の大衆」の生存は、資本主義≒商品交換から排除される点では資本主義の「外部」にあり、「外部」という一点で社会権／法とその生成につながるからである。疎外された資本主義下では彼ら労働者は生産諸力から「引き離されていて、それゆえに、彼らはあらゆる現実的な生活内容をうばわれて、抽象的な諸個人となって」［マルクス／エンゲルス 一九九八：一六六〜一六七］、資本主義の「外部」に存在する。つまり「現実的生活内容を奪われた抽象的個人」「無所有者」自身の「行為が、彼にとって、疎遠な対立する力となり」［同：六二〜六三］、「支配する物的強制力……へのわれわれ｛＝労働階級｝自身の産物のこのような硬化」［同：六四〜六五］という事態のもと、物的強制力から排除され「外部」に存在するのが、「無所有」の抽象的個人である。

しかも彼らの生存は現実には、物象たる富者の一定の所有物（生産物の一部）が自らへ再配分される「外部」によってこそ可能になる。この「外部」≒再配分される所有物は、当初は労働過程参入前（資本主義の「外部」）の、価値等価の仮象下でのわずかな労働力再生産費［MEW25：878＝一一一三］として「惨めな」*ものでしかないが、後には社会権／法にもとづく累進課税（「資本主義死滅への葬送の弔鐘」）による徴税分として「やや豊か」になる。この再配分は、疎遠な物象化された生産分の完全な奪還ではないが、その一部の奪還ではあり、疎遠な対抗的強制力をある程度減らす点では、資本主義≒市場の「外部」にある。労働者はこの部分的取り戻し＝「外部」により少しは自由意志的となり、ここで「無所有」の抽象的個人としての「外部性」と社会権／法的なものの資本主義≒市場の「外部性」とが接続する。現代では「現実の生活内容を奪われた」生活保護受給者は、非受給者以上に市場「外部」の存在だが、社会権保障の対象者すべてが市場「外部」の存在になる。

＊ 再配分される所有物が社会権／法成立前には「惨め」でしかないのは、「資本家と労働者との間の交換関係は、流通関係に属するたんなる外観でしかなく、その内容を神秘化するにすぎないたんなる形態でしかない……。資本家は、絶えず等価物なしに取得し、すでに対象化された他人の労働の一部を、より多量の生きた他人の労働と常に繰り返し取り替える」[MEW23：609＝七六〇] からである。

5 物象化批判と「外部性」と脱商品化

コミュニズム革命の発端は、「富と教養の世界」から排除され「市民社会のどんな階級でもない市民社会の一階級〔プロレタリア〕」[MEW1：390＝四二七] にある。彼らの市民社会＝資本主義の「外部性」が、既述のように、一定の媒介を経て社会権／法の資本主義＝商品交換の「外部性」とコミュニズムにつながる。しかも市民社会＝資本主義下のプロレタリアははなはだしく「外部」に排除されており、彼らは市民社会＝資本主義の人間ではないどころか、「自らの生活条件から分離されて存在するたんなる主観的労働力能」[MEGA II/1-2：371＝三九八] にすぎない「外部」なのである。さらに支配する資本側と支配される労働側との、「両者のアイデンティティが相互に持つ外部性からくる〔服従関係の〕不可能性」[ラクラウ／ムフ 一九九二：二四九] も加わり、この「外部性」が階級闘争の端緒を開く。

このようなプロレタリア＝労働側における商品交換＝資本主義の「外部性」が、社会権／法やコミュニズムとしての「外部性」に接続するのであって、そのさいの重要な事態が、資本主義の「外部性」がまた物象化批判の基盤となる点なのである。つまり社会権／法が、市場＝資本主義を遮断・規制する点でそれらの「外部」であることと、市場化と一体で商品化・貨幣化でもある物象化を批判しうる立場が資本主義の「外部」であることが共通する。このような物象化批判の基盤である「外部」が、新たな社会・文化の創造でもあるコミュニズムにつながると思われる。これらについては留保が必要だが、以下のルカーチの物象化批判が今も参考になる。物象化はまた搾取過程でもあるが「搾取の量的区別は、労働者には、肉体的・精神的・道徳的等々の自らの実存全体という決定的かつ質的なカテゴリーとして現象せざるをえない」[ルカーチ　一九六二：一八〇]。

このように交換価値化された量的な労働のなかから生じる搾取＝物象化は、たしかに労働者の実存自体においても生じる。だが既述のように、「市民社会のどんな階級でもない」労働者はまた、資本主義市場の「外部」にも存在する。ここから物象化批判の基盤が、「すべてが商品化されない」という意味で、以下のように資本主義の「外部」、したがってまた商品化＝物象化の「外部」としての労働者の実存に求められることにもなる。つまり「労働者の物象化過程*、商品化は、これらに労働者が意識的に反抗しない限り、確かに労働者を無化し、労働者の《魂 Seele》を萎縮させ奇形化するが、労働者の人間的魂という本質（menschlich-seelisches Wesen）は商品に転化しない。だから労働者は、この〔商品化＝物象化された〕自らの定在に対して内的に完全に自らを客観化できる〔＝物象化を批判できる〕」[同：一八九]。

＊　この翻訳書での物象化と訳されている言葉の原語はVerdinglichungで、正確には物化と訳すべきだが、ルカーチにおける物化と物象化（Versachlichung）とのマルクス的区別の無理解と、本章での市場の「外部」論にさほどの問題とならないことから、物象化という訳をそのまま用いた。なお物象化と物化との区別と関連、その重要性につき、平子［一九七九］を参照。

「人間的魂」がまったく商品化≒物象化しないというのは疑わしいが、少なくとも物象化≒市場化の批判には、市場化されない市場の「外部」の人間の本質が必要だろう。ルカーチの「人間的魂」の脱物象化論には、「人間の全人格から分離された活動が商品化することが、プロレタリアートにおいてのみ、革命的階級意識に高まる」〔ルカーチ　一九六二：一八八〕と言うような労働者を聖化するかのごとき把握がある。だが圧倒的な物象化≒商品化の過程にあっても、人間に資本主義≒市場≒物象化の「外部」という面があるのも事実だろう。ルカーチは、とくに労働者においては、物象化が魂に入り込むほど徹底されるが、これがかえって脱物象化的な市場の「外部」を意識させると考えたのであろう。*

＊「労働者は自らの労働力を自らの全人格に対立させて客観化せざるをえず、同時に自らの労働力を自らに帰属する商品とし販売せざるをえない……。……この分裂でこの〔＝物象化の〕事態が意識される」〔同：一八二〕。

換言すればルカーチ的には、労働力の物象化≒商品化のなかで労働力が人格とは対立するがゆえに、労働力の物象化≒商品化の「外部」である人格によりコミュニズム革命にもつうじる階級意識が得られる。物象化≒商品化されえない人格の存在が労働過程の物象化≒商品化を認識しつつ、これら「個々の客観〔＝商品〕に関係するように見える行為において、内容的にも意識的にも全体の変革への意図が存在し、また行為がその客観的意味からして全体の変革を志向する」〔同：一九八〕。つまりコミュニズム革命（全体的変革）も、物象化≒商品化における脱商品的≒脱物象的な人格、市場の「外部」に担保されることになる。

以上をふまえればエスピン－アンデルセンも言うように脱商品化≒社会権／法論も、既述の物象化批判の基盤と一定程度は重なろう。「近現代的社会権の導入は、〔労働力の〕純粋な商品という性格を失わせる……。脱商品化が生じるのは、社会サービスが権利として提供されたり、市場への依存なしに生計を維持できるようになるときである」〔エスピン‐アンデルセン　二〇〇一：二三〕。この脱商品化は少なくとも、市場＝資本主義経済に包含されずその「外部」に依拠する点では物象化批判の基盤でもあるし、真の社会権／法化ともつながるだろう。「社会権が不可侵で、業績を基礎にするのではなくシティズンシップを基礎に保障されるのであれば、社会権は、市場に対抗して個人の地位を脱商品化することをもたらす」〔同前〕。もちろん「ポラニーが言うように、脱商品化は〔資本主義〕システムの存続のために必要」でもあるので、「脱商品化という概念は労働力商品の根絶ということと混同されてはならない」〔同：四二〕。つまり脱商品化は市場＝資本主義とともにありつつも、それらの「外部性」を示すにとどまる。しかしだからこそ物象化批判の基盤と重なる脱商品化＝社会権／法は、内在的な資本主義超出というコミュニズムへの推進力をもつことになる。「脱商品化は労働者を強化し、雇用者の絶対的権力を弱体化させる」〔同：二三〕のだから。*

＊　たとえば米国において、製薬会社による医師への贈賄攻勢や医療保険の民営化などに反対し、社会権／法的国民皆医療制度のために運動する全米医学生協会は、「民主主義であるはずの国で、持たぬ者が医者にかかれず……、善良な医師たちが競争で負け続けて次々と廃業する。そんな状態は何かが大きく間違っている」〔堤　二〇〇八：九五〕と指摘する。こうした告発を生かすには資本主義の「外部」としての脱商品化、物象化批判、社会権／法の連動が必要である。

6　より普遍的でプラス価値としての社会権／法的なもの

ところで既存の社会保障などの社会権／法的なものには、貧困や老齢や病気・障がいへの対処などの、いわば「否定的なもの」へのリスク処理的対応——仕方のない事柄——という側面がある。* だが高次コミュニズムに向けて「復興」すべき社会権／法は、この側面を超える必要がある。なぜなら真に「アクセプト」——望ましい価値として受容——されなくては、社会権／法は魅力ある価値をもつコミュニズムを担いえないからである。社会権／法的なものは望ましい善や正義を実現するものに、また新たな社会・文化の中核的担い手の一つにならねばならない。だがマルクスにもこの視座はなかったと思われる。

＊　老齢や障がい、また病気でさえ、「一定の社会・文化的枠組み」があれば、プラスの価値をもちうるが［竹内　一九八八ａ：一七六〜一八九］、社会権／法的なものがこの「枠組み」の基盤になる点をふまえねばならない。

マルクス晩年の『ゴータ綱領批判』は、ドイツ社会民主党の多数派であったアイゼナッハ（マルクス）派のゴータ綱領を、今で言う労働組合主義にあまりにも偏ったラサール派に譲歩しすぎだと批判したが、綱領の社会権的配分論を次のように揶揄した。「『労働の全収益は、平等な権利にしたがって社会の全員に帰属する』ことを知る。『社会の全員に』だって？　働かない者にも？」［MEW19：18＝一八］、と。とくに障がい者や病者ら「労働不能」者の生存権や平等な社会権を考えれば、* 社会による控除（累進課税による再配分）をつうじた「働かない人」を含む「社会の全員」への収益の平等配分は当然となるが、マルクスはこれを揶揄したことになる。

＊　現代では、たとえば最重度とされる障がい者でさえも、工夫に満ちた「労働環境（人的なものも含む）」しだいで、単純には「労働不能」者だとは言えなくなる［いぶき福祉会　二〇〇二：二五〜四〇］。

もちろん労働不能者らへの現実の再配分はマルクスも肯定する。だがそれは「事故や天災による障害に備える予備積立または保険積立。『労働の全収益』からこれらのものを控除することは経済上の必要であり、この控除の大きさは、持ちあわせた手段と力に応じて、また一部は確率計算により決定されるべきだが、けっして正義により算定できはしない……。労働不能者等のための元本。つまり、今日のいわゆる貧民救済費にあたる元本」［MEW19：19＝一九］だとされる。この発言が示すように、救貧法的色彩の濃い救済案であり、少なくともマルクスは、「控除」にもとづく配分を正義や善にもとづく新たな社会・文化に資するものとはせず、保険的な確率計算次元での経済の一面にとどめているのである。＊

＊　配分問題を正義・善に関わる社会権／法から外すと、マルクス自身が『資本論』で批判したバスティアらの俗流経済学的な等価交換至上主義が配分問題に介在する可能性がある。バスティアは、債権と債務、労賃と賃労働との等価物交換と契約遵守に則らない正義や友愛にもとづく配分を認めると、私的所有権など市民権／法を侵すとして、正義などにもとづく配分を否定したからである［Ewald 1993：72〜73］。

他方、ダイシーは労働不能者らに対する救済などの社会権／法的なものを、経済的保険計算とは異なる次元のものと捉えていた。英国の「一九〇四年の……『諸利益の平等化を助成する法律』に基づく計画すべては、地方税による救済を受け取ることから、従来は〔一八三四年以来の〕被救恤的貧窮に一定付随してきた不名誉と無能力とを除こうと努めるが、この計画は青年期と同じく老年期にも、自らの必要に備えることを原則として市民の義務だとする思想を否定する」［ダイシー　一九七二：二八六〜二八七］。

このダイシーの議論には彼の社会権／法批判とは別に、貧困除去などを個人の義務＝自己責任としない社会権／法把握があり、また社会権／法による貧窮救済は救貧法的不名誉を排除し、ある種の善や正義の次元で成り立つものだという把握が見られる。

社会権／法が善・正義の問題だということは、それが社会・文化の新展開にとって真に望ましいことを意味する。つまり社会権／法的なものの深化拡大は、生産力次元と同じほど社会・文化の発展を意味するのである。たんなるリスク対処としての社会保障を超えた、この社会権／法的なものという「外部」はまた、資本主義＝商品経済＝市場を遮断・規制しつづけるものとしても新たな意義をもちえよう。それはとくにマルクス的革命論の伝統では、グラムシ流の陣地戦論――政治権力奪取に傾斜した機動戦論に対する社会・文化全体に関わる漸進的塹壕＝陣地づくり論――の一環としての、またその深化拡大としての意義を有すると思われる。

加えて「先進国」についても、社会権／法の「復興」を通路とするコミュニズム論は、世界革命論という本来のコミュニズム論とも整合する。社会権／法的なものによる資本主義＝市場の遮断・規制は現実には、世界規模の資本主義＝多国籍企業化の規制を必須とするものにならざるをえないからである。社会権／法による世界規模の資本主義に対する規制がない、「先進国」だけの社会権／法の向上は、対外進出する「先進国」へのブーメラン効果もあり、基本的には今後はありえない。多国籍企業化や世界市場における競争の制限などの世界的新自由主義批判をつうじてこそ、グラムシ的陣地戦論にも接続する社会権／法的＝福祉国家的なものの「復興」もありうるのである。別言すれば「先進国」の社民政権などは、社会権／法的＝福祉国家的なものを現代帝国主義的に維持し、所得再配分や弱小産業保護を進めて一定の「先進国民」の平準化をはかってきたが、これはもはや不可能に近いことだと言える。新自由主義が多国籍企業化をつうじて「先進国」内をも大きく格差化・不平等化し、従来の社会権／法的なものが衰退したからである。そのため社会権／法的なものの「復興」は、多国籍企業化を軸とする世界的な新自由主義への階級的抵抗に等しくなり、世界的な新自由主義への対抗としてのみ現実化する。[*] この一点で社会権／法的なものをめぐる旧来の「共産主義」と社会民主主義との分裂の余地はなくなり、そこに社会権／法的なものの「復興」をつうじた新たなコミュニズム論の特質もある。

＊　本章はコミュニズム論の国家廃絶＝死滅論を欠くが、市場の制約は社会権／法実現のための国家機構を機能させつつ市場に内在する権力主義的国家の死滅へと至る。この死滅論の展望が国家廃絶論に接続すると考えている。

ちなみに資本主義とその市場は本源的蓄積過程を含むその「外部」を、無償あるいは安価に利用することによって成立・維持しうるが、そのことは昔の暴力的な植民地帝国主義によるものだけではない。新自由主義の重要な指標である現代帝国主義にもとづく多国籍企業のグローバル展開が、軍事力（国家権力）発動に依存することも市場の「外部」への依拠である。そのほか、自然環境、社会の安全性、貧富の格差、労働のあり方、家庭生活、人間個人の六つの市場の「外部」──科学・技術、教育にも市場の「外部」の面がある──を無償あるいは安価に利用できたからこそ、資本主義は存続・発展できたのである［竹内　二〇一一：七五以下］。またポラニーの指摘のように「市場の自働調製機能」は、市場の「外部」たる国家や社会慣習が支えてきたが、この点も資本主義とその市場が当初から「外部」に依拠してのみ存続しえたことの証である［ポラニー　一九七五：一八九］。したがって、これら資本主義の「外部」への依存の相当部分が、資本主義の発展とともに社会権／法的なものとして顕現したとも言える。

たとえば社会の安全性や労働のあり方は、生活保護や社会保険などの社会権／法的なものによって確保されているからである。こうした点では社会権／法的＝福祉国家的なものは、資本主義の誕生以来必須だったものの成熟期版であり、それゆえにコミュニズムの契機にもなるのである。

おわりに――コミュニズムにおける共同性と未来性

社会権／法の「復興」を通路とするコミュニズム論には、新たな共同性論も必須である。そしてこの新たな共同性は諸個人間のものである以前に、社会権／法的なものを内在させた個人の能力次元にある。なぜなら社会権／法的なものは、それ自体豊かなものとして個人内部での「能力の共同性」――「能力の根源は、人間諸個人の自然性と社会・文化（他者等の環境を含む）との関係自体」〔竹内　一九九三〕――とも密接な関係のもとにあるからである（本書第7章参照）。そして社会権の集団性を担保することにもなるこの「能力の共同性」は、能力主義的分断を排して真の平等を実現するコミュニズムにふさわしいものなのである。* 端的には諸個人間にしか成立しない通常の共同性は、諸個人間に楔を撃ち込む能力主義的差別・抑圧への抵抗力が弱い。だが諸個人内部の能力がすでに共同的なら、差別・抑圧が生じる余地はかなり減る。個人還元主義的にまた私的所有物として捉えられやすい能力が、個人還元主義・私的所有の正反対の共同性として存在すれば、この点が能力主義批判と平等に資するからである。したがってまたコミュニズムには、能力主義克服に至るこうした共同性論に担われた社会権／法的なものが欠かせないのである。

＊　社会権／法に即して言えば、社会権／法的なものを含む他者が個人を補完して何事かをできるようにすること（enablement）が「能力の共同性」論の基本にある。なおコミュニズムこそが実現する真の平等の複雑さや平等概念の奥深さ［竹内　二〇一〇］を看過し、従来の「平等な自由」論があればよしとする、一見もっともな議論は、将来社会全般について問われるべき平等問題（とくに能力主義の深刻さ）に無理解な俗論である。

ところでマルクスは『ブリュメール一八日』で、一八四八年の二月革命の下降局面に関する『フランスにおける階級闘争』での当初の一元的革命論を、誠実に自己批判し「一八世紀の諸革命たるブルジョア革命」と「一九世紀の諸革命たるプロレタリア革命」［MEW8：118＝一一一］とを区別して以下の冷静な判断を示した。「一九世紀の社会革命は、その詩を過去から汲み取ることはできず、未来から汲み取るほかはない。過去への一切の迷信を捨て去らないうちは、自分の仕事を始められない……。一九世紀の革命は、自分自身の内容をはっきり理解するために、死にたる者に死にたる者を葬らせねばならない。以前には言説が内容を超えていたが、いまでは内容が言説を超えている」［*a.a.O.*：117＝一一〇］。この主張にならえば、過去の革命の失敗を卑下するのでもまたノスタルジックな革命談義に耽るのでもなく──これらは新自由主義的な現在の容認と一体──なく、社会権／法的な革命論に真に専心すれば、新たな二一世紀の革命論に至りうるのではないか。なぜなら本章で述べた社会権／法的なものには、コミュニズム革命に至りうる〈言説を超える内容〉および〈汲み取られるべき未来〉の契機があるからである。これに依拠して既存のコミュニズムの〈過去へのいっさいの迷信を捨て〉〈死にたる者に死にたる者を葬らせ〉れば、新たなコミュニズム論はさらに豊かなものとして構想されると思われる。

（竹内章郎）

第Ⅲ部　社会権の新たな基礎づけに向けて

——社会権再生の核心

第7章　社会権の歴史的・現実的根拠

はじめに——社会権論としての本章の位置づけ

本章の主題は、社会権や社会権主体を、新たに歴史社会的に基礎づけることにある。このような作業が必要なのは、市民権や市民権主体の不十分な把握とも関連して、これまで社会権や社会権主体が明確には基礎づけられてこなかったことによる。

社会権との真の統一を欠く不平等な市民権は、労働能力商品を嚆矢とする私的所有という前提・条件下でのみ成立するため、能力の私的所有を含めて私的所有者である限りの人権にとどまる。* 対するに社会権は、すべての人の生存や労働を保障しうる権利として真に平等主義的なものであるはずであり、少なくとも市民権とは異なり、私的所有という前提・条件下で成立するのではない。

* 私的所有を前提・条件とする市民権が商品に内在する価値法則のみに依存する点が、国家権力の支配を免れうる意志の自由や民主主義の根拠にされることもあるが、これら市民権把握の難点は本書第2章第4節までを参照。

社会権が本当に実現すれば、人間個人は人の生命という「条件」以外を問われずに平等で無条件的な権利主体になりうる［Ewald 1993 : 29］。これらは社会保障権のみならず労働権を含む社会権すべてに妥当し、当人の経済的価値が社会権の内容を決めることもない［マーシャル　一九九三：五五〜五六］。社会権は、すべての人の存在や労働を無条件に擁護する点で端的に平等（反抑圧・反差別的）なものなのである。藤谷の秀逸な指摘のように、「存在を条件つきでしか肯定しないという思想を含んでいるような社会制度や社会的実践は……、存在の否定としての暴力を養」う不平等なものである［藤谷　一九九九：八六〜八七］。つまり社会権から切断された市民権は、私的所有を欠く存在を否定する暴力を養う不平等なものだと言える。逆に平等な社会権にあっては、市民権が私的所有を前提・条件とする点は克服され、すべての人の「存在の無条件的肯定の思想」［藤谷　二〇一二：八三］が妥当する。

だが社会権を無条件に肯定する思想に至るためには、その前提・条件を問う議論をないがしろにはできない。とりわけ現在、さほどに肯定されていない社会権の無条件的肯定に至るには、その基礎づけなどの豊富な社会権論が必須となる。なぜなら社会権の無条件的肯定とは正反対の思想と現実、つまり社会保障大削減などの社会権を危機に陥れる膨大で不平等な現実があるからである。*しかも、この現実を正当化する不平等な理論も膨大に存在している。

＊　たとえば生活保護水準のいっそうの切り下げ、障がい者福祉の応益負担化、公的介護保険下での要介護認定の手控え傾向など枚挙にいとまがない。なお現在の障害者総合支援法が踏襲した二〇〇六年の障害者自立支援法の問題が、すでに二〇〇三年の障害者支援費支給法に出尽くしていた点については、別途論じる予定である。また労働権をめぐっては、団結権の弱体化による労働運動の全般的後退は言うまでもなく、能力主義（成果主義）的個別賃金交渉などにより、これまでもさほど強くなかった団体交渉権の実質がいっそう奪われている。

つまり一方では新自由主義の悪影響もあり、社会権を本来の権利とはせず権利を市民権に限定したり、私的所有を前提・条件とする権利に権利全般を還元する（市民権主義的）動きが強くなっている。他方の社会権擁護派も、市民権を社会権の「基本的一般的前提」とし［沼田 一九八〇：四五］、事実上、市民権を社会権の基礎とする市民権主義に陥りがちであった。社会権の基礎として私的所有的な「経済の論理とは別個の生活の論理」——「商品交換を基礎とする交換的正義によらない」［渡辺洋 一九八四：一〇八］——に言及される場合も、生活の論理の社会的規定が薄く、具体的展開のない「人間の尊厳の理念」［片岡 二〇〇一：八五］などといった抽象的ヒューマニズムを社会権の基礎にしがちであった*（本書第2章も参照）。

＊ 抽象的ヒューマニズムによる権利の基礎づけは、「権利／法をたんなる意志のみにもとづかせる法律的幻想」［MEW3：63＝五九］に陥る。つまりそのような基礎づけは社会権／法を、客観的な経済や社会構成とは無関与に主観的意志しだいでいかようにもなるようなものとしてしまうので［竹内 二〇一二a：三〇］、社会権を本当には正当化しえない。

そのため社会権は、商品交換関係と一体の私的所有（歴史的現実）に具体的に基礎づけられる市民権に比べて、抽象的にしか正当化されず、社会権の無条件的肯定の思想が内包すべき強力さや豊かさを欠いている。したがってまずは、社会権の基盤を歴史的・現実的に徹底して問う必要があるのである。*

＊ 本章は、「人権基礎づけ主義が時代遅れだ」［ローティ 一九九八：一四二］と非難されるような、人間の普遍的本性に依拠した社会権の基礎づけ論ではない。むしろこの人権基礎づけ批判が「文化的な諸事実以外には、道徳的選択に関連するいかなるもの」も重視しない［同前］点と本章とは、その文化が歴史社会を含むならば部分的に重

なる。しかし、「哲学が望みうる最大のことは……何が正しいかを判断するために、文化的に影響を受けた私たちの直観を要約することだけ」［同：一四四］とするこの基礎づけ批判や、ヒュームらに依拠して感情の共有や感情的物語のみに頼るベイアーらの議論［Baier 1991：287～288］とは異なる。

1　社会権の歴史社会的基礎づけにおける基本的論点

本節では本章全体の結論的内容と基本的論点を、あらかじめ簡単に提示する。平等な社会権（社会保障権＋労働権）を基礎づけるのは、当該社会の〈富とリスク〉相互の普遍的共同性・集団性である。社会権はまた、集団的・共同的な〈富〉を再配分し〈リスク〉を補塡して実現される、普遍的で平等な集団的権利である。* それは物象化された市場秩序（資本－賃労働関係を含む商品交換秩序）下で、〈富とリスク〉が私的所有的に偏在していても、妥当する。したがって社会権は、これと未統一の市民権が私的所有に基礎づけられ、その実現が私的所有物の多寡しだいの不平等で個別的で個人主義的な権利であるのとは対照的である。

＊　本章が言う社会権の集団性は、社会権が市民権のような個人主義的権利ではないことを示すが、この点は、マルチカルチュラリズムが提示し［テイラー　一九九六：七四～八四］、一部労働法学も強調する［西谷　一九九二：九三～九六］、自己決定論を重視する個人の権利に対抗し、集団的目標の正当化を重視する集団の権利という意味ではない。社会権は、すべての諸個人間の格差や差別を否定しうる平等な権利である点と相即して、すべての諸個人間に該当する〈富とリスク〉相互の普遍的共同性・集団性にもとづく集団的権利であるとともに個人の権利でもあ

る（後述）。

この〈富とリスク〉相互の普遍的共同性・集団性による社会権の基礎づけの最大の含意は、一方での貧困（〈リスク〉）の克服が個人的努力では不可能だという理由で、他方での富裕（〈富〉）が社会共同の所産だという理由で、富裕層などの〈富〉を「新たに」〈リスク〉克服のための財源とするという一般的発想を超える点にある。つまり社会権の実現は、〈富〉の存在を前提に「後から」〈富〉を〈リスク〉側に配分することではない。換言すれば〈リスクと富〉は、同時に相互的に生起する共同的集団的なものであり、〈リスク〉克服も当初からいっさいの留保なしに――私的所有に依拠する自己責任論などとは無関与に――、本来的に共同的・集団的な〈富〉――市場秩序下では〈リスク〉から分断されているが――に求められる。たとえば生活保護は原理的には、特定の貧困者を富裕者に依拠して救済する社会制度ではなく、社会における共同的集団的〈リスク〉を社会における共同的集団的〈富〉が補塡する社会制度である。だから、〈リスク〉などの「社会的害悪のうちに、我々を相互に結合する根源的な連帯が現れる」［Ewald 1993：23］と言いうる。また財政難を理由とする生存権の否定や軽視は、生命の尊厳論や貧富の格差への道徳的忌避などの抽象的ヒューマニズムによって批判される以前に、貧困などの〈リスク〉と富裕などの〈富〉との相互性から財政難自体が原理的にありえないがゆえに非難されうるのである。*

＊　本章の議論も、「大多数の人びとが自分で稼ぐことができるもの以外は何ももたないまま生まれているのに、一部の人びとは、最も能力の優れた一個人がもちうる社会価値をはるかに超えた分を生まれつきもっている」のは「根本的にまちがい」［ホブハウス　二〇一〇：一四〇］とする道徳的判断を含むが、道徳的判断抜きでも〈富とリスク〉相互の普遍的共同性・集団性が社会権を基礎づけうる、という点が肝要なのである。なお新自由主義による

社会保障削減の根底に、私的所有という古くて新しい問題がある点は竹内［二〇〇五b］を参照。ちなみに「自民党憲法改正草案」の『Q&A』（二〇一〇年四月）が誇る「財政の健全性を初めて憲法上の価値として規定」した点も、物象化された〈富とリスク〉の私的所有的偏在を前提とする財政難とこれによる社会保障削減を導く。

なお本章では、〈富〉には富裕のほかに安全や健康・健常などとこれらを担保する社会文化的営為を、また〈リスク〉には貧困のほかに災害（労災）や傷病・障がいなどとこれらをもたらす社会文化的営為を総称させ、それら全般の相互性を捉えている。* そしてこうした〈富とリスク〉相互の普遍的共同性・集団性のうちに、〈富とリスク〉各々の発生の確率論的規則性および時間的並存性と一体となった関係態、つまりは共同的集団的な〈富とリスク〉という関係態も存在する、と把握している。社会権主体もこうした〈富とリスク〉相互の普遍的共同性・集団性に基礎づけられるがゆえに、普遍的な集団的権利主体なのである。

＊　一九世紀中葉以降の自由主義の退潮とともにあった資本主義的産業化［Ewald 1993：110］により本格化した〈富とリスク〉相互の普遍的共同性・集団性は、「先進国」の消費文化的な浪費的富裕と「第三世界」の飢餓や疾病死等の貧困のほか、以下の多様な富裕と貧困も含んで把握されるものである。①米国で「二〇一〇年に景気が反転したとき、国民所得の増加分の九三パーセントは、所得上位一パーセントの人々のふところに転がりこみ、「上層にもたらされた富は、中層以下の犠牲によって生み出された」［スティグリッツ　二〇一二：一〇、四三］という富裕と貧困。②巨大企業の巨額内部留保や株式配当等の富裕と一般労働者の賃下げや現代日本の四割を超える非正規雇用者等の貧困、格差拡大に伴う富裕と人格的疎外にも及ぶ貧困。③一九八〇年代の、「先進国」における資本主義的生産力という富裕とその産物としての公害や薬害といった貧困［中村　一九八二］。④七〇年代初頭からの、限界ある世界と矛盾する生産力の無限発展論にもとづく富裕とその結果としての環境破壊などの貧困［シューマッハ

ー　一九七七：八～一五〕。⑤六〇年前後からの「第三世界」における「昔の、物質的にみたされた未開の状態が、技術革新時代の拡大と密接に結びついた経済の波に人々がのみ込まれるに従って、満たされない貧困化した状態に置き代わっている」〔ルイス　二〇〇三：一一～一二〕という把握。加えて、⑥『資本論』での資本主義的富裕と飢餓線上の労働者の貧困、「過剰労働者人口が蓄積の、換言すれば資本主義的基礎の上での富裕の発展の必然的な産物だとすれば、逆にまたこの過剰人口は資本主義的蓄積の梃子」〔MEW23：661＝八二一〕だという議論。⑦『経済学批判要綱』の「欲求の多様性」や『剰余価値学説』の「自由時間」を前提とした「富裕の尺度としての労働時間は、富裕それ自体を貧困のうえに立脚するものとして定立する」〔MEGA II/1-2：584＝六五七〕という把握。⑧『経済学・哲学草稿』に関わっての「絶対的な貧乏は、人の内的な富裕を生む条件」〔フロム　一九七七：二一二〕、「労働者は富裕をより多く生産すればするほど、より貧困になる……。人間的世界の価値下落が事物的世界の価値増大に直接比例する」〔MEW Ergämzungsband：511＝四三一〕という指摘。⑨マニュファクチャ段階の「資本の社会的生産力の富裕化は、労働者の個人的生産力の貧困化を条件とする」〔MEW23：383＝四七四〕という富裕と貧困。

だが社会権の基盤であり、また本来は世界的なものである〈富とリスク〉相互の普遍的共同性・集団性は、私的所有の支配する物象化された世界的な市場秩序のもとでは隠蔽されてしまう。またそのためもあり、社会権や社会権主体が不十分ながらも成立するのは「先進国」にとどまっている。* とはいえ社会権論の端緒は「先進国」に求めざるをえないから、本章ではこの問題は脇におき、主に「先進国」を念頭に社会権や社会権主体に関する論点を考察する。次節以降の骨格ともなるこれら論点を、あらかじめ示すと次の六点になる。

＊　不十分ながら社会権主体たりうるのは、世界約七〇億人中多く見ても一〇億人程度である。社会権主体の「先進国性」については、経済グローバル化や現代帝国主義化など問うべき論点が多いが、本章では検討できていない。

第一は、平等な社会権や社会権主体が、私的所有権や契約の自由権などの市民権を核とする市場秩序を遮断して初めて成立する点である。つまり社会権や社会権主体は、商品化＝物象化・疎外を免れた脱商品化＝脱物象化した市場秩序の「外部」があってこそ成立しうるのである。* 端的には「社会権の導入は、純粋な商品という性格を失わせることを意味している。脱商品化が生じるのは、社会サービスが権利として提供されたり、市場への依存なしに生計を維持できるようになるとき」［エスピン－アンデルセン 二〇〇一：二三］だからである。

＊ 依拠する物象化論の基本は、やはりマルクスの「生産者たちにとっては、彼らの私的諸労働の社会的諸関係（Beziehungen）は、彼らの労働自体における人格の直接に社会的な諸関連（Verhältnisse）としてではなく、むしろ人格の物象的な関連および物象〔商品〕の社会的諸関連として現象する」［MEW23：87＝九九］という議論だが、その認識論的意義も重要で、そのさい、上記の諸関係（Beziehungen）と諸関連（Verhältnisse）との相違に留意すべきである［竹内 一九八二］。

したがって第二に、社会権や社会権主体を基礎づける〈富とリスク〉相互の普遍的共同性・集団性も、市民権や市民権主体を基礎づける商品化＝物象化された私的所有の場合とはまったく異なり、脱商品化＝脱物象化した市場秩序の「外部」において初めて把握される。またこの脱商品化＝脱物象化的な〈富とリスク〉相互の普遍的共同性・集団性こそが、集団的な社会権や社会権主体を不平等な市民権とはまったく異なる平等なものにする。

だが第三に、商品化＝物象化された市場秩序では、資本－賃労働関係による階級格差を典型に富裕などの〈富〉と貧困などの〈リスク〉の個人主義的な私的所有的偏在がある。そのためこの物象化された現実との関連で、脱物象化的な〈富とリスク〉相互の普遍的共同性・集団性の把握を担保するものが必須となる。それは原理的には、〈富〉からの排除ゆえに物象化を免れうる可能性の高い労働階級（市場秩序の「外部」）である。この労働階級の市場秩序の「外部性」がまた、社会権や社会権主体の市場秩序の「外部性」ともつながる。

第四に、〈富とリスク〉相互の普遍的共同性・集団性は、このただなかに生きる個人の共同存在性・集団存在性と密接不可分である。* この点とともに〈富とリスク〉相互の普遍的共同性・集団性は、これが安全と災害、健康・健常と傷病・障がいなどの相互の関係性をも含むがゆえに、「能力の共同性」（能力不全 disability も含む）** にまで至る個人の内面の普遍的共同性・集団性にも及ぶ。これはたとえば、損傷（impairment〈リスク〉）と健常（およびそれを担保する社会文化的営為、〈富〉）との相互の関係によって能力不全の成否が決まる普遍的共同性・集団性である。これらに及ぶ〈富とリスク〉相互普遍的共同性・集団性は、社会権や社会権主体の基礎づけをより普遍的・内面的にする。

* 人間の共同存在性は、従来の最も優れた議論でも「個人の生命は、その個人が社会から切り離されるとなったら……、大多数の個人はまったく生存しなくなる」［ホブハウス 二〇一〇：九六］といった、生命力などの肯定的内容（〈富〉）に限定されがちで、能力不全などのいわば否定的内容（〈リスク〉）をも含んでは捉えられていない。

** 「能力の共同性」論［竹内 一九八八b］は、能力の根源を「当該諸個人の『自然性』と諸環境や他者（社会的生産物も含む）との相互関係自体」［竹内 一九九三：一五六〜一五七］と捉える。

したがって「能力の共同性」にまで及ぶ〈富とリスク〉相互の普遍的共同性・集団性は、社会権や社会権主体を基礎づけるうえで非常に重要なのである。この場合ももちろん、富裕や貧困の規定性の大きさには十分留意しなければならない。*

＊　湯浅誠が「〈貧困〉が〝隠れ上手〟」と卓抜な表現を用いて、多重債務、学校給食費未払い、自殺、児童虐待などの例をあげ「〈貧困〉は、いろんな問題の背後に隠れていて、その原因として影響を及ぼしている」［湯浅　二〇〇七：四八］と指摘したように、多様な〈リスク〉も貧困により大きく規定されるからである。

第五に、商品化＝物象化された市場秩序下の〈富とリスク〉の階級格差を生み出す私的所有的偏在は、脱商品化＝脱物象化的な〈富とリスク〉相互の普遍的共同性・集団性を根拠に、〈富〉の再配分による〈リスク〉補塡としてある程度は是正され平等化される。この平等化に至る〈富〉の再配分による〈リスク〉補塡は、〈富とリスク〉相互の普遍的共同性・集団性の物象化された市場秩序下における顕現であり、ここに社会権や社会権主体の実現がある。だがここには、市場秩序下の〈富とリスク〉の私的所有的偏在との関連で、富裕などの〈富〉を強制的に徴収しこれを貧困などの〈リスク〉補塡に供与する「強制」の論理が必須である。この「強制」は、国家権力などが私的所有権や契約の自由権（市民権）を一定程度制限して〈富〉を再配分することを意味するので、社会権は市民権の一定の制限抜きには実現されない。＊

＊　この「強制」の論理とともに、社会保障等の国家（公的）責任や企業責任が位置づけられる。

第六に、〈富〉の再配分による〈リスク〉補塡は、富裕の再配分による貧困の補塡としての社会保障権（生存権）に該当するだけではない。資本側の契約の自由権（個人主義的な市民権）の力（〈富〉）を「強制的」に制限し、この力を労働側に再配分して団結権主体を成立させ、労働権としての社会権を確立することにも寄与するからである。当然、集団的な団体交渉により雇用条件改善や解雇阻止などの〈リスク〉補塡（補償）を、資本（〈富〉）側から引き出すことも社会権の実現である。

〈富とリスク〉相互の普遍的共同性・集団性を軸に、以上の六点に即した議論が、社会権や社会権主体を従来以上に豊かなものにする。そして〈富とリスク〉相互の普遍的共同性・集団性論はまた、現代社会の枢要的議論となっている相互承認や相互連帯とも深く関わる。なぜなら相互承認・連帯が実現するためには、諸個人間での〈富やリスク〉の私的所有的偏在の解消が伴うはずだからである。「他者からの承認と連帯なしに存続できる〈いのち〉などありはしない」［藤谷　二〇一二：八四］のであり、本来は、すべての人に〈富とリスク〉相互の普遍的共同性・集団性に基礎づけられた社会権が備わるはずであり、社会権の伴わない権利も存在しないはずなのである。*

＊　ハーバーマスが、事実上、社会権を組み入れずに論じる承認論には致命的欠陥がある（本書補論参照）。

なお〈富とリスク〉に関する普遍的共同性・集団性について付言すれば、近代市民社会期の自由主義にも、確率論的規則性および時間的並存性の把握に伴った共同性・集団性論はなくはなかった。「自然として把握された典型的な調和的社会像は、人間の自由やその抗争から生じる害悪が、自然の計画の一部として自ら消滅し、自然＝社会の調和が確率論的規則性に従うことを示した……。『非社交的社交性』（カント）の中に存在する害悪であるが故に、害悪による分裂（非社交性）は規則的に共同性（社交性）の中に調和的に収まるものであった。スミスの『神の見えざる手』やマンデヴィルの『蜂の寓話』……、レッセフェール思想も……、害悪としての私利私欲が放任されても、害悪は確率論的規則性に従って社会の安定・調和へと収斂する」［竹内　二〇〇一：一四三］。だが自由主義的把握の多くは、「確率論的規則性を、調和的社会像［〈富〉］の正当化についてのみ認め……、害悪や罪ある行為［〈リスク〉］の発生自体の確率論的規則性については一顧だにしなかった」［同前］し、〈富とリスク〉自体の時間的並存性は捉えていない。このため、害悪［〈リスク〉］は例外的で偶然的だとする自由主義的な共同性・集団性論の多くは、その発生の確率論的規則性と時間的並存性を捉えた〈富とリスク〉相互の関係性（共同性・集団性）論には至っていない。こうした問題の根底には、レッセフェール資本主義論を焦点とする、自由主義における調和的社会像があろう。

おそらくマルクス以前では、欲求の体系（市民社会）論で富裕と貧困（〈富とリスク〉）相互の普遍的な関係性を明示したのはヘーゲルのみである。つまり私的所有的で特殊な「利己的目的は自らの実現のさいには、この〔特殊性の関連から生じる〕普遍性により制約されているので全面的依存性の体系を設立する」（§一八二〜一八三）。だがこの「万人の依存関係という全面的絡み合いのなかにある……普遍的で持続的な資産」（§一九九）という「富の蓄積が増大する」一方で、「他方では労働にしばりつけられた階級の隷属と窮乏が増大する」（§二四三）ので、富裕と貧困の相互には関係性がある。この把握は、欲求の体系における基幹法（市民法／権）の限界に対する指摘にはつながる。ヘーゲルは、市民権（私的所有権）という「抽象的権利」（§四三）は法的「人格のみを対象とする」形式的で「抽象的な人格としての人格の平等」の権利でしかなく、市民権は誰がどれだけ所有するかを保証せず、そこに富裕と貧困の不平等が生じるとして（§四九）、市民権の限界を示したからである。つまり市民権は一定以上の富裕な私的所有者という、〈富とリスク〉相互の普遍的共同性・集団性の一方の極に適合するだけで、貧困や害（〈リスク〉）という他方の極を放置するが、これをヘーゲルは見抜いていたのである。だがヘーゲルも、本章のようにその根拠にまでさかのぼって社会権を捉えてはいない。*

＊　この段落の§はヘーゲル『法の哲学』（Hegel, Bd.7）のセクション番号を示す。ヘーゲルによる富裕と貧困の相互性の秀でた認識は、「富裕な賤民」［Hegel 1978：608］という把握を示して彼が富裕のうちにも賤民性を捉えた、

つまりは〈富〉への〈リスク〉の内在を捉えた点にも見られる。

2 〈富とリスク〉相互の普遍的共同性・集団性と市場秩序の「外部」

〈富とリスク〉相互の普遍的共同性・集団性は、物象化に囚われない認識が可能ならば、おそらく歴史貫通的に見出せよう。そこには共同性・集団性一般が日常的な諸個人間の相互援助としては、むしろ平凡な事実だという事情も働こう。だが〈富とリスク〉相互の普遍的共同性・集団性が基礎づける社会権や社会権主体は、脱商品化＝脱物象化した市場秩序の「外部」抜きには成立しないのであり、公的認知を得たものとしては一九世紀中葉以降に初めて登場した。* この点では〈富とリスク〉相互の普遍的共同性・集団性は、歴史貫通的な事実とは言えない。

＊ たとえば『米国独立宣言』冒頭第二パラグラフの「生命の保全」の権利論から、一八世紀第四四半世紀にすでに生存権保障が見られるとする支配的で常識化した見解は、同じ『宣言』の中段での「無慈悲なインディアンの野蛮人」を排除する帝国主義的な私的所有の正当化からして誤りである［竹内 二〇〇一：四一〜六一］。またフランス革命時のロベスピエールの「人権のうち第一に挙げるべきものは、生存権」［柴田 一九六八：四八］だという主張も、その先駆的意義は別にして、ジャコバン派の短命などからして社会権の公的認知を示すものではない。

事実、富裕（〈富〉）と貧困（〈リスク〉）との相互の普遍的関係は、自由主義の退潮とともに資本主義的産業化以降にようやく把握された。資本主義的産業化が初めて、商品などの富裕を集団的富として普遍的に生産し、これらと相関しまた時間的に並存して確率論的規則的に集団的貧困・災害を普遍的に産出したからである。したがってこの時点では貧困（〈リスク〉）は、根本的には個人的無思慮などによる偶然ではなくなったのである［Ewald 1993：109～110］。しかもこの事態は、資本主義的な「自由主義の秩序が、自らの成果｛富裕｝により自らと対決し自らを修正し改善せねばならず、自己矛盾せざるをえない」［*a.a.O.*：64］とまで言われるべきものであった。

この富裕と貧困（〈富とリスク〉）相互の普遍的共同性・集団性については、「富と名誉は『呪われたもの』で……、大きな財産は小さな財産｛＝貧困｝を喰いものにし」［マクファーソン　一九八〇：一七〇］、「生活状態の改善は、未熟さ・不注意・誤謬・微々たるものがすべてを崩壊させることを本質とする恒常的脅威の増長と一体化する」［Ewald 1993：15］とすら言いうる。したがって一般に、貧困の減少と富裕の増加の並立を前提とするコスト‐ベネフィット論などの経済合理性論はそもそも存立しえない。〈富とリスク〉相互の普遍的共同性・集団性からすれば、「個別特定の害悪による重荷｛＝〈リスク〉｝も、集団的な利益｛＝〈富〉｝に伴う必然的対価としてすべての人に配分すべきもの」［*a.a.O.*：21］なのである。だからこそ〈富とリスク〉相互の緊密で普遍的な関係から、抽象的ヒューマニズムに依拠せずに、普遍的な〈富〉の再配分による〈リスク〉補塡とこれを根拠づける人間諸個人間の普遍的な共同性・集団性――社会権や社会権主体の実現――も提起されうるのである。*

＊　「社会的法則性に従う害悪の配分が個々人の善悪の行為から相対的に自立するに応じて、自由主義的正義は疑われ」［*a.a.O.*：110］、〈富とリスク〉相互の普遍的共同性・集団性論と自由主義の退潮は重なった。

だが商品化＝物象化のもとでは、〈富〉も〈リスク〉も原理的に個人主義的に把握され、階級格差に典型的な富裕と貧困の敵対的な私的所有的偏在という把握が当然だった。つまり一方の富裕（〈富〉）については、「競争的諸市場を通しての自己調整作用が保障されさえすれば、市場システムのもとで利潤が確保され」、「市場は地球上の全地域に広がり、そこにまきこまれる財の量は信じられないほど増大したのに対して」［ポラニー　一九七五：一〇〇～一〇二］、他方でこれとは別個に「労働者の肉体的搾取、家族生活の破壊、近隣社会の荒廃……、技能水準の低下、習俗の瓦解、住居及び技芸や、利潤には影響しない公私無数の生活形態を含む生存条件の一般的劣悪化」［同：一八二］という貧困（〈リスク〉）が厳然と存在するとされ、こうした把握が自明視されていた。富裕の肯定と貧困の否定とは、相互排除的にまた個人の私的所有に依拠する自己責任論のうちに捉えられていたのである。[*]

＊　長らく個人の自己責任論を自明視してきた自由主義（リベラリズム）内部においてさえ、二〇世紀末からは、共同責任の重視に向かうような責任概念把握の転換が生じている点については、竹内［一九九五b］を参照されたい。

富裕と貧困が相互排除的に把握されるのは、イーグルトンが言うように、「ブルジョアジー（＝自由主義者）の観点」では「社会編成体の構造を、全体として把握できない」ので、この観点を規定する「物象化の影響のもと……、社会が集団的過程であることを忘れ、そのかわり、社会を、あれやこれやの孤立した事物もしくは制度としてみる」［イーグルトン　一九九九：二〇六］ことにもよる。ちなみに自由主義下では富裕と貧困の把握が相互排除的になりがちなのは、自由主義者たちが富裕の必然性を捉える一方で貧困は偶然的だとした点に見ることができる（前節）。そこには個人の自己責任論と自由契約論（搾取を志向する私的所有による交換契約論）が、私的所有論と並んで自由主義原理の根幹だった点も影響している。現在も富裕と貧困の私的所有的偏在（階級格差）とその自己責任は自明視されがちだが、それは一九世紀後半に成立しかけた〈富とリスク〉相互の普遍的共同性・集団性とこれにもとづく平等な社会権を、

自由主義以上に不平等な新自由主義［竹内　二〇一一：九四～一〇八］が否定することにもよる。＊

＊　現代日本では、収入の欠如に加えて「〈貧困〉を決める五重の排除」、すなわち「①教育課程（学校教育システム）からの排除、②企業福祉（正規雇用システム）からの排除、③家族福祉（家族による支え合い）からの排除、④公的福祉（生活保護など）からの排除、⑤自分自身からの排除」［湯浅　二〇〇七：九］という〈リスク〉と、これらの排除に対応する〈富〉が明確にされ、相互の具体的関係性が把握されるべきだろう。

ただし〈富とリスク〉の私的所有的偏在は、たとえ物象化された市場秩序下の事柄であるにせよ、富者と貧者とを両極とする敵対的な階級格差として厳然たる物象化された現実としてである。しかもこの階級格差をもたらす〈富とリスク〉の私的所有的偏在とその支配は、市場秩序にもとづく諸制度により正当化されるだけでなく、＊物象化から物化≒自然化の論理により「自然（自明）」視され［平子　一九七九］、逆に〈富とリスク〉相互の普遍的共同性・集団性は隠蔽されがちになる。

＊　リベラリストのロールズも、「正義にかなったり正義にもとったりするのは、制度がそうした〔単なる自然本性的な〕事実に対処する仕方である」［ロールズ　二〇一〇：一三八］、と述べて、正義が制度に左右されるとし、ここから私的所有という制度も単純には正当化できないとしている。

したがって〈富とリスク〉相互の普遍的共同性・集団性は、脱商品化＝脱物象化また市場秩序の「外部」とともにのみあり、だからこそまた、初期社会法（工場法）以来の社会権や社会権主体を基礎づける。そして市場秩序の「外部」の〈富とリスク〉相互の普遍的共同性・集団性や社会権の把握（脱物象化的認識）を可能にするのが、原理的には労働階級＝プロレタリアートなのである。なぜなら、労働階級は原理的には、「富裕と教養の世界（≒市場秩序）」から排除され、「市民社会〔＝市場秩序〕のどんな階級でもないような市民社会の一階級」〔MEW1：390＝四二七〕だからである。つまり労働階級は、富裕を普遍的に産出しつつも根本では貧困（〈リスク〉）を担わされ、富裕（〈富〉）から排除された市場秩序「外部」の存在でもある。脱商品化＝脱物象化された市場秩序の「外部」に存在するがゆえに、労働階級は市場秩序「外部」でこそ可能な〈富とリスク〉相互の普遍的共同性・集団性の認識を担保しうる。この脱物象化については、留保が必要だが、次のルカーチやイーグルトンの議論が省みられてよいだろう。

「物象化過程、商品化は、これらに労働者が意識的に反抗しない限り、たしかに労働者を無化し、労働者の《魂 Seele》を萎縮させ奇形化するが、労働者の人間的魂という本質（menschliche-seelisches Wesen）は商品に転化しない。そのため労働者は、この〔商品化＝物象化された〕自らの定在に対して内的に完全に自らを客観化できる」〔ルカーチ　一九六二：一八九〕。この「人間的魂という本質は商品に転化しない」点が、労働階級の市場秩序の「外部性」につうじる。たしかに労働階級＝プロレタリアートは「生存するために自分自身を労働力として売ることを余儀なくされている商品」であり、「プロレタリアートこそ、商品フェティシズムに基礎をおく社会秩序の『本質』」ではある。しかしだからこそ「商品性を余儀なくされているプロレタリアートが、自らをまるごと認識するようになる……。この商品は、自らを意識する行為の中で自らを乗りこえる」〔イーグルトン　一九九九：二〇七〕。労働階級が商品たる「自らを乗りこえ」、「完全に自らを客観化できる」点こそが、労働階級の市場秩序の「外部性」を示すのである（「完全に」については留保が必要だが）。

以上はまた、マルクスが「抽象的個人」「無所有の大衆」〔マルクス　一九九八：六六～六七〕として示す労働階級像とも重なる。つまり生産諸力（〈富〉）の物象化された現実態から引き離され「現実的生活を奪われた抽象的個人」「無所有者」でしかない労働階級にとって、自らの「行為が、彼にとって疎遠な対立する力となり」［同：六二～六三］、「支配する物的強制力……へのわれわれ〔＝労働階級〕自身の産物のこのような硬化」［同：六四～六五］をもたらす。この事態のなかで物理的強制力である物象化された生産諸力（〈富〉）から、また市場秩序から排除された「外部」の「抽象的個人・無所有者」こそが、脱商品化＝脱物象化的な〈富とリスク〉相互の普遍的共同性・集団性の認識を担保しうる。この市場秩序「外部」の存在でもありうる労働階級が、一九世紀後半に至って欧州各地で激しい階級闘争を担い、貧者（労働階級）の生存や労働条件の改善を要求しえた。それは、富裕と貧困の私的所有的偏在という物象化された現実を、物象化されざる〈富とリスク〉相互の普遍的共同性・集団性として捉え返すところに成立した事態として了解可能なのである。

ちなみに〈富とリスク〉相互の普遍的共同性・集団性の把握を可能にする労働階級の市場秩序の「外部性」が社会権のそれとも結びつくが、この社会権のありようは私的所有が基礎づける市民権の市場秩序の「内部性」と対照的である（したがって社会権を市民権の延長で捉えるのは原理的に誤りだと言える）。〈富〉の中心は、労働階級などの貧者が産出しながらも資本家などの私的所有物となる富裕であり、〈リスク〉の中核は労働階級には限定されない庶民などの貧困である。* したがって脱商品化＝脱物象化の認識を担保する労働階級などの貧困を解消すべきなら、市場秩序下での富裕を貧者などの手に奪還して富裕と貧困との私的所有的偏在を解消せねばならない。そしてこのようにして社会権を真に確立していくさいには、市場秩序の「外部」（労働階級）に依拠して、物象化のもとでは隠蔽される〈富とリスク〉相互の普遍的共同性・集団性を見出さねばならない。そしてまた、それは見出しうるのである。

＊　貧困が労働階級に限られず庶民（民衆）にも該当したのは、端的には「労働者は、程度の差はあれ、寄るべのなくなった民衆の利害を代表する者となった」［ポラニー　一九七五：一八二］という事実があるからである。

なお付言すれば自由主義下の慈善事業も、〈富とリスク〉相互の普遍的共同性・集団性の認識を醸成した。「慈善は、これなしでは無条件に富者と貧者という相互に敵対的な二階級に分割されるものを相互に結合するので、根底にある社会関係」［Ewald 1993：71］として機能したからである。慈善事業は、「高貴な義務」としての社会的義務ではあったが、道徳的義務にとどまるものであった。だが同時に、「この〔自由主義〕体制の激変を緩和し、その前進を確保するには必然的」［*a.a.O.*：64］なものであり、少しは貧者救済を行って〈富とリスク〉相互の普遍的共同性・集団性を若干は顕現させた。また慈善事業という「社会的義務は……、雇主が金を払って社会法／権を免れるさいの価格」［*a.a.O.*：131］とも言われ、「貧者を助ける慈善は、平等原理に制御され友愛の論理に従う」［*a.a.O.*：116］ものだとされた。慈善事業は社会権の一定の代替措置として機能し、社会権の成立を促したのである［竹内　二〇〇一：九七〜一〇一］。もちろん自由主義下の所有的個人主義に拘束されている慈善事業が、ただちに社会権や社会権主体を基礎づけたのではない。なぜなら「貧者に対する援助活動を行えという社会の義務に、貧者の請求権〔＝社会権〕が照応するという理念こそ自由主義者が拒否することだった」［Ewald 1993：66］からである。慈善事業は道徳的社会的義務ではあっても、権利を保障する法的義務にはなりえない点にこそ慈善の慈善たるゆえんがあった。＊

＊　慈善事業には、「労災の原因が雇主の意志のなかに探されねばならない」［*a.a.O.*：128］という、雇主を労働者の所有者とすることに端を発する私的所有論にもとづきながらも、私的所有論的な商品経済を遮断する面があり、そ

のため抽象的ヒューマニズムにもとづきつつも脱商品化＝脱物象化に至る要因もあった。この点では、慈善事業は社会権的なものにもつうじていたと思われる［竹内　二〇〇一：一〇一～一〇五］。

こうして脱商品化＝脱物象化とともにある〈富とリスク〉相互の普遍的共同性・集団性が、原理的には市場秩序「外部」の労働階級に担われつつ慈善事業の助力も得て顕現する。もちろん資本－賃労働関係を内包した物象化された市場秩序下では、階級格差に至る私的所有の偏在がある。だが脱商品化＝脱物象化された市場秩序の「外部性」によって〈富とリスク〉相互の普遍的共同性・集団性が認識されれば、これにもとづく社会権の基礎づけは、私的所有による市民権の基礎づけと同程度には具体的なものになりうるのである。*

＊　〈富とリスク〉相互の普遍的共同性・集団性論は、市場秩序的な「経済的利害ではなく、まさに社会的利害が市場によって脅かされたがゆえに、さまざまな経済階層に属する人々が、危険に対処するために無意識のうちに力を合わせた」［ポラニー　一九七五：二一二］事態の反映であるとも言え、社会保障の削減を意図して私的所有下の市場秩序の問題性を無視する現在の連帯・共助論とはまったく異なる。

3　社会権を基礎づける〈富とリスク〉相互の普遍的共同性・集団性

社会権や社会権主体を基礎づける〈富とリスク〉相互の普遍的共同性・集団性とは、〈富〉という肯定の産出と〈リスク〉という否定の産出とが不可分なものとしてある、ということでもある。こうした普遍的な関係は、肯定（富裕）と否定（貧困）の「各々は、自らをその他者へ関係づけるものとしてのみ、自らに関係する」［Hegel, Bd.6：57＝五六］と形容しうる。したがって脱物象化された関係態である集団的な〈富とリスク〉においては〈富〉と〈リスク〉各々に、契機として他方が内在し、〈富とリスク〉相互の普遍的共同性・集団性自体も内在する。このように〈富〉のうちに〈リスク〉が内在し、また〈リスク〉のうちに〈富〉が内在するといった相互の普遍的共同性・集団性自体が、共同的・集団的な〈富とリスク〉各々の関係態としての存在も担保する。*

＊　脱物象化された〈富とリスク〉相互の普遍的共同性・集団性という、〈富〉の増大／縮小と〈リスク〉の増大／縮小との一体的把握は、物象化され私的所有が支配的な市場秩序を前提にして富裕や生産性（〈富〉）の増大と貧困や浪費（〈リスク〉）の縮小との両立を主張するコスト・ベネフィット論（経済合理性論）――たとえば経済同友会の「医療・福祉の質向上と経済成長の二兎を追う」（二〇一二年五月）――の根幹を原理的に否定する。

〈富とリスク〉相互の普遍的共同性・集団性下の集団的な〈富とリスク〉は、それぞれに他方が内在する普遍的関係態だから、商品化＝物象化して私的所有的に偏在する個別的な富裕（〈富〉）や貧困（〈リスク〉）とはまったく異なる。とくに〈富〉が内在した関係態である〈リスク〉の普遍性は、〈リスク〉把握が歴史的に脆弱な点（第1節）からしても強調されるべきである。「誰もリスクから離れることや、どんな害も被っていない者として、他者から区別されるとは主張できない」［Ewald 1993：215〜216］のである。この点は後述の〈富〉の再配分による〈リスク〉補塡の平等性と普遍性につながるが、〈リスク〉補塡は社会権の端的な実現であり、〈リスク〉の普遍性を把握する意義は大きい。これらをふまえて基礎づけられる社会権と社会権主体の根幹は、次の四点にまとめられる。

（一）社会権の基礎は、脱物象化的な〈富とリスク〉相互の普遍的共同性・集団性、あるいはこの普遍的な関係性を内在させた〈富とリスク〉各々という普遍的な関係態にあり、それゆえ社会権は脱物象化した普遍的な権利たりうる。したがって脱物象化的な〈富とリスク〉相互の普遍的共同性・集団性に基礎づけられる社会権は、物象化された特殊な私的所有に基礎づけられる個別的な市民権とはまったく異なる。こうした普遍的権利たる社会権の淵源は、既存の諸議論のように私的所有に左右される特殊で個別的な市民権には求められない（社会権の脱物象化された普遍性*）。

＊「ある様式」に対して、「もつ様式」としての私的所有を「死んだ関係」［フロム　一九七七：一一三］であると徹底して批判したフロムでさえ、脱物象化を本格的には位置づけておらず、「私の財産がどこでいかにして取得されたか、またそれをどうするのかは私だけの問題である。法を犯さないかぎり、私の権利は無制限であり、絶対的である」［同：一〇三］、と私的所有を正当化する市民権のみを権利とし、社会権を権利論として展開していない。

（二）脱物象化的な〈富とリスク〉相互の普遍的共同性・集団性は、その普遍性によって、物象化された〈富とリスク〉の私的所有的偏在を相対化し、絶対視されがちな個別的な私的所有権＝市民権を相対化する。普遍的な〈富とリスク〉相互の共同性・集団性はその普遍性ゆえに、〈富とリスク〉の私的所有的偏在といった特殊な個別性を超えるのである。社会権の基礎づけとともに〈富とリスク〉の私的所有的偏在や市民権が相対化されるなら、社会権は市場秩序下の市民権の上位に位置する。この点が、〈富〉の再配分による〈リスク〉補塡（社会権や社会権主体の実現）のさいの、私的所有権や契約の自由権などに対する一定の市民権の「強制的」制限の正当化につながる（市民権を相対化する社会権*）。

＊自由を志向する市民権と平等を志向する社会権との統一論では社会権が優位となり、「自由は……、平等と潜在的に衝突する可能性のある独立した政治的理念ではなく、平等の一側面となる」［ドゥオーキン　二〇〇二：一六

九］、といった事態の根底にも、〈富とリスク〉相互の普遍的共同性・集団性にもとづく社会権の普遍性を理解すべきである。

（三）脱商品化＝脱物象化的な〈富とリスク〉相互の普遍的共同性・集団性は、さらに私的所有的な個人主義的区切りを流動化し、物象化され私的所有的に偏在する個人主義的な〈富とリスク〉各々を脱物象化された集団的な〈富とリスク〉としてあらためて示す。したがって集団的な〈富とリスク〉の普遍的な関係態が基礎づける社会権は、物象化された個別的権利である市民権とはまったく異なり、脱物象化された集団的権利であり、社会権の権利内容も脱物象化された集団的なものである。社会権や社会権主体の実現を示す〈リスク〉補塡のさいに再配分される〈富〉も、もはや物象化した私的所有的に偏在する個人主義的〈富〉ではなく、その出自いっさいが問われない市場秩序「外部」の脱物象化された共同的・集団的な〈富〉である。たとえば再配分される〈富〉として累進課税によってもたらされた貨幣は、市場秩序下での私的所有性とは切り離されたものである（社会権の集団性）*。

* ステイクホルダー論や納税者主権論が安易に主張することだが、社会保障財源はもともと「自分たちの私的所有物」だという私的所有性に依拠して、納税者が「客観的に把握された」ニーズにもとづく充足であるべき〈リスク〉補塡（社会保障）を左右しうるといった発想は、原理的に排除されるべきものである。

（四）相互に普遍的共同性・集団性が内在するがゆえに普遍的な関係態である〈富とリスク〉の存在からして、脱物象化のもとでは富者も貧者も「存在しない」。つまり富者には貧者性がまた貧者には富者性が内在するから、物象化された市場秩序下における富者や貧者の私的所有的偏在やその個人的区切りが否定されるのである。脱物象化された〈富とリスク〉相互の普遍的共同性・集団性のもとでは、私的所有者個人は「存在せず」、すべての個人が富者でも貧者でもない普遍的な共同的・集団的個人に「なる」。この集団的な社会権主体であるすべての個人は、生者であること以外いっさいの規定を超越しており、社会権的「権利主体（部分）は、個人の社会的規定や属性すべてを捨象する集団（全体）によって規定されるのである」［竹内　二〇〇一：一五三］（社会権主体の集団性*）。

＊　社会権主体の集団性は、労働者集団などの具体的集団を基盤としつつもこれには限られない。生きた人間や生存自体の把握においても集団性や関係性が肝要な点は、「脳死」状態の人が患者にとどまるか死体となるかの判断が法制度やケアする人によって左右されることや、生命力の根源が個人の自然性と他者のケアなどとの関係性にあることからも明白である［竹内　二〇一二b］。

以上の四点から、社会権は特殊で個別的な市民権を超えた普遍的で集団的な権利として、無差別平等な権利となる。つまり富者か貧者かなどの私的所有的偏差や個人的で自然的な区切りを超えた普遍的で集団的な、また個人の社会的規定や属性にまったく無関与な無差別で平等な社会権主体が可能になる。そうだからこそ社会権主体にあっては、私的所有的偏在に左右される生存ではなく、すべての諸個人の無差別で真に普遍的な生存が保障され、そこには市民権のような私的所有の介在の余地はまったくない。社会権主体として、〈富とリスク〉相互の普遍的共同性・集団性のうちに生きる諸個人は、富者でも貧者でもなく、言葉の真の意味での社会的諸関係の総体（マルクス）である。

このような四点に関わって基礎づけられる社会権や社会権主体は、生存権などの社会保障権に該当するだけではない。〈富とリスク〉相互の普遍的共同性・集団性はまた、団結権などの労働権としての社会権も基礎づけるからである。通常、当初の社会権の獲得が労働階級に主要に担われた点と重ねて、自由主義下の市民権の集団的拡大に団結権などの労働権（社会権）の成立と権利の集団性が位置づけられる［マーシャル　一九九三：三五〜三六］。たしかに、現実には社会権の獲得には労働階級の階級的で集団的な闘争が大きな役割を果たしてきた。だがそうであっても、自由主義下の物象化された私的所有的で個人主義的な市民権の延長では、社会権の原理的な集団性は基礎づけられない。なぜなら市民権は、私的所有を根拠とする個人主義的権利であり、それをいくら集積しても権利の個人性や私有性自体は存続するからである。また「自由な契約と個人責任は、自由主義運動全体の核心」［ホブハウス　二〇一〇：二七］であり、[*] 契約の自由と個人責任の中核が私的所有なのだから、私的所有を相対化しうる独自の集団性がなくては集団的な社会権は基礎づけられない。だからこそ労働権などの集団的な社会権は、〈富とリスク〉相互の共同性・集団性によって基礎づけられるのである。そして社会権や社会権主体全体が普遍的たりうるのも、これらを基礎づける〈富とリスク〉相互の普遍的共同性・集団性が、労組などの集団性を超えた広範で普遍的なものだからである。この点の了解は次節でふれるように、〈富〉が健康や健常（それを担保する社会文化的営為）などにも、また〈リスク〉が遺伝病を含む傷病や障がいなどにも及ぶ点によってさらに明確になろう。[**]

＊　この指摘は非常に重要である。ハーバーマスらのコミュニケーション論が市民権主義に陥るのも（本書補論を参照）、元をたどれば、自由な契約と個人責任や私的所有に依拠する自由主義を脱却できないからである。

＊＊　詳論はできないが、幸福や有利さと不幸や不利との相互関係の背後にも、また「自らの両親が良い暮らしをしてきたという偶然による高学歴へのアクセスがもたらす巨大な競争的利益は、幾分かは汚れているという普遍的感覚」［Nagel 1991：111］などの主観的感覚の背景にも、〈富とリスク〉相互の普遍的共同性・集団性がある。

4 〈富とリスク〉相互の普遍的共同性・集団性の広がり

遺伝病を含む「先天異常は、一定の割合でヒトの集団のなかに現れてくるものなので、それを実際になくすことは不可能で」［木田 一九九〇：一八八］、しかも遺伝病は、人類史上常に「一定の頻度でヒトの集団に起こっている」［同：一七九］。そのような遺伝病を含む先天異常の一方での存在がなければ、他方でのいわゆる健常ということもありえず、遺伝病等の先天異常とともに人類は存続してきたと言える。だから、遺伝病等の先天異常（〈リスク〉）を発症してない健常者の生存を遺伝病や先天異常をもつ人びとが、また健常（〈富〉）の存続を遺伝病等の先天異常が可能にしているのである。加えて重篤の遺伝病者は通常、健常者の存在がなければ生存しえない。したがって遺伝病等の先天異常と健常とは、〈富とリスク〉相互の普遍的共同性・集団性のうちにあり、双方ともに一方を他方が支える関係のうちにある。また「一つの劣性遺伝病の保因者は……、一〇〇人中に一人くらいいる……、遺伝病は少なくみつもっても五〇〇種類知られているので……、誰でも何らかの劣性遺伝病の遺伝子を五個くらいはもって」［同：二〇八］おり、誰もが遺伝病者になりうる。つまり遺伝病等の先天異常（〈リスク〉）が健常（〈富〉）に内在し、またその逆もしかりという〈富とリスク〉相互の普遍的共同性・集団性があり、このうちでのみ諸個人は存在しうる。この人類存続の必然たる健常と遺伝病等の先天異常（〈富とリスク〉）相互の普遍的共同性・集団性も、社会権や社会権主体を基礎づけるのである。

さらに障がい（〈リスク〉）と健康・健常（それを担保する社会文化的営為）（〈富〉）との相互の普遍的共同

性・集団性も、社会権や社会権主体を基礎づける。それはとくに正確な把握において障がいは、損傷（impairment）、能力不全（disability）、不利＝差別（handicap＝discrimination）に三区分されるところからも了解されることである。*

＊ そもそも日本では、障がい者と障害物（hurdle）の双方に「障害」の語が使用される問題がある。なお国際障害者年で提起されたこの三区分の後、ＩＣＨＦモデルやカナダモデル［茂木　二〇〇三：三五〜四二］、さらに従来の障がいの医療モデルに対する社会モデルも示されたが、これらでは重視すべき障がい概念の関係性の把握がこの三区分よりも弱くなっていると思われる。

通常、障がいは個人の自然性に固着したものとされ、個人の私的所有として物象化のもとで個人主義的に把握されるが、これは脱物象化の観点からは誤りである。生物学的な損傷は、既述の遺伝病を含む先天異常（損傷）のように、損傷（〈リスク〉）と健常（〈富〉）相互の普遍的共同性・集団性のうちにあるからである。また薬害などの公害や交通事故などがもたらす損傷（〈リスク〉）も、利潤至上主義の企業やこれと癒着した厚生行政や利便追求社会が体現する〈富〉との相互の普遍的な関係のもとにある。したがって傷病（〈リスク〉）の単純な個人主義的把握や、細菌などのみを病因とする特定病因論的病気観も誤りである。社会医学的病気観をふまえれば、感染症でさえ細菌などのみが原因ではなく、社会生活上のさまざまな不備（〈富〉の不在）こそが感染症（〈リスク〉）の主要原因だということになるからである［竹内二〇〇五ａ：一三二〜一四二］。こうした〈富とリスク〉相互の普遍的共同性・集団性も、社会権や社会権主体を基礎づけるのである。

たしかに身体（個人の自然性）に固着した損傷が存在し、損傷の個別実体性を前提にしなければならない場合は、損傷という障がい（〈リスク〉）と健常（それを担保する社会文化的営為）（〈富〉）との間に相互関係はない。だがその場合も、障がい概念の中核をなす能力不全（〈リスク〉）には、私的所有的で個人主義的な観点は妥当しない。なぜなら能力不全——また能力自体——の成否は、損傷などの個人の自然性と他者を含む社会文化的環境やその所産との相互関係によるものだからである。たとえば物象化された意識では、近視といった能力不全の原因は個人の自然性（視神経や視覚筋肉など）の損傷に求められる。だがこの視力（能力）不全という障がいは、損傷（〈リスク〉）に適合しうる眼鏡などの社会的産物（〈富〉）が存在しない場合に生じるのであり、この点ですでに〈富とリスク〉相互の普遍的共同性・集団性のうちにある。逆に視力の損傷に適合的に働きかけうる眼鏡などがあれば視力（能力）不全は生じず、損傷（〈リスク〉）と社会文化的営為やその所産（〈富〉）との相互の普遍的な関係しだいで能力不全はなくなる。

個人の自然性に重篤な損傷（〈リスク〉）があり、損傷に関わって能力不全に至るのも、この損傷に適合しうる社会文化的営為（〈富〉）が存在しないためである。たとえば眼球や網膜の完全欠損という損傷（〈リスク〉）を負えば、損傷と社会文化的営為との関係として失明（能力不全）が生じるが、この失明も個人主義的なまた私的所有的なものではなく、欠損を完全に補填しうる医療などがないがゆえに生じるのである。また染色体異常（損傷）に関わる知的障がいも、通常は個人主義的に把握されるが、それはその染色体異常（〈リスク〉）と医療や教育や福祉などの社会文化的営為（〈富〉）との相互の普遍的な関係性のなかにあるものである。つまり染色体異常による能力不全は、医療がそれを治療できず、教育や福祉が染色体異常者に「健常者」に見られる通常の「能力」を育成できないなどの〈富とリスク〉相互の普遍的共同性・集団性ゆえに生ずるに「すぎない」。知的障がいの多くは、たしかに既存の社会文化的営為（治療や教育や福祉など）によってではなくならない。だがだからこそ知的障がい＝能力不全の成否は、損傷（〈リスク〉）と社会文化的営為（〈富〉）相互の関係によるのであって、能力不全（〈リスク〉）は個人の私的所有物ではない。*

＊　たとえばフェニールケトン尿症（優性遺伝病）に関わる知的障がいという能力不全（〈リスク〉）は、特殊な蛋白質を含む栄養供給（〈富〉）があれば生じない。ここにも相互の普遍的共同性・集団性がある。

この能力不全の成否に関わる〈富とリスク〉相互の普遍的共同性・集団性も社会権や社会権主体を基礎づけるのだが、それも損傷（〈リスク〉）と健常（それを担保する社会文化的営為）（〈富〉）の双方が自立的に存在するのではなく、その各々に他方が内在するという関係性によるのである。つまり損傷（〈リスク〉）とケアなどの社会文化的営為（〈富〉）との関係に立ち入れば、能力自体からも社会権や社会権主体が基礎づけられるのである。たとえば「自立」排泄不可能な重度の知的障がい児も、適切なケアにより定時排泄が可能ならば、そこには当該「障がい児」*およびその障がいとケア側との関係によって定時排泄の能力が実現する。この定時排泄の能力は、当該「障がい児」の個人主義的な私的所有物としての能力ではなく、目をあわせて一緒にきばる等々の工夫に満ちたケアが可能にする、つまりは損傷（〈リスク〉）に適合的な社会文化的営為（〈富〉）が可能にする関係自体としての能力なのである。

＊　この重度の障がい児は定時排泄可能という点では能力不全（障がい）をもたず、この点では障がい児ではないので「障がい児」と表記する。この種の少し詳しい話は、竹内・藤谷［二〇一三］を参照されたい。

このように損傷（〈リスク〉）を補填しうる社会文化的営為（〈富〉）の有無が、能力の成否を決するのだが、健常者の通常の「自立」排泄能力にも幼少時の排泄に関する親密圏などのケアが内在しており、個人の生理学的自然性に対して働くケアがあったればこそ「自立」排泄が可能になる。だとすれば既述の能力不全などの障がい概念に関する共同性・集団性は、能力全般の相互の関係性、つまりは「能力の共同性」につうじるものとなる。能力の根源は（脱物象化的には）、私的所有的個人主義的なものではなく、〈諸個人の自然性と他者を含む社会文化的営為との相互の関係性自体〉、「能力の共同性」なのである。*

＊「能力の共同性」論は、能力の発展が他者等の環境によるものだという通時的議論（通常の環境重視論）と、時々の能力の発揮が他者等の環境によるものだという共時的議論とに区分される［竹内 二〇一一a：一三〇〜一三七］。

しかも諸個人の自然性の根源も、（本来はありえないが）社会文化的営為（〈富〉）から隔絶されれば、自然性としての存在自体が無化される〈リスク〉に転化する。たとえば自然性とされがちな生命力も、ケアなどの社会文化的営為から切断されて自然性のままに任されれば、たとえ栄養・衛生・運動などによって自然性が十分に担保されても、死という最大の〈リスク〉に直面する。*逆に〈リスク〉は負ってはいても生きられるという点からして生命力自体にも、社会文化的営為（〈富〉）が内在するのである。

＊一三世紀の多民族多言語帝国だった神聖ローマ帝国の皇帝フリードリヒ二世は、人が自然発生的に喋る言語を調べようと、出生直後の親のいない赤ん坊に栄養・運動・衛生等の生物（自然）としての生命力維持の点では十分なものを与える一方で、言語教育につながるコミュニケーションいっさい（あやすことや愛情表現や見合うことも）を禁ずる「沈黙育児」をやらせた。ナチスも真似たこの「沈黙育児」の結果、数か月を経ずして赤ん坊は次々に弱り死んだ［読売新聞 一九六三：八五］。これは、生命力という能力への社会・文化の内在と「能力の共同性」の成立を示している。

つまり生命力という能力も、ケアなどの社会文化的営為〈富〉と、放置されれば〈リスク〉となる自然性との関係としての「能力の共同性」により成立する。そして「能力の共同性」をも含む〈富とリスク〉相互の普遍的共同性・集団性が、社会権や社会権主体を基礎づければ、そうした基礎づけは富裕や貧困によるものにとどまる場合よりもはるかに深く豊かになる。富裕や貧困という個人とは相対的には異なる外面的次元だけでなく、能力という個人の内面的次元が社会権や社会権主体を基礎づけるからである。「人間の尊厳」による社会権の基礎づけ［片岡　二〇〇一：八五］も、「能力の共同性」を含む〈富とリスク〉相互の普遍的共同性・集団性論に依拠してこそ真に意義あるものになるだろう。*

* たとえば重度の知的障がいや認知症をもつ人への優れた食事ケアでは、「相手の唇に押しつけるわけでもなく、舌をださねばならないほど遠すぎることもない位置に、かすかな口開けでも無理なく入れられるほどのお粥がのせられてスプーンが」あり、「相手に声もかけず、視線に力も込めずに、自分の存在を拡散させて薄め」る［西川　二〇〇七：一八七～一九三］といったことがなされるが、こうしたことにも〈富とリスク〉との相互の普遍的共同性を見出すべきだろう。

なぜなら、「能力の共同性」に至る〈富とリスク〉相互の普遍的共同性・集団性が基礎づける社会権こそが、抽象的ヒューマニズムに依拠せずに文字どおりすべての人の生存を具体的に擁護しうるからである。そしてこうした社会権こそが、いわゆる「脳死」患者を含め、人間性や人間の尊厳などの境界による「死すべき」人の創出を否定し、安易な安楽死や尊厳死の出現を防ぎうる。付言すれば「能力の共同性」自体が、個人主義的個別実体や私的所有を超えた動的関係態としてすべての人の能力に平等に該当するがゆえに、「能力の共同性」による社会権や社会権主体の基礎づけはより普遍的かつ内面的なものになるのである。*

* 「能力の共同性」論は個人の能動性や主体性の根源に他者性を介在させるから、能動性や主体性を弱体化しパターナリズムを助長して個人の自律や尊厳を侵す、と非難されることがある。だが個人の能動性を単純にまた先験的に主張しえないことは、受動性を否定し「生産的な能動性」を強調するフロムですら、受動的に生じる「生きる過程」を事実上の相互性論として語らざるをえない点［フロム　一九七七：五三〜七五］からも明らかだと思われる。

5　社会権の実現――〈富〉の再配分による〈リスク〉補塡

視神経などの個人の自然性上の損傷（〈リスク〉）に適合する眼鏡（社会文化的営為の所産）（〈富〉）があれば、視力における能力不全は無化される。だが多くの知的障がいのように、自然的な損傷（〈リスク〉）に適合するケアなど（〈富〉）がなければ能力不全が生じる。これが、能力不全は〈富とリスク〉相互の普遍的共同性・集団性に依拠するという論理だった。だとすればこの論理は事実上、集団的〈富〉の再配分による集団的〈リスク〉の補塡という社会権の実現の論理を含むことになる。損傷（〈リスク〉）に適合する健常（それを担保する社会文化的営為）（〈富〉）はすでに、〈リスク〉を補塡する〈富〉の作用を意味するからである。またそうして作用する〈富〉は、その一部にせよ損傷を補塡しうる〈富〉へと転換したものであり、これは集団的〈富〉の再配分だからである。つまり〈富〉の再配分による〈リスク〉補塡は、損傷（〈リスク〉）と社会文化的営為（〈富〉）との相互の普遍的共同性・集団性の内実を示しており、ここに社会権の実現を見ることができる。

富裕（〈富〉）と貧困（〈リスク〉）の場合も、健常（それを担保する社会文化的営為）と損傷の場合と同じく、原理的には、富裕と貧困相互の普遍的共同性・集団性が、集団的〈富〉の再配分による集団的〈リスク〉の補塡を含んでいると言いうる。なぜなら、富裕（〈富〉）と貧困（〈リスク〉）相互の普遍的共同性・集団性が存在すれば、「集団的富裕の総体という基盤のうえでこれら富裕の諸個人への配分が想定され」[Ewald 1993 : 21]、この集団的富裕と表裏一体の貧困などの集団的害悪についても、「個別特定の害悪ゆえの重荷も集合的な利益〔富裕〕に伴う必然的対価としてすべての人に配分す」（*ebd.*）べきことになるからである。したがってまた「均衡を回復し、社会的な重荷の配分における不平等の縮小が妥当となる」（*ebd.*）。つまりは再配分や補塡の程度問題が残るにせよ、〈富とリスク〉相互の普遍的共同性・集団性がすでに原理的には、集団的〈富〉の再配分による集団的〈リスク〉の補塡を、すなわち平等で普遍的で集団的な社会権や社会権主体の実現を規定しているはずなのである。

だが〈富とリスク〉とくに富裕と貧困に関しては、社会権や社会権主体の十全な実現はいまだきわめて困難である。「先進国」では、私的所有的偏在の一部が非常に不十分ながら社会保障などとして縮小されてはいる。だが多くの場合、市場秩序下での〈富とリスク〉の私的所有的偏在は放置状態で、貧富の格差という人類史的問題が存続し、そこには富裕と貧困をめぐる強力な物象化の支配がある。つまり一方で、市場秩序「外部」の〈富とリスク〉相互の普遍的共同性・集団性が脱物象化的に認められても、他方の物象化した市場秩序下では、階級格差にまで至る〈富とリスク〉の私的所有的偏在が厳然と存在する。この点では集団的富裕（〈富〉）の再配分による集団的貧困（〈リスク〉）の補塡は、〈富とリスク〉相互の普遍的共同性・集団性から自動的に導出されるわけではない。だからこそ富裕や貧困に関する

〈富〉の再配分による〈リスク〉の補塡には、物象化した市場秩序下の私的所有権や契約の自由権（市民権）の制限と、〈富〉の私的所有的偏在の「強制的」——とはいえたんなる権力主義的強制ではない（後述）——再配分が必須なのである。つまりは市場秩序「外部」の国家権力などにより、「強制的に」累進課税などを集積して私的所有から解放された集団的〈富〉を確保せねばならない。*

＊　個人の私的所有とこれにもとづく個人主義的権利である市民権自体も、通常は意識されないが、国家的強制の所産である。市民権を至上とする「自由放任も国家によって実現され」［ポラニー　一九七五：一八九］、「レッセフェールシステムを可能にする諸権利（＝市民権）のみを強要すると決定する点では、国家は一つの選択をした」［Nagel 1991：100］からである。これは、能力などを当該者の私的所有物として正当化する点にも該当する。

以上のことはまた、集合的な〈富〉の再配分による〈リスク〉の補塡が、脱商品化＝脱物象化と商品化＝物象化にまたがっていることを意味する。つまり一方の脱物象化した〈富とリスク〉相互の普遍的共同性・集団性からすれば、再配分される集合的な〈富〉自体が〈リスク〉を内在させた関係態として市場秩序の「外部」にある。だが他方で集合的〈富〉は、物象化した〈富とリスク〉の階級格差にまで至る私的所有的偏在を克服し、私的所有的〈富〉を「強制的」に集積してこそ現実となる。そのため集合的〈富〉の再配分による集合的〈リスク〉の補塡は、市場秩序の「外部」と市場秩序にまたがって「強制」とともにある。

だがこの〈富〉の再配分のさいの「強制」は、脱物象化した市場秩序「外部」に〈富とリスク〉相互の普遍的共同性・集団性が存在するがゆえに、単純な権力主義的強制ではなく、あえて言えば自然必然性（必要性）に類比しうるものである。なぜなら脱物象化された〈富とリスク〉相互の普遍的共同性・集団性の媒介により、物象化された市場秩序下の〈富とリスク〉の私的所有的偏在は――「能力の共同性」により個人の自然的で個体的区切りまでもが――第3節で述べたように、原理的にはすでに相対化・流動化・集団化されているからである。つまりは市場秩序とその「外部」とのまた物象化と脱物象化との関連のなかで、再配分される〈富〉はすでに純然たる個人の私的所有物ではなく、まさに共同的で集団的〈富〉でもあるがゆえに、再配分にはことさら権力主義的強制を必要とはしない。* こうした〈富〉の私的所有的偏在の制限とこれによる「強制的」な〈富〉の再配分による〈リスク〉の補填は、商品化＝物象化と脱商品化＝脱物象化とに、また市場秩序とその「外部」とにまたがっているがゆえに、物象化された市場秩序下において〈富とリスク〉相互の普遍的共同性・集団性を開示することにもなる。

* 〈富とリスク〉相互の普遍的共同性・集団性論を真に生かせば、新自由主義の理論家たちが社会権を「強制的所得移転を一つの権利とすること」[Hayek 1960：292＝Ⅲ、五六] として却下したり、社会権の財源である「勤労収入への課税は、強制労働と変わりがない」[ノージック　一九八九：二八四] と非難する点は完璧に否定しうる。また〈リスク〉補填がたんなる労働者保護や弱者救済ではないことから、ハーバーマスらによる官僚主義化や国民の受動化の温床としての社会保障への非難 [ハーバーマス　1981：531＝三六六] も克服しうる。それは権力主義的国家や階級支配の道具たる国家を否定し、共同事務機能としての国家に公的責任を果たさせる議論にもつながろう。

社会権や社会権主体の実現を今一度まとめつつ付言すれば、以下のようになる。商品化＝物象化された市場秩序下の階級格差にまで至る〈富とリスク〉の私的所有的偏在は、脱商品化＝脱物象化された市場秩序の「外部」における〈富とリスク〉相互の普遍的共同性・集団性による社会権の基礎づけと、集団的〈富〉の再配分による集団的〈リスク〉の補填をつうじて、普遍的で集団的な社会権的主体において平等化される。この平等化を実現する集団的〈富〉の再配分による集団的〈リスク〉の補填はまた、〈富とリスク〉相互の普遍的共同性・集団性を物象化された市場秩序下で顕現させることでもあり、ここにこそ普遍的で集団的な社会権や社会権主体の実現がある。だが〈富とリスク〉各々への他方の内在をも意味する〈富とリスク〉相互の普遍的共同性・集団性は、脱物象化された市場秩序の「外部」にしか存在しえない。

だからこそ、脱物象化された〈富とリスク〉相互の普遍的共同性・集団性にもとづいて集団的〈富〉を再配分し集団的〈リスク〉の補塡を行うこと――ニーズ把握にもとづくニーズ充足でもある――や、普遍的で集団的な社会権や社会権主体の実現も容易にはなされない。この実現は再配分のために私的所有的な富裕など〈〈富〉〉を「強制的」に徴収して富裕を集団化し、貧困など〈〈リスク〉〉を補塡するという「強制」の論理とともにのみある。この「強制的」制限は国家権力などによる私的所有権や契約の自由権（市民権）の制限を意味するから、社会権の実現には市民権の一定の「強制的」制限が伴う。[*]だが市場秩序下でのこうした「強制」は、市場秩序「外部」の〈富とリスク〉相互の普遍的共同性・集団性を根拠にしており、この根拠が私的所有をすでに相対化・流動化・集団化する点からすれば、単純な権力主義的強制ではない。

＊　新自由主義者が「福祉の権利と呼ばれるものは、各人の自由を犠牲にした時だけ尊重されるものであるから、これを認めることはできない」［スミス　一九九七：三二六］、と福祉の権利＝社会保障権を否定するのは、社会権を一顧だにせず、物象化された市場秩序下の市民権のみを権利とするがゆえのまったくの誤りである。

なお以上の社会権や社会権主体の実現論は、社会保障権に限られるように見える。だが物象化された市場秩序下の〈富とリスク〉の私的所有的偏在につき、〈富とリスク〉相互の普遍的共同性・集団性を根拠に、〈富〉を再配分して〈リスク〉を補塡することは労働権としての社会権にも該当する。たとえば団結権・団体交渉権・罷業権の実現には、物象化された市場秩序下で私的所有的に資本側に偏在している〈富〉（契約の自由の力など）を「強制的に」制限せねばならない。そして、資本側のようには〈富〉を所持せず資本側に対しては〈リスク〉を負う労働側への集団的〈リスク〉の補塡としてこの〈富〉が再配分され、集団的交渉力を担保する団結権などの社会権と社会権主体が実現する。物象化した市場秩序下では、資本側に偏在した契約の自由の力（〈富〉）と事実上この力をほとんどもたない労働側に偏在した〈リスク〉が存在する。だが脱物象化的には、労働側への〈リスク〉の偏在ゆえに資本側に〈富〉が偏在し、またその逆の関係をもつ〈富とリスク〉相互の普遍的共同性・集団性があり、これが団結権などの労働権〈社会権〉を基礎づけるがゆえにまた、〈富〉の再配分による〈リスク〉の補塡として労働権も実現するのである。*

＊〈富〉の再配分による〈リスク〉の補塡としての労働権（社会権）の実現を、〈富とリスク〉相互の普遍的共同性・集団性を重視せず、市場秩序下ないし個人還元主義的な契約の自由権（市民権）的枠組みのみから言うと、「雇用主には、自らが雇う労働者に労賃以上のものを支払う義務がある」[Ewald 1993：131]、ということになる。

こうして基礎づけられ実現される労働権（団結権・団体交渉権・罷業権）が社会権の一翼を担うが、この労働権を発揮して資本側に労働側の賃上げや労働条件改善を実現させることもまた社会権の実現である。そしてこのように団結権などにもとづいて、物象化された市場秩序下の資本側の富裕（〈富〉）を「強制的」に再配分し〈リスク〉補塡を行うことの根底にも、〈富とリスク〉相互の普遍的共同性・集団性が存在するのである。

以上の労働権（社会権）の実現においては、社会権主体の集団性について労働集団が表象されやすいが、それは労働組合などに限られるものではない。もちろん脱物象化＝脱商品化した〈富とリスク〉相互の普遍的共同性・集団性の把握を可能にしたのは、原理的には市場秩序の「外部」に位置しうる労働階級だった。また現実にも労働階級を中核とする階級的な労働組合運動が、一九世紀後半以降の社会権（社会保障や労働保障）の実現に大きく貢献した［竹内　二〇〇一：一二三〜一二八］。だが既存の社会権は、労働側の力のみによるのではなく、階級妥協という集団性の産物でもある。たとえば社会保障の端緒とされるビスマルク社会保険の成立は、社会主義鎮圧法などをめぐる「階級問題が内政の奥深く取り込まれ」るような飴と鞭の階級妥協的機能によるし［高橋　二〇〇〇：八四〜八七］、西欧福祉国家型の枠組みとは異なる戦後日本の国民生活安定策に体現された社会権も、「開発主義的な大衆社会統合策」という階級妥協のなかでかたちづくられた［後藤　二〇〇四］。以上からしても、社会権や社会権主体の集団性は労働階級のみに限定されるわけではない。*

* 「一八七〇年以降、〔国家介入による市場からの〕保護主義をめざす運動に断続的に参加した階級および集団」が求め、「産業文明の要請でありながら市場的方法では対処することのできないものにこたえた」『集産主義的』諸措置」［ポラニー　一九七五：二〇九〜二一〇］として初歩的社会権があり、この「保護主義をめざした」集団は資本側を一定含むので、集団性は労働階級のそれに限定されない。なお私が「一八七〇年問題」と名づけた点だが［竹内　二〇〇一：一二六〜一三三］、ポラニーが高く評価するこの時期を、ハイエクは「一八七〇年代に始まる自由主義の教義の没落は……、〔社会権的措置により〕自由を再解釈することと密接に関係している」［ハイエク　一九八六：二二五］と非難している。この一八七〇年問題を、新自由主義や社会権の集団性を絡めてあらためて問うべきである。

さらに脱物象化された〈富とリスク〉相互の普遍的共同性・集団性の認識の端緒が、市場秩序の「外部」の存在でもある労働者集団にあるとは言っても、社会権や社会権主体を基礎づける〈富とリスク〉相互の普遍的共同性・集団性は、既述のように（第4節）健常や疾病などの個人の内面に至るほど広範なものである。労働権（社会権）の中核である団結権の集団性も、労組などの労働者集団のみならず、すべての人に該当する富裕や健康などと貧困や疾病などを含む〈富とリスク〉相互の普遍的共同性・集団性に基礎づけられるものであった。だからこそ社会権は労組集団に限定されず、すべての人に妥当する普遍的な生存保障や労働保障として実現されうる。また社会権主体の集団性も団結権などの労働権には限定されず、市民権的な私的所有権主体（個人主義的な権利主体）を超えて、すべての人が権利主体になる点での集団性を意味する。社会権の集団性は、すべての人の生存保障を基底とする広範な権利保障に至る社会権の普遍性と同義なのである。

6　社会権の成立における私的所有および貨幣の性格転換とニーズ論

集団的〈富〉の再配分による集団的〈リスク〉の補塡のために市民権（富者などの私的所有）を制限することは、一方では私的所有的な特殊利害と異なる共同利害をもたらす。そして他方では、「特殊利害の実践的闘争」が必要とする「国家としての幻想的な『普遍』利害による実践的介入と制御」［マルクス一九九八：一四六］をもたらすことがある。だが〈富とリスク〉相互の普遍的共同性・集団性に担保された私的所有の制限とこれによる富裕の拠出（集団的〈富〉の集積）は、〈富〉の再配分による〈リスク〉の補塡、また社会権や社会権主体にとって本質的なものである。そしてこうした私的所有の制限の中核こそ累進課税なのである。マルクスが指摘したように、法人税や所得税に見られる「累進課税制は、たんに大なり小なり現存の生産諸関係の内部で実施しうるブルジョア的措置であるだけではない。累進課税制は、ブルジョア社会の中間層を『律儀な』共和制につなぎとめて国債を減らし、ブルジョアジーの反共和主義的な多数派を抑制する唯一の手段」[MEW7 : 42 = 三九] として重要なものである。累進課税は、物象化のもとでの〈富とリスク〉の私的所有的偏在の克服に向かって、市場秩序の「外部化」という超資本主義化と脱商品化 = 脱物象化を進めるうえで、富裕者などを「抑制する唯一の手段」ですらある。*

＊ 累進課税は通常、所得税について理解されようが、法人税や相続税や贈与税などあらゆる税金について念頭におき、累進率の高度化が志向されるべきである。付言すれば現在の消費税等の物品税は、再配分に不適合で逆累進性がある点で、市場の「外部」や脱商品化 = 脱物象化という面が弱く、累進課税とは根本的に異なる。

しかも累進課税は、制限された富者などの〈富〉の「私的所有権」を、当初の物象化された市場秩序下の純然たる私的所有権にとどめおかない。脱商品化 = 脱物象化された〈富とリスク〉相互の普遍的共同性・集団性に媒介され、この関係性の内実を示す集団的〈富〉の再配分と不可分である点で、すでに一定程度は脱物象化され社会権的に変容された「私的所有権」が生じるからである。〈リスク〉が補塡された貧者の「私的所有権」も同様である。この私的所有権の変容のただなかで実現する社会権や社会権主体は、市場秩序の「外部」に成立する脱物象化されたものであるとともに、私的所有が支配的な市場秩序下で物象化されたものでもあるから、市場秩序とその「外部」にまたがって存在する矛盾のうちにあり、さらに言えば超資本主義性（革命性）と資本主義性（保守性）という矛盾をあわせもつと言える。*

＊　この矛盾は、「近現代的な社会権の導入は〔労働力等の〕純粋な商品という性格を失わせることを意味する」が、「脱商品化は〔資本主義的市場〕システムの存続のために必要」でもあり、「脱商品化という概念は労働力商品の根絶ということと混同されてはならない」〔エスピン‐アンデルセン　二〇〇一：二三、四一〕ので、労働力商品の脱商品化と商品化との矛盾にもつながる。また社会権や社会権主体は、労働階級の市場秩序の「外部性」とも相まって、市場秩序や資本主義を超えるコミュニズムへの媒介的位置にあるとも言える（本書第6章）。

市場秩序とその「外部」にまたがるがゆえの社会権や社会権主体の矛盾的性格、さらに言えば集団的〈富〉の再配分による〈リスク〉補塡の矛盾的性格の内実を示すものとして、社会権勃興期の「いかなる所有の権利も自明のものとして仮定してはならない」〔ホブハウス　二〇一〇：七四〕という議論が捉え返される。そしてこの市場秩序下の私的所有を前提にしない重要な議論を、現代的に再浮上させたと考えられるのがネーゲルらの次の発言である。「所有の本質が慣習である」から、「租税によって支えられた政府……の介入に先立って、人々がそもそも所有しているものは何か……、といった所有物のある初期的な配分を所与のもの……、正当化の必要のないもの……と考えること……はできない」〔マーフィー／ネーゲル　二〇〇六：六〜七〕し、「租税構造に先立って所有権といったものは存在しない」〔同：八二〕。〈富とリスク〉相互の普遍的共同性・集団性による社会権の基礎づけをふまえれば、これらの発言は、集団的〈富〉の再配分のための富者などに対する「強制」課税後の「私的所有権」を示した点で、〈リスク〉補塡を実現する市場秩序の「外部」、つまり社会権の実現とともにある制限された「私的所有権（市民権）」を示している。さらに言えば、私的所有権についての論及だが市民権の成立自体を社会権の実現後としたことは、制限された市民権と社会権の真の統一を示唆したものだと評価しうる。＊

＊　ネーゲルらの「課税前所得は独立した道徳的重要性をもっていない」［マーフィー／ネーゲル　二〇〇六：八二］という議論は、ホブハウスの「財産権（rights of property）が存在するということを、私たちはみな承認している。だが、財産への一般的な権利（general rights *to* property）というものもまた存在する」［ホブハウス　二〇一〇：一三九］という、社会権を「財産の一般的権利」としようとする構想が継承されたものとしても位置づけうる。

それはまた、昨今の社会権の軽視と権利の市民権への還元という議論の隆盛や、新自由主義下における私的所有権の絶対視を撃つ意味でも有意義である。だが上記のネーゲルらの議論は物象化論が伴わないため、階級格差にまで至る物象化された〈富とリスク〉の私的所有的偏在や市場秩序的現実に対抗する点で弱点がある。つまり〈富とリスク〉相互の普遍的共同性・集団性の実をあげ、真の生存権保障に至る〈リスク〉の補塡の現実には、累進率の高度化などに向けての階級闘争に及ぶ「強制的」な私的所有権制限が必須だが、彼らの議論ではこの「強制」への着目が弱いのである。

なお集団的〈富〉の再配分による〈リスク〉の補塡が、市場秩序とその「外部」にまたがる矛盾的性格をもつ点に関連しては、さらに二つの点に留意すべきである。第一に市民権（私的所有権）を「強制的」に制限して徴収される累進課税などの貨幣（集合的〈富〉）には、市場秩序「外部」の「貨幣」という面があるという点である。つまり集団的〈富〉の再配分による集団的〈リスク〉の補塡という社会権の実現は、貨幣の性格を市場秩序下とは大きく異なるものにする。〈リスク〉補塡のために再配分される集合的〈富〉である「貨幣」（社会保障費など）は、物象化された市場秩序を遮断してその「外部」に存在する点では、もはや商品交換関係や資本－賃労働関係とは無関与なものである。たしかにこの「貨幣」も、物象化された市場秩序下で私的所有的に偏在する〈富〉を「強制的」に集積した点では、市場秩序下にある。だが再配分されて〈リスク〉の補塡に充当される集合的〈富〉の根拠は、あくまで〈富とリスク〉相互の普遍的共同性・集団性にあるから、この〈富〉は〈富とリスク〉の私的所有的偏在や、市場秩序下での商品交換的な債権－債務関係を免れている。つまりたとえば社会保障の実現は、脱物象化された集合的〈富〉の再配分による〈リスク〉補塡として、市場秩序「外部」の社会保障費にもとづくから、そこには私的所有的顧慮が働く余地はまったくない。したがってすべての社会保障費について、誰（私的所有者）の拠出が誰（社会保障受給者）に配分されるかといったことが問題とされる、現下の社会保障改革諸法における議論も誤りとなる。このような議論は、社会保障費の市場秩序の「外部」性を忘却し、市場の債権－債務関係に依拠している点で、したがってまた社会保障費としての「貨幣」が、〈富とリスク〉の私的所有的偏在には無関与なことを無視している点で誤っている。

第二は、脱物象化された集合的〈富〉の再配分による〈リスク〉の補塡が、生活保護費などとして「貨幣」化されても、この「貨幣」が第一義的には商品交換関係のなかにはない点である。それは、必然的に規定される客観的ニーズ（必要）に即応した〈リスク〉の補塡を表示するだけの、ニーズを表示する、あえて言えば脱物象化されたものなのである。たとえば種々の専門性や技術性から把握される客観的ニーズを表現する「貨幣」なのである。たしかに生活保護費も、貨幣でありニーズを直接充足する現物ではない。だが生活困難などの現実的〈リスク〉に即応したニーズ（把握）を真に表現していれば、その市場秩序「外部性」は確認される。典型的には憲法第二五条を具体化する生活保護法第八条二項は、厚生労働大臣が設定する生活保護基準について「要保護者の年齢別、性別、世帯構成別、所在地域別その他保護の種類に応じて必要な事情を考慮し」と定めており、これらの考慮――具体的現実には問題があるが［笹沼　二〇一二］――によりニーズが規定され生活保護費が給付されるなら、生活保護費という「貨幣」は市場秩序下の商品交換関係的貨幣とは大きく異なる。* ここには社会保障的なニーズ把握が、そもそも市場秩序下の商品交換関係とは無関与に脱商品化＝脱物象化されるべき点も関わっている。したがってまた昨今の社会保障削減の震源である民営化・市場化路線は、道徳的に非難される以前に、脱物象化された本来のニーズ把握を否定し、貨幣支払いと福祉ニーズ把握とを等値する点ですでに誤りだと言える。**

＊　なお、富者は所持貨幣の「はるかに小さい部分」で生存に「もっとも必要な欲求を満たし」、「無限の可能性」にも至る貨幣使用の選択の自由をもつが、「貧者の貨幣手段は、無限の可能性という囲いに取り囲まれていない……。貧者の貨幣手段は当初から、明白に規定された〔生存〕目的とまったく無媒介にまた確実に接合する……。貧者の手中にある〔貨幣は〕……、純粋で抽象的な意味では決して『手段』ではない」［ジンメル　一九九九：二二二］。

＊＊　公的介護保険法や障害者総合支援法における要介護度区分や障害程度区分といった、福祉ニーズ自体を先験的に貨幣化して貨幣支払いをニーズと等値するのは、市場秩序「外部」をむりやり内部化する点で、社会保障の事実上の否定として克服されるべきことである。

加えて現代日本の社会保険医療や公的保育のように、〈リスク〉の補塡が現物支給となっている場合は、社会保障の市場秩序の「外部性」はより明白である。原理的には診断に即応した治療や保育欠如に即応した保育措置などの、貨幣の介在しないニーズ把握に即応したニーズ充足があり、貨幣支払いによる商品交換的需要充足とはまったく異なる市場秩序の「外部性」があるからである。自己負担支払いがある場合も、医療費負担の猶予・免除や所得に応じた累進的保育料などが相当な程度で機能すれば、これら支払い貨幣はニーズ充足とは不等価な点で、原理的には市場秩序下での商品交換的なものではなくなる。*

＊　ここでの脱物象化されたニーズ把握にはある種の専門性や技術性が必要で、これを可能にする市場秩序「外部」の社会保障的機関やその専門職も必須となり、さらにこれらを支える生活全般に及ぶ社会・文化も必要になる。

脱物象化されたニーズ把握は市場秩序「外部」で成立するものであり、基本的には社会権の実現においては貨幣額がニーズ把握の基準にはなりえない。社会権の実現にあっては貨幣額がニーズ把握を表現する場合も、ニーズを「まず」把握した「後に」これを貨幣表示するだけである。それは、介護保険制度において貨幣額が先験的にニーズ把握の基準となり、貨幣額をニーズ表示と直結する商品交換関係＝市場秩序「内部」に押し込めるものとはまったく異なる。＊

＊　貨幣額（商品価格）がニーズ把握と直結しない点は原理的には、交換価値（価値）と異なる使用価値とニーズとの直結と関わる。使用価値と交換価値との「経済的形態規定の外部での」先験的区別は誤りで、「交換価値も使用価値も経済的諸関連の異なる発展段階で異なる諸関連（Verhältnisse）のなかで規定される」［MEGA II/1-2：530＝五九五］――この諸関連（Verhältnisse）に留意すべきである［竹内　一九八二］――が同時に、当該発展段階では「ある物は価値でなくとも使用価値であり」、市場秩序＝交換過程で貨幣表示される「商品でなくともある物は有用で人間労働の生産物たりうる」［MEW23：55＝五五］のも確かであり、この双方をふまえたニーズ論が必要である。

なお社会権の実現としてのニーズ把握に即応するニーズ充足の水準は、当然、個人ごとに異なる。そのため社会権は平等な権利ではないとし、「同一性としての平等」という把握に囚われた多数の支持も得て、社会権を権利から排除する動きも出てくる［スミス　一九九七：三二六］。だが平等の本義は反差別・反抑圧にある。したがって、平等の意味が同一性か非同一性かは反差別・反抑圧に資するか否かで判断されるべきであり、同一性＝平等、非同一性＝不平等とは限らない［竹内　二〇一〇：一～一四］。つまり個人ごとに異なるニーズ把握に即応した異なるニーズ充足という非同一性にも、〈富とリスク〉

の私的所有的偏在による差別・抑圧の克服に向かう社会権的な平等主義的意義がある。*

* これは私が新現代平等論の指標を六つとしたさいの一つ、平等の様態化論（他は平等の配分志向、平等の関係志向、平等指標の平準化、平等の機会化、平等の責任概念化）に該当する［竹内 二〇一〇：一六七～二一五］。

おわりに——すべての人が社会権の主体であるとは？

私的所有や物象化が支配的な状況にあっては、〈富〉の再配分による〈リスク〉の補塡（社会権の実現）が行われても、〈富〉の側と〈リスク〉の側との対峙が解消することはない。富者や健常者は、再配分の原資や社会的文化的営為の提供者（補塡者）であり、貧者や障がい者は被補塡者でしかないからである。だが、ここでたとえば社会保障について、私的所有的に偏在する富者側の〈富〉を「後から」貧者側へ配分すると捉える一般的な把握をするならば、それは、原理的に誤りである。〈リスク〉を補塡しない富者や健常者という「生の保障」なしに生きられる、と通常は想定される主体は、自らの〈富〉に内在する〈リスク〉に対して補塡しないという関係性のうちに存在するがゆえにそのように生きられるにすぎず、〈リスク〉が補塡されない貧者や障がい者という「生の保障」なしには生きられない、と通常は想定される主体も、自らの〈リスク〉に内在する〈富〉に対して補塡されないという関係性のうちに存在するがゆえに生きられないだけだからである。しかも〈富〉の再配分による〈リスク〉の補塡はこうした関係性を顕現させたうえで、〈富とリスク〉相互の普遍的共同性・集団性によって、補塡者と被補塡者との分断を克服した社会権主体と社会権を基礎づけて、平等主義を実現させるからである。

平等主義的な「〈いのち〉の承認と連帯という問題は……、『生の保障』なしにも生きられる（と想像している）主体と『生の保障』なしには生きられない主体との分裂という社会的現実を背景としている」ので、承認や連帯のための資源再配分（社会保障）については、「『生の保障』なしにも生きられる（と想像している）主体の視点だけからではなく、『生の保障』なしには生きられない主体の視点がなければならない」［藤谷　二〇一二：九四］。この藤谷の指摘は、物象化された市場秩序下の〈富とリスク〉の私的所有的偏在という現実にあっては大いに強調すべきである。と同時に〈富とリスク〉相互の普遍的共同性・集団性からすれば、一見「生の保障」なしに生きられるとされる主体（〈富〉の側）も、〈富〉に内在する〈リスク〉をつうじて「生の保障」なしに生きられない主体（〈リスク〉の側）から「生の保障」を得ているのであり、したがってまた「生の保障」なしに生きられない主体によって自らの存在を与えられていることになる点に留意すべきである（本章第4節参照）。〈富とリスク〉相互の普遍的共同性・集団性からすれば、実際には「生の保障」なしに生きられる主体は存在しない。

以上からすれば新自由主義的「社会保障」政策が、たとえば生活保護水準をワーキングプアの収入以下に引き下げる動きと連動させて「真の弱者」のみの保護を主張することに対しては、最低賃金や正規雇用の保障の不備への非難にとどまるべきではない。そうした新自由主義的政策を克服して社会権や社会権主体を真に確立するうえでは、やはり〈富とリスク〉相互の普遍的共同性・集団性論が必要なのである。なぜなら、こうした政策の根底には、脱物象化された〈富とリスク〉相互の普遍的共同性・集団性論の欠如がもたらす物象化された〈富とリスク〉の私的所有的偏在の固定観念があり、この固定観念のもとにある「真の弱者」＝「『生の保障』なしには生きられない主体」は、けっして平等な社会権主体にはならないからである。そのため新自由主義的「社会保障」政策による「真の弱者」のみの保護は、実際には差別の下方移譲的なきわめて低位水準のものにとどまると同時に、「生の保障」なしに生きられない大多数の人々への保護（社会保障）の縮減をもたらすのである。*

＊　最近の新自由主義的社会保障政策の核は、自立への意欲などの主観的尺度にもとづく「自立支援型社会保障政策」だが、これらも「私的所有とセットになった自立観念」である「私有型自立観」［中西　二〇〇七：一九六］を前提にしており、したがって階級格差にまで至る物象化された〈富とリスク〉の私的所有的偏在に固執している。

ちなみに福祉国家の擁護論者の多くも、「生の保障」なしに生きられる主体と「生の保障」なしには生きられない主体との分断を自明視し、階級格差にまで至る物象化された〈富とリスク〉の私的所有的偏在を前提とするため、脱物象化された〈富とリスク〉相互の普遍的共同性・集団性が捉えられない。そのためすべての人の「生の保障」に必須な再配分につき、「生の保障」なしに生きられる「財に余裕ある者」から「生の保障」なしには生きられない「財の不足する者」への、財の移転の正当化から議論を始める［武川　二〇〇七］。しかもその出発点は、「同じコミュニティの正式な構成員……は相互に援助しあわなければならない」［同：五〇］、という主観的当為命題の先験的要請である。このような主観的当為命題に依拠するだけの社会保障論では、けっきょくは物象化された〈富とリスク〉の私的所有的偏在を容認する財政難（ある種の「客観的事実」）論――繰り返すが〈富とリスク〉相互の普遍的共同性・集団性からすれば財政難はない――に屈服して社会保障の削減に陥ることになる。だが〈富〉の再配分による〈リスク〉補塡としての真の社会権の実現は、〈富とリスク〉相互の普遍的共同性・集団性という客観的事実にもとづく点で、主観的当為命題を頼る必要はない。〈富〉の再配分による〈リスク〉の補塡は、

〈富とリスク〉相互の普遍的共同性・集団性にもとづく〈富〉への〈リスク〉の内在、また〈リスク〉への〈富〉の内在という客観的現実からして、富者に内在する貧者性が富者に顕現し、貧者に内在する富者性が貧者に顕現するという脱物象化的な客観的現実だからである。そのさいの富者の私的所有を「強制的」に制限することも、〈富とリスク〉相互の普遍的共同性・集団性にもとづく点では、主観的当為命題ではなく客観的な定言命題なのである。*

* 〈富〉の再配分による〈リスク〉補塡が本当に把握されれば、社会保険的リスク分散にも、税に換わる社会保険の是非という一般論を超える新たな意義がある。社会保険を技術として〈富〉の再配分による〈リスク〉の補塡に適用し、また社会保険料の累進性を高めれば、社会権の真の実現に資するからである［竹内　二〇〇一：一六二～一九六］。

元来の市民権や市民権主体は私的所有に基礎づけられ、当の私的所有物の使用・表明・売買などにより実現される。対するに社会権や社会権主体は〈富とリスク〉相互の普遍的共同性・集団性に基礎づけられ、〈富〉の再配分による〈リスク〉補塡によって実現される。こうした議論を経てようやく社会権や社会権主体は、市民権や市民権主体と同程度に恒常的かつ具体的になりうる。もちろん社会権確立のさいの市民権の一定の制限をふまえて、社会権と市民権との真の統一に至るには論じるべきことは多々残されていよう。*

* 笹倉が言うように、単純に「〝時代の趨勢は『市民法から社会法・経済法へ』という形で、近代市民法原理の『止揚』にあるのだ〟と考えるのは誤り」である。だが笹倉がこの主張の根拠とする「市民法原理が今や徹底されつつあるのであって、近代法も社会法・経済法も……、その発展過程上にある」［笹倉　二〇一〇：三七二］という見解

も誤りである。基本的人権全般を論じながら私的所有問題をいっさい看過して、市民権主義に陥っているからである。

さらに、本章のような〈富とリスク〉相互の普遍的共同性・集団性を根拠にした〈富〉の再配分による〈リスク〉補塡という議論だけでは、再配分や補塡を量質ともにどの程度にすべきかという重大な争点には答えられない。現下の生活保護基準の切り下げなどの社会保障削減に対抗して、この争点に答えるには、十全なニーズ把握にもとづくニーズ充足論を、市場秩序とのせめぎあいのなかで新たに捉えねばならないからである。*

＊　本章の議論を具体化してゆけば、生活維持に関する単純な自己責任論や人間の尊厳を侵す生活保護行政の悪弊［吉永　二〇一二］などを克服する展望がもたらされ、官僚主義や受給側の萎縮といった福祉国家的弊害が社会権／法を体現した福祉国家ゆえのこと［Harbermas 1981：539～544＝三七四～三八一］ではなく、その基礎づけを含む社会権／法の未成熟ゆえのこととして捉えられて、そこから新たなニーズ論も創出されるはずである。

しかしながら社会保障や労働保障の削減の背景にある、社会権や社会権主体をないがしろにして権利を市民権に還元する動向に対して、まずは社会権や社会権主体を新たに基礎づけることが急務となる。*社会権や社会権主体の現時点での歴史社会的な基礎づけにとどまり、その真に無条件的で普遍的な肯定には至らないとはいえ、今なお強固に続く物象化された私的所有の自明視や、権利の市民権への還元という市民権主義の横行、さらには自己責任論を基盤とする「社会保障論」などという奇妙な主張**に抗する本章は、そのような現代日本のあり様を撃つものでもある。

＊　資本家の労働日延長論も労働者によるその制限論も「等しく商品交換の法則によって保障された権利対権利」論で、「同等な権利と権利との間では力がことを決し」［MEW23：249＝三〇五］、階級闘争こそ肝要だとされるが、このマルクス権利論も市民権の範疇でなされた議論であり、社会権論を射程におさめたものではない。本章の社会権論はこうした階級闘争を「決する力」に資する現代的「武器」の一助になると考えている。

＊＊　この「社会保障論」は、日本経団連が二〇〇四年九月に提唱した「社会保障制度等の一体的改革に向けて」、一二年八月の「社会保障改革推進法」や、同年一一月以来の「社会保障制度改革国民会議」で具体化してきている。

（竹内章郎）

第8章　社会権の再構築へ

本書のむすびにかえて、最後に社会権の重層的な根拠について瞥見しておきたい。まず最初に留意すべきことは、人権を基礎づけようとすること、その根拠を問おうとすることがただちに、一定のカテゴリーの人びとを排除することになりかねない、というリオタールらの警告であろう。そのことは、たしかに、人権の主体を自律的人格に求める、日本の憲法学・人権論の近年の傾向に示されてもいる。

それゆえ、生存権・社会権の根拠について、まず、その一種「方法論的個人主義」的な根拠づけの試みを見ることから始めたい。というのも、その試みは、根拠への問いが排除を必然化するという「基礎づけ主義批判」とも関連して、いわば〝排除を伴わない基礎づけ〟の可能性を示していると考えられるからである。

1　社会権の人間学的―存在論的な根拠

立岩真也によれば、「私が私であるというだけの存在を望み、人が人であるだけで存在していることはよいことだと思っているとするなら、その二つともが存在と存在の自由のための分配の規則を支持する」。人の存在には「手段」が不可欠で、「自由が普遍的に、誰にでも認められるなら、分配が支持される」［立岩　二〇〇四b：一五九〜一六二］からである。*

＊　財貨（「存在」のための「手段」）の欠損や不十分な所持のために、最低限度の生活さえも損なわれる現実のもとでの生存権の保障とは、とりもなおさず富の再配分を意味する。生存権・社会権の根拠を問うことは、配分・再配分の理由を問うことにほかならない。

言い換えよう。生命に根づく存在は端的に肯定される。ただ存在すること自体が肯定されるのであり、当の存在の態様や属性が問われることはない。「既にその人が存在していることで十分であることを認め、その上で自らを作っていく自由がある、あるべきだ」［同：一六七］。自他のそうした存在とその自由を誰しもが否定できない以上、存在とその自由にとって必須の「手段」の保持もまた否定できない。そして、この手段を欠いたり不十分にしかもたない人が存在する限り、より多くもつ人からの再配分が必然的である。なぜなら「より多く持つ者は、もっぱら自らの権能において所有するのではない」からである。*

＊　確認しておこう。いかなる個人の物的・知的生産といえども、膨大な歴史的蓄積と、同時代の無数の諸活動を背景とするものである以上、もてる者にとっての再配分とは、奪われることではない。再配分の要求は、現今の新自由主義者《ネオリベラリスト》やリバタリアンが力を込めて論難するような、「略奪」ではない。

誰しもが願う「存在とその自由のための分配」は、（存在論的に）必然的である。こうした直観主義的で、方法論的に個人主義的*な生存権や社会権の正当化は、諸種の根拠づけ・理由づけ以上に、たしかに誰もが否定しえない普遍性と説得性をもちうる。

＊　人びとの存在－生存が何をどれだけ生産したかによって左右される社会のあり方は、いわば不正義であるとして、貢献原則（業績主義）と能力主義の根元を撃ち、「既にその人が存在していることで十分であることを認め、その上で自らを作っていく自由がある」とする立岩のこの論は、本質的に個人主義ではないが、さしあたりは、あえて個々の人間存在から出発するという方法をとっているように思われる。「私の存在、存在の自由を大切だと考えるという前提からどこまでのことが言えるか」［同：一六二］というスタンスないし理由づけ・説得のスタイルが、方法論的個人主義と言えよう。

また立岩のこうした立論は、必ずしも「普遍的な道徳的直観」といったものにとどまるものではなく、歴史をつうじて形成された普遍的で基本的な価値を示すものでもあろう。その限り〝自由、平等、そして（自由のための）所有[＊]〟という近代的価値は、生存権・社会権の無条件性を抽象的に承認するものではあろう。

＊　「所有」はもともとの理念としては「自己労働にもとづく自己所有」として、自由の条件となるはずのものであった。その「所有」が、資本主義の展開のもとで、他人労働の支配にもとづく排他的私有に転化することは言うまでもない。しかし、万人にとっての自由の物的・「手段」的基礎が所有にあること、そのこと自体は疑いない。

しかし同時に立岩は、固有に社会的次元の論理を積極的に展開しない、もしくは抑制していることも確かである。「私が作り表出するものが私をそのまま示すとする価値を支持できない」［同：一六四］といった、人間存在の本質的な「社会性」や「関係性」に関する洞察が随所に示されているとしても、それらが歴史的かつ現実的な次元で論理的に、あるいは多少とも全体的に媒介されているようには思われない。あえて言えば、歴史的近代の展開過程においてこそ具体的な諸形態と諸関係を開示する、「集団性」

の意義が明確につかまれていない。あるいはその種の把握に、意識的に消極的である。そのことが、生存権・社会権を基礎づける固有の論理の提示に至らず、配分・再配分の理由づけを、諸個人の存在とその自由の相互的承認という抽象性の域を超ええない構造のなかに閉じ込めてしまう結果をもたらしているように見受けられる。意図的かとも思われるが、生存権・社会権の無条件性の承認が、人間学的ないし存在論的な抽象的次元にとどまっている印象が強い。

それゆえ、社会権は生存権の無条件性、つまり排除されることのない、すべての存在の肯定をまずもっての根拠として再確立されなければならないことを示唆したものとして、立岩の議論はきわめて重要であるが、生存権・社会権の根拠づけとしては必要かつ十分とは言えない。

2　社会権の歴史的・現実的な根拠

つまり再配分の必然性についての立岩の立論は、本質論的には正しいが、社会権が固有に資本主義的近代の産物であることは説明されない。別言すれば、生存権ひいては社会権を資本主義的近代において国家への請求権として成立させる構造の分析を主題としない限り、その論はなお抽象的普遍性の域にとどまるであろう。生存権・社会権は、人間学的ないし存在論的な根拠ばかりでなく、より具体的に歴史的・現実的な根拠をもつはずだからである。

社会的な次元――「集団性という新たな地平」　機械制大工業に象徴される近代産業社会は、一方で集団的協働にもとづく巨大な富を築くとともに、他方で、労働階層を中心に深刻な集団的リスク（失業と貧困、傷病と老後の苦難など）をもたらした。個人的努力ではいかんともしがたい「社会問題」を解決すべく国家介入による社会政策・社会保障が求められ、これが社会権の導入と福祉国家の成立に連接していく。そこでは貧困や失業などの生存・生活の困難は、個人の責任に帰すことのできない、まさしく社会的・集団的な問題だとみなされた。そこから集団的・社会的問題は、社会的責任により解決されるべきだとする一般的観念が成立し、問題の解決のために財産権（私的所有権）や契約の自由の制限も容認されることとなった。もちろん、そうした状態に至るまでの途は平坦でなく、隘路を開削したのは何より労働運動や社会主義運動などの諸種の社会運動だった。そして、それらの運動の主張と要求の妥当性と拡大が、時代の支配思想としての自由主義の内部革新の思想運動（社会的自由主義など）をも起動させることになった。そのような意味で資本主義的近代に成立した「集団性」とは、「社会的なもの」の成立の過程でもあっただろう。*

＊ ちなみに日本社会に欠けていたのは、おそらくこのような歴史的経験であり、共通の社会精神とも言うべき「社会的責任」や「社会的財産」などの観念、あるいは「平等主義」の感覚であろう。

近代が開示した集団性という新しい地平の意味と意義について、主として本書第7章をふまえつつ、今少し立ち入ってみよう。近代的な原理としての個人（個人主義）とは異質な「集団性」（集団主義）が一般的な社会的現象として明確に立ち現れたのは、産業革命・大工業生産の成立以降のことであろう。「集団性」は、以下のような重層的・多重的な内容において現れる。

近代に固有の「集団性」をもたらしたものは、まず産業の発展に伴う膨大な富の蓄積である。社会的協働（分業と協業の一般化と社会的普遍化）による生産過程が、富を堆積させる。

それと同時に、集団的・大量的現象としての社会的リスクの「規則的」出現が、「集団性」の現実的連関を顕在化させた。一方での富の堆積が、にもかかわらず、同時に統計的・規則的に集団的リスク（貧困・失業、労災・疾病、老後など）を生みだすという関係の全社会的な拡大と進行が、集団性という社会的実体を現前のものとしたのである。

そして、富と困窮の対極的蓄積が集団性において生ずる限り、そこでのリスクの責任とその補塡がもはや個人的なものでなくなっていることは明らかである。一九世紀末「世紀転換期における貧困観の旋回」［毛利健　一九九〇］として特徴づけられた、個人責任論から社会的責任論への歴史的転換は特筆すべきものであり、産業化のもとでの集団的・社会的リスクの出現（リスクの集団化・社会化）は「責任」の社会化を必然化した。「社会的責任」を遂行する中核が国家であることは言うまでもない。

しかし、社会的責任を現実化する、つまりリスクの社会的な補塡を実現するには、個人は無力であり、事態の解決にあたるのは集団的主体でなければならなかった。別言すれば、リスクが増大・深刻化し、大文字・単数の「社会問題（Social Problem）」と化したとき、集団としての対処が余儀ないものとなった。集団性が生みだした「社会問題」の解決において、その帰趨を決するのはまたもや「集団性」、すなわち集団的主体である。労働運動、社会主義運動、諸種のアソシエーション運動など、「生存」と「存在」（の尊重要求）の「集団的保障」を志向し、要求する「集団的主体」が成立する。国家と産業（資本）に対する、集団的エンパワーメントが必要とされる。

こうした過程の全体をつうじて、一連のイデオロギー的変換が生じた。

第一に、諸個人の協働による富の巨大な集積と、これと同時に出来した労働階級における災厄の深刻化という事態は、一方で「社会的財産」や「社会的負債」（努力・貢献の歴史的共同性）という認識をもたらすとともに、他方で共有の財産における「取り分」（持ち分）の意識を生みだすものでもある。* 本章の脈絡では、「社会財」の概念は社会権の物的基礎を示し、「取り分」の観念の現実的文脈は再配分としての社会保障を意味する——原理的には立岩が言うように、改良派リベラリズムの「自らの生産物の自己取得という範式」［立岩 二〇〇四a：一〇］に属するもの、つまり、個人に帰せられる部分とそうでない部分という基準の取り方をするという限界をもつものではあろうが。

* 生存権・社会権の物的基礎としての「社会的財産」というエートスは、日本社会の精神文化ではなおきわめて希薄であろう。しかしこの観念は、すでに一九世紀のヨーロッパの思想運動に横溢して、広範な民衆意識の変革をもたらしたものであった。一〇〇年前の、たとえばホブハウスの「社会的財産」やブルジョアの「歴史的負債」という概念に代表される主張・思想は、世紀転換期に強い影響力をもち、やがて社会意識・文化としても定着し、後の福祉国家出現の民衆的基盤ともなった。この種の精神文化は当代のヨーロッパに（アメリカの思想界の一部にも）瀰漫《びまん》していたと言えよう。そして、生存権・社会権の根拠とその物的基礎に関するこうした理解は、福祉国家的合意を支える一般的な認識と感覚として、現代においても存続している。それは、政治文化の一翼をなすとともに、新自由主義《ネオリベラリズム》の浸潤のもとでも社会保障の後退・縮減を簡単には許さない民衆意識として定着していると言ってよいだろう。

そして、「社会的財産」あるいは「社会的負債」の観念（さらにはロールズの「共通資産」としての才能・能力といった感覚）は、近代の中核的原理たる「所有的個人主義」ないし「自己所有権テーゼ」批判の一里塚でもあり、私的所有を相対化する。なぜならそれらは、近代的市民権の中核たる財産権の神聖（私的所有の絶対視）を否定するものだからである。社会権の成立が「所有権」の制限、「契約の自由」の規制にもとづくことは言うまでもない。

第二に、リスクの集団性がもたらした責任概念の転換は、個人主義が内包しながらも肯じてこなかった抑圧性と排他性（所有的個人主義）を明らかにするとともに、リスクの社会的負担を公正とみなす平等主義的な「規範性」の社会的成立を導いた。これはいわば、「危険な業務をすべての人がその恩恵を受ける社会的行為と捉え、社会全体がその危険に対して責任を負う」［重田　二〇〇七：一〇六］、という認識の社会的共有と言ってよいだろう。

第三に、それゆえ、こうした社会意識の変化が、個人に代えて集団を社会的主体として定立し、社会権を平等主義的に基礎づけていった。すなわち、「集団性重視と一体となった平等主義が、能力を含む個人の諸属性を不問にして集団内の差別を排除するので、市民権とは異なる社会権の無差別平等性が明確にな」［竹内　二〇〇九a：九九］るのである。言い換えれば、産業の協働およびリスクの「集団性」は、個人的差異に無関心であるという傾向性をもつ。このことが、社会権の無差別的な保障を担保し平等主義につながる。社会権は、個人の社会的規定性や属性すべてに無関心である。

こうして第四に、集団的主体を成立させ、また集団的主体の諸活動のなかで形成されたものは、市場原理・自由放任経済の失敗と限界の経験にもとづく体制の相対化と近代的自由観の問題視、社会問題の解決要求と責任感の旋回、社会的協働の成果としての「社会的富」の認識と所有的個人主義への疑義の対極的成立、等である。「集団性」はここでは、産業における協働性（協業―分業）、およびそこで確率論的に規則的に生ずるリスクへの対処として、それゆえ責任や補塡に関する「集団性」つまり第一義的に社会的な責任として、またリスクへの対処・補塡を現実化する主体の「集団性」として、など多重的・

多層的な内容をもつ構造において成立している。

「集団性」が近代の一定の時点で固有に成立したというのは、このような意味においてであり、そうした集団性にもとづく生存と生活の平等な確保という要求の権利・人権レベルでの表現として、社会権的な意識と運動が成立したと言ってよいだろう。これら一連の連関を、平等への志向・意志としての「社会的なもの」*の再建と言うことができよう。

＊「社会的なもの」については、さしあたり以下の指摘にとどめざるをえない。

①「社会的なもの」は、「歴史的に発見されてきたカテゴリー」であり、「問題的、ときには危機的な文脈で呼び出されるもの」［森 二〇一〇：一二］である。「社会」は人間とともに常にあったが、「社会的なもの」は固有に近代の一定の段階に成立した。

②「集団性」の成立が「社会的なもの」の前提である。近代的産業化（協業－分業）に伴う膨大な富の蓄積の一方で、集団的労働のもとで規則的に発生するリスクの顕在化（「集団」の実証的・統計的発見）による「社会問題」の出現が、「社会的なもの」を呼びおこした。

③つまり、「社会的なもの」とは、直接的には、生存と生活のリスクの「集団的保障」が焦点となる領域、「社会的救済」、すなわち「社会的責任」の制度化が必然的となる領域を意味する（社会政策から福祉国家へ）。

④かくして、「社会的なもの」とは、集団的主体を中心的な担い手とする「平等への意志とその実現に向けた他者への気づかい」［市野川 二〇〇九：七四］である。

政治的な次元──「社会的シティズンシップ」 人権としての社会権はまた、「社会的シティズンシップ」という政治的根拠をもつ。マーシャルらによって福祉国家の核心を表現するものとして概念化された社会的シティズンシップ、すなわちシティズンシップの「社会的要素とは、経済的福祉と安全の最小限を請求する権利に始まって、社会的財産を完全に分かち合う権利や、社会の標準的な水準に照らして文明市民としての生活を送る権利に至るまでの広範囲な諸権利のことを意味している」〔マーシャル　一九九三：一六〕。彼の「すべての人がそうした〔文明市民としての〕生活条件を享受するべきだという要求は、すべての人が社会的な財産の分け前にあずかれるようになるべきだという要求にほかならず、それはさらに、すべての人が社会の完全な成員として、つまりは市民として受け入れられるべきだという要求を意味している」〔同：一一〕という認識が、その意義と限界を含めて、ホブハウスら社会的自由主義の影響下にあることは確かであろう。

もっぱら市民社会への不干渉のみを重視するのではなく、現代国家は市民の生活を保障すべく介入しなければならない、という自由主義左派から社会主義諸派までを含む主張は、世紀の転換期以来、支配的影響力をもってきたし、昨今の新自由主義《ネオリベラリズム》に対するヨーロッパの頑強な抵抗基でもある。ホブハウスはこう書いていた。「連合王国のような富める国家にあっては、すべての市民が社会的に有用な労働を通して、健康で文化的な生存のための必要な基礎であることが経験上証明されている程度の生活の糧を得るべきだ」、そして「もし産業システムの現実の作用において、その収入が現実に十分に利用できないのならば、市民は慈善としてではなく権利として、国家の資源に対してその不足を償うよう請求することができる」〔ホブハウス　二〇一〇：一三九〕、と（一〇〇年後の現在、「連合王国」を「日本」におきかえても、いささかの違和感もないところに問題の深刻さがあるのだが）。

もちろん、「社会的権利は一定の文明的な生活水準に対する絶対的な権利を含んでいるのだが、この絶対的権利は、シティズンシップの一般的な義務を果たすことを唯一の条件にして与えられる」〔マーシャル　一九九三：五三〕ものであるとされる限り、それは、義務とのトレードオフの権利という限界をもつ。[*] またそれは、共同社会（国家）の成員以外を排除する閉鎖的なもの、あるいはジェンダー・バイアス（男性稼得者中心）を前提とする、などの批判を受けてきたものでもあった。そのうえでもしかし、「社会的シティズンシップ」は、生存権・社会権の内容と、その保障に関する政治的義務と責任を明確に指示した（「絶対的な権利」！）ものという意義を失わないだろう。そして、国民国家という統治形態が基本的な政治秩序である限りにおいて、その制限や問題性の克服を課題としつつも、対国家請求権の現実的基礎として社会権の有力な根拠をなすのである。[**]

* このトレードオフが「労働」に焦点化される場合には、すでに就労や就労努力と引き換えの公的扶助給付などに予兆があるが、稼働能力をもたない弱者一般が、社会権から排除されかねないことになる。

** 少しも社会に「還元」することのない大企業と富者、そして彼らにのみ寄与し、国民一般とりわけ弱者の生命や生存、生活をこれほどまでにないがしろにする日本の政治の現況――新自由主義政権による国民生活の保全という近代国家の正当性事由の放棄――においては、「社会的シティズンシップ」に対する国家の責任（社会契約の遵守）がなお強く要求され、その不履行が追及されるべきであるに違いない。

社会権の社会文化的次元――社会保障の必然性についての社会的合意

「集団性」が「社会的シティズンシップ」という政治的形態をとる過程で、社会権のいわば社会文化的次元が現れ出る。「社会的シティズンシップ」においては、市民は社会的に標準的な生活水準を権利として保障される。そこでは当然ながら、貧困が放置されてはならない。というのも近代産業社会は、すべての人の「健康で文化的な生存」を可能にする富をつくりだしているからであり、また多くの場合、一般に貧困は個人責任によるものではなく、基本的に、社会体制の「組織不全・経済機構の欠陥」によるからである。

したがって社会の富が適正に配分されるなら、社会的に標準的な文化的な生存が可能である（ここでは、帝国主義的先進諸国による低開発国・地域の収奪と窮乏といった問題連関は措いておく)。また貧困も、「社会財」を原資として社会的に救済されるはずである。それが、「社会的・共同的責任」というものであろう。ホブハウスはこの連関を、端的に「人民大衆にとって相応の生計の手段を保障されるということは、生活賃金での継続的な雇用か、または代替策としての公的扶助を意味する」〔ホブハウス 二〇一〇：一三四〕と表現した。*

* なお、「貧窮を予防する手段」として、第一に「取り組むべき私的な努力のための基礎を提供すること」(職業訓練など、か)、第二に「国家補助による保険」、第三に「公的扶助」をあげている〔同：一三四～一三五〕。「生活賃金」については、それは「あらゆるリスクに備えつつ、平均的な家族を扶養するのに十分であるべきだ……。賃金は妻子の食料、衣服ばかりでなく、疾病、労災、失業のリスクをもまかなうべきである。それは教育に備え、また老齢に向けて貯えられるべきである」〔同：一五五〕と規定している。それはまた、各人の「基本的必要である。これらの必要は報酬のミニマムを決める」〔同：一五三〕、とも。

労働階級が「生活賃金による継続的な雇用」だけで、「文化的な生存」を生涯にわたり継続することは一般的に不可能である。疾病や障がい、老齢などのリスクや子どもの養育・教育費などの全体をカバーする賃金を獲得しうる労働者はめったに存在しない。あるいはまた、本人の責任によらない――別言すれば、労働能力や勤労意欲があろうとなかろうと――、経済不況などで大量の労働者が失業し、貧困に追い込まれることもめずらしくはない。

一方でのこれら一連の経験的事実と、他方での「社会的シティズンシップ」の制度化(社会的財産の分かち合いと健康で文化的な生活の国家的保障)が、人びとの間に、生活は、自明のごとくに、勤労(収入)と社会保障の双方によって営まれるものという意識を生みだした。それはやがて、社会的意識、社会文化として定着するようになる。

市場収入と社会保障とが相まってはじめて生活が成り立つという社会文化の代表例は、ヨーロッパにおける、日本に比べてはるかに手厚い児童（家族）手当の普及であろう。まっとうな子育てに必要な経費を勤労がまかなう（つまりは個々の企業が負担する）ことができないとしたら、その費用は社会が共同で負担すべきである。というのも、本質的に、子どもの養育は、たんなる家庭内の私事ではなく、社会の存続の基礎だからである。こうして、社会と家族の維持・存続のために社会が子どもを育てるのが当然だという意識が、普遍的な児童手当の充実を要求することになった。*

＊　近年の日本では、児童手当改革に水を差すべく、富裕者への不要かつ〝過分〟な手当支給といった批判的言辞がもちだされたが、そこには社会が子どもを育てるという理念・本質的な普遍的意義の無理解か故意の無視・否定がある。〝公平性〟の担保は、累進課税や高額所得付加税などによる基本的な再配分を徹底すればよく、児童手当の普遍性が確保されるべきだろう。現在の日本政治が、少子化・出生率の低下に対してほとんど無為・無策であるのも、子育ての社会的本質を無視しているからである。これはまた少なからず社会一般の意識状況でもあろう。そしてこのことが、年金世帯とならび現在とくに目立つ、勤労子育て世帯の貧困を招くことにもなっている。日本では子育ては基本的には私事であり、児童手当はあくまで補足的なもので、子育てを保障するものになっていない。

そして、社会の存続のために社会が子どもを育てるという論理は、当然ながら、市場収入によっては自身と家族の生計をまかないえない、成人の場合にも妥当するであろう。社会の存続のためには、労働力と生命・生存の循環が保全されなければならないからである。そこから、最低生活保障機能をもった社会保険や社会手当、公的扶助を中心とし、居住保障などを含む社会保障の諸制度を整備すべきことが社会的合意を得るようになる。こうして、ヨーロッパ型の福祉国家においては、資本主義における勤労階層の生活は個人と社会の双方によってはじめて可能になるという認識が、基本的な社会文化の一つとして定着し、制度として体系的に具体化されていると言ってよいだろう。その意義は、たとえば日本の場合と比較すると明らかである。

生活は勤労（市場）収入と社会保障の双方によって成り立つ、という観念が日本社会に一般的であるかと言えば、そうではない。雇用や生活の安定、その保障を国家に要求することを当然とする世論や社会意識が育つことはなかった。むしろ、日本社会の通念としては、生活は、労働能力と勤労意欲をもつそれぞれの個人が、市場からの収入によって、それぞれの責任において営む（べき）ものであり、「労働能力と労働意欲があれば市場収入で最低生活が可能だという大前提」［後藤 二〇一一：二〇四］に立つものである。したがって一般に社会保障も、一時的あるいは恒常的に労働能力を失うといった例外的事態に備えるものであり、それ以上のものではないと観念されてきた——そして、社会保障を補足的・補完的なものとしか捉えないことから、「先進諸国」に例を見ない、基礎的な社会サービス（医療・介護、教育・保育、住宅など）の有料化・高額化があたりまえのように行われ、あまつさえ生活保護世帯から保険料や税が徴収されるまでに至っている。しかし、これを不当として異を唱える声は必ずしも大きくない。

つまり日本では、雇用と生活の基本的で最終的な保障を（企業を規制し監督することを含めて）国家責任とみなす意識と要求の弱さが、社会保障の全体を覆っている。日本の社会保障のこうした性格を最もあからさまに示しているのが、年金や雇用保険などの社会保険や社会手当、生活保護が最低生活保障の機能をもっていないことであろう。とくに年金は、従前所得を何ほどか補塡する「所得保障」ではあっても、「生活保障」ではない。「勤労世帯が、賃金や自営業収入などの〈市場収入〉と社会保障の両者で生活する、という社会的合意はつくられていなかった」［福祉国家と基本法研究会ほか編　二〇一一：八九］のである。* 国家責任を要求する社会的意思の弱さ、そうした要求をはぐくむ社会文化の未成熟のゆえであろう。残るものは、個々人の「自己責任」ばかりである。この間の社会保障の後退は、「自己責任」論のいっそうの跳梁の過程でもあった。この傾向は、企業の業績向上に寄り添うことをならいとしてきた日本ではとくに著しい。つまり日本社会では、雇用保障と生活保障に対する国家責任の回避が、同時に、企業に対する規制と監督の放棄でもあり、その必然的結果として、もっぱら勤労者個々人の「自己責任」が強調されてきた。

＊「日本における〈自己責任〉論の異様な跋扈」の歴史的背景に関する以下の正鵠を射た指摘は、きわめて啓発的でもある。すなわち、開発主義国家体制のもとでは「国家の努力が経済成長に集中しており、大企業群の高蓄積が雇用と賃金の上昇となって国民生活を向上させる、というメカニズムが想定されていた。福祉国家諸国とはことなり、国家が人びとの生活を直接に支えるのではなく、企業成長をつうじて間接的に支える方式である。最低生活保障は、権利ではなく、政府が与える良好な経済環境の下で、自己努力によって確保すべきものとされた。個々人の生活保障について、国家・自治体が直接に責任を負う範囲は小さいままに放置されたのである」［同：六七］。つまり、「〈健康で文化的な最低限度の生活〉は社会的権利として保障されるのではなく、安定的雇用の拡大と賃金上昇と言う一般的環境の下で、企業業績と労働者の〈自己責任〉にゆだねられ」［後藤　二〇一一：一三〇～一三一］たのであり、これが人間的生存に関する「自己責任化の数十年間の流れ」の社会的基盤である、と。

ヨーロッパの経験が示すように、社会的・共同的責任の一般的観念にとどまらず、社会保障という具体性における国家の責任・義務の遂行を当然視する社会文化が、社会権を強固なものとして確立する。また逆に、社会権の法的・制度的充実が、社会の共同的責任に関する精神文化を強化・定着させる。ここでは、社会権は、人びと一般の「健康で文化的な生存」「品位ある生活」のためには、市場収入ばかりでなく社会保障が必須不可欠である、という社会的合意・社会的文化（社会的責任の文化的次元）に根拠をもつのである。

経済論理的な次元――「脱商品化」　ところで、「シティズンシップ」は、「社会的なもの」によって補完されなければならなかった（「社会的シティズンシップ」）のだが、そうした「シティズンシップ」の基礎は、先述のように、「自由と平等、そして所有」であった。自由を媒介するのは「所有」である。そして、これこそ近代的な自由権、「市民権」の原理であった。つまり、「市民権」の権利主体は商品交換市場に登場する商品所有者であり、自由な権利主体の自由意志による商品交換がこの権利の本質である、というのが、「市民権」の経済社会的根拠（言い換えれば市民社会の基底的論理）であった（本書第6章参照）。

しかし、社会権の成立という歴史的現実が歴然と示しているように、「市民権」の権利主体が自由かつ平等な意思主体であるというのは事実に反している（「市民法の原理の虚偽性」）。「自由な商品交換主体」とは言っても、それはいわば商品に具現した自由意志、「商品に浸透している人格」に担保された「自由意志」でしかないことは見やすいところであろう。市民権・市民法の原理としての自由意志とは、近代市民社会の基底をなす経済論理的な次元においては、人間的な意識的主体性が物象化されたものにほかならない。

そしてまた、そもそも商品交換関係・市場秩序は、権力的強制のもとで成立し、存続しているものであり、諸個人の自由意志を原理とするといったものではない――このことは、歴史的には資本主義成立・確立に向けての「本源的蓄積」、現在的には底辺労働等による「継続的本源的蓄積」（低賃金労働すなわち労働の搾取）が示しているとおりである。

さらに、商品交換関係・市場秩序の制度化としての市民権においては、商品交換の主体たりえない者・主体たりえないとみなされた者、つまり商品や貨幣をもたない者、それらを獲得する能力をもたない者は排除され差別されてきた。すなわち商品交換関係・市場秩序それ自体が、物象化・疎外と一体となった排除・差別を伴っている。そもそも市民権は、人びとの生存を保障するものではない。この権利は、「自由な商品交換主体」つまり商品や貨幣や能力（労働能力およびその他の諸能力）を「すでに所有している」者がそれらの資源を活用して生存を実現することを保障するだけであり、それら資源を欠く人びとの生存に関してはあずかり知らない。市民権はそれだけでは、私的所有にもとづく生存を前提とするものであり、無所有者に所有権は保障されない。万人の自由とは言っても、現実にはそれは、私有財産の有無・程度しだいのものであり、権利行使は実質的には私的所有にもとづいているという、まさしく市民権のもつこうした虚偽性こそが、社会権への要求を必然化した。

ちなみに、このように市民権を、能力を含む個人の私的所有（物）の展開・発揮によって実現されるものとみなす理解の頂点で、自律や人格、「強い個人」や個性なども個人が自前で所有するもの・すべきものとみなされた。日本におけるその現代的再生が、近年の「人権論の近代主義的（再）構成」であることは既述（本書第1章）のごとくである。

こうして総じて、市民権にはらまれる権力的強制と排除・差別の無視・軽視または看過と、市民権それ自体の物象化という把握の欠如が、近代的自由権論の決定的な瑕疵《かし》として、社会権をめぐる理論問題の要に位置するだろう。したがって、物象化・疎外された私的所有にもとづく市民権の限界の克服が不可避であった。すべての人の生存の確保に関する直接の権利の必要性と、脱物象化、だからまた脱商品化・脱市場化に向かうべきものとしての社会権の再構築が要請されている。社会権の経済社会的な根拠は、端的には、少なくとも社会の一定の範域における「脱商品化」の必然性にある、と言ってよいだろう。

3　社会権の普遍主義的根拠と理念的根拠

普遍主義的根拠　ホブハウスによれば、「どんな源泉から生じたものであれ高額所得には高額所得付加税を課す」ことは当然であるが、その「根本原理」は、そもそも「ただ一人の個人は、はたして幾人かの個人がじっさいに獲得している分と同じ程度に、社会にとって価値があると言えるのかどうか」［ホブハウス 二〇一〇：一四八］という「根源的な疑問」である。ここには、個人はたった一人で、はたしてどれだけの富を築くことができるというのか、という透徹した平等観がある。高額所得に対して「急激な累進課税をかけても、真に社会的な価値のある何らかの事業を妨げるということはありそうにない。よりありそうなのは、法外な富を得ようとか、社会的な権力を得ようとか、見せびらかしの虚栄といった反社会的な情熱を挫くだろうということである」［同：一五〇］といった叙述、あるいは、「相続と遺贈に関する法律によって巨大な不平等が永続する経済システムには、何かしら根本的にまちがったところがあるのではないか。大多数の人びとが自分で稼ぐことができるもの以外は何ももたないままに生まれているのに、一部の人びとは、最も能力の優れた一個人がもちうる社会価値をはるかに超えた分を生まれつきもっているという状態を、私たちは黙認すべきであろうか」〔同：一三九〜一四〇〕、などの言説に鮮明に示される平等主義的なエートスが、「社会的なもの」、つまりここでは社会権の普遍主義的な基礎をなしている。

ここに言う社会権の普遍主義的な根拠とは、以下のごとくである。すなわち、一定の時空における――しばしば歴史的・社会的な制約条件のもとでの恣意にもとづく――能力や貢献度の相違にもかかわらず、人間は、集団的な相互補完関係においてすべての個人の平等を形成しうる。そのような「関係的な存在」としての人間－社会の存立において、諸個人の人間的な（つまりそれぞれの歴史的社会にスタンダードな）生存と生活の確保は絶対的な前提であり、この意味で生存権・社会権は無条件的である。「関係的な存在」としての人間は、一方で諸個人の間に能力その他の「相違」や「欠如」を生みだし、それにもとづく不平等（所有－無所有）や差別をつくりだしてきたが、同時に、そうした能力や意欲などの「欠如」を相互に補完・補塡し、あるいは恣意的差別を「無化」しうる存在でもある。そして、そうした視点こそが、社会権の無条件性を開示する。それは、個人の能力の「弱さ」によって生じる責任について、その「弱さ」そのものを他者との関係性として了解することで、個人の行為の結果としての責任を共同性におけるものとして捉えるということでもあろうが、その意味で、本質的に「弱者」に定位すること――選別と切り捨てのための「真の弱者探し」ではなく――が普遍主義を担保する。そして、これらの連関が、まさしく集団性という位相における規範性の形成、つまりは集団性の自覚的位置づけとしての「集団主義（collectivism）」において成立しているのは疑いなかろう。

理念的根拠　いわば人間学的・存在論的根拠と歴史的・現実的根拠を前提とし、論理的根拠を社会的・経済的構造のなかにもつ社会権は、その内容と論理の展開のなかで社会権の理念的根拠とも言うべき新しい地平――「関係的な存在」としての人間－社会の熟成――を開示している。

社会権の理念は、第一に、存在とその自由の無条件的承認を要求し、そのための資源の配分あるいは移転要求の正当性を主張する。

第二にそれは、より具体的・現実的に、近現代社会における富とリスクの集団性・社会性の相関的成立、したがってまた責任の社会化の必然性にもとづき、「社会財」による人間的生存・生活の集団的保障という規範的要求の正当性（「所有的個人主義」を制約する「社会的なもの」）を強調し、集団性に定位する社会権の「無差別平等性」を求める。

そして第三に、それは、「関係的な存在」としての人間における、生の相互補完・補塡にもとづく平等の現実化の基底として、社会権の無条件性と普遍性を自明のものとする。

社会権は、それらの重層性における理念に根拠づけられるであろう。

おわりに――社会権の再構築のために

以上は、社会権のいわば原理的レベルでの根拠づけについての一つの見通しを試みたものであるが、なお未展開で抽象性にとどまる。社会権の全面的かつ構造的な展開とその根拠づけは、なお今後の課題であるが、その作業のための基本的な視点を中西新太郎［中西　二〇一二］にしたがって示すことで、さしあたりの結びとしたい。

第一に、非正規若年労働者を「『無力』で『無能力』な孤立」した存在として、無所有、「内閉的抑圧」と「社会的な死」にまで追い込む「現状」をもたらしたのは、「個体化の進展」による社会の衰弱であった〔同：一一、一二〕。したがって、「個にばらしてその力を強化しうるというリベラリズムの想定は誤り」であり、むしろ社会を衰弱させた個体化の克服、すなわち「社会」の再構築こそが必要である。社会性剝奪に対抗する社会権の構築が課題であり、それゆえ社会権は、「社会形成の権利」としての社会権でもなければならない〔同：一六〕。けだし、社会を形成することが個人の生存と自由を確保するのだから、そういう社会を形成する権利を社会権は含むべきである。

第二に、社会的な生の剝奪への対抗には、生存権の無条件性を社会形成の普遍的な基礎とすることが必要である。すなわち社会は、「個体化された社会成員の〈弱さ〉を無条件で補償しうる〈社会〉」〔同：一二〕でなければならず、そのためには他者の権利を社会権に組み込むことが必要である。多くの人びとにとって、自立や自律、「自発性が極度に制約されている現実を出発点としながら形成しうる〈社会〉」〔同：一五〕という具体的な目標に照らせば、「他者の権利を社会権に組み込む」〔同：一七〕とは、関係論的アプローチを組み込んでいくこと、つまり「さまざまな非自発的アソシエーション内に埋め込まれた主体的行為を、したがってこの行為の結果こうむる損害を……切り捨てず支援の対象にすえる」〔同：一四〕ことである。イグナティエフにならって言えば、人間の基本的ニーズのなかに、他者に向かう自発性と責任を含めることが求められており、発言しない・できない孤立者の声を「聴き取ることのできる〈社会〉」を形成すること（「権利言語の再編」）が必須である（〔同：一九〕参照）。

第三に、社会形成の権利を実現するための集団的エンパワーメントの必要性については言うまでもない。そのさいもちろん、労働者の団結権は「排除された無所有者がおかれた不平等な位置を是正して、剝奪された社会性を回復するうえでも有効な意味をもつ」が、今日とりわけ重要なのは、「団結権の法認を労使関係にかぎらずとらえてゆく」［同：一七］ことである。「社会的なもの」の再構築、いわば社会形成権として、諸アソシエーション・社会諸団体・諸運動の団結権が法的にも擁護・確立されるべきであろう。

社会権は、これらの内容を含むものとして、再構築され、確立されなければならない。

（吉崎祥司）

文献一覧

＊主として邦訳書を用いながら原著書も参照した場合は、邦訳書名を最初に、その後に原著名を記した。逆に、主として原著を用いながら邦訳書も参照した場合は、原著書名を最初に、その後に邦訳書名を記した。ただし、いずれの場合も、引用文は邦訳書の訳文には必ずしも従っていない。

＊*K. Marx und F. Engels Werke*, Diez Verlag と *K. Marx und F. Engels Gesamtausgabe*, Akademie Verlag の二つの全集については、慣例に従い、前者は MEW、後者は MEGA の略号を用いる。大月書店版『マルクス＝エンゲルス全集』の全集訳は『マルエン全集』と略記する。

愛敬浩二「社会契約は立憲主義にとってなお生ける理念か」長谷部恭男ほか編『立憲主義の哲学的問題地平（岩波講座憲法1）』岩波書店、二〇〇七年
アガンベン、J（高桑和己訳）『ホモ・サケル——主権権力と剝き出しの生』以文社、二〇〇三年
芦部信喜『日本国憲法Ⅱ　人権総覧』有斐閣、一九五九年
アーレント、H（志水速雄訳）『人間の条件』ちくま学芸文庫、一九九四年
アーレント、H（清水速雄訳）『革命について』ちくま学芸文庫、一九九五年
アーレント、H／佐藤和夫編（アーレント研究会訳）『カール・マルクスと西欧政治思想の伝統』大月書店、二〇〇二年
安藤悠（竹内章郎）「ノート／現代平等論にとってのフランス革命」唯物論研究協会編『思想と現代』一八号、白石書店、一九八九年
安保則夫著／井野瀬久美惠・高田実編『イギリス労働者の貧困と救済——救貧法と工場法』明石書房、二〇〇五

年
イーグルトン、T（大橋洋一訳）『イデオロギーとは何か』平凡社ライブラリー、一九九九年
石川健治「自分のことは自分で決める――国家・社会・個人」樋口陽一編『ホーンブック憲法　改訂版』北樹出版、二〇〇〇年
市野川容孝「社会的なものの概念と生命――福祉国家と優生学」『思想』九〇八号、二〇〇〇年
市野川容孝「形容詞からの思考」『社会思想史研究』三三号、二〇〇九年
市野川容孝『社会（思考のフロンティア）』岩波書店、二〇〇六年
伊藤周平『福祉国家と市民権――法社会学的アプローチ』法政大学出版局、一九九六年
伊藤周平「シティズンシップ論と福祉国家の再編」『ポリティーク』一〇号、二〇〇五年
伊藤周平『権利・市場・社会保障――生存権の危機から再構築へ』青木書店、二〇〇七年
伊藤大一「ブレア政権による若年雇用政策の展開――若年失業者をめぐる国際的な議論との関連で」『立命館経済学』五二巻三号、二〇〇三年
井上達夫『共生の作法――会話としての正義』創文社、一九八六年
いぶき福祉会編『障害者福祉がかわる――考えよう！　支援費制度』生活思想社、二〇〇二年
いぶき福祉会編『この街で仲間とともに――障害者自立支援法をこえて』生活思想社、二〇〇八年
岩崎晋也「社会福祉と自由原理の関係について――J・S・ミル、L・T・ホブハウス、A・センの比較検討」日本福祉学会編『社会福祉学』三八巻一号、一九九七年
ヴェーユ、シモーヌ（冨原眞弓訳）『根をもつこと（上・下）』岩波文庫、二〇一〇年
ウォラーステイン、I（山下範久訳）『新しい学――二一世紀の脱＝社会科学』藤原書店、二〇〇一年
ウッド、E・M（平子友長・中村好孝訳）『資本主義の起源』こぶし書房、二〇〇一年
エスピン‐アンデルセン、G（岡沢憲英・宮本太郎訳）『福祉資本主義の三つの世界』ミネルヴァ書房、二〇〇

一年(Esping-Andersen, G., *The Three Worlds of Welfare Capitalism*, Polity Press, 1990)。
Ewald, F., *Der Vorsorgestaat*, aus Französischen ins Deutche von W. Bayer und H. Kochba, Suhrkamp Verlag, 1993 (Titel der Originalausgabe, *L'Etat providence*, Bernad Grasset, 1986)
遠藤美奈「〈健康で文化的な最低限度の生活〉の複眼的理解——自律と関係性の観点から」齋藤純一編『福祉国家/社会的連帯の理由』ミネルヴァ書房、二〇〇四年
大久保史郎「人権論の現段階」『公法研究』六七号、二〇〇五年
太田匡彦「『社会保障受給権の基本権保障』が意味するもの——『憲法と社会保障』の一断面」『法学教室』二四二号、二〇〇〇年
大塚桂『ラスキとホッブハウス——イギリス自由主義の一断面』勁草書房、一九九七年
大西文雄「人権の観念について」『公法研究』六七号、二〇〇四年
尾形健「『福祉』問題の憲法学——『自由で公正な社会』における社会保障制度の意義」『ジュリスト』一二四四号、二〇〇三年
奥平康弘『憲法Ⅲ』有斐閣、一九九三年
奥平康弘「〝ヒューマン・ライツ〟考」和田英夫教授古稀記念論集刊行会編集『戦後憲法学の展開』日本評論社、一九九八年
オコンナー、J(池上惇・横尾邦夫監訳)『現代国家の財政危機』御茶の水書房、一九八一年
小沢弘明「歴史のなかの新自由主義——序論」『歴史評論』六七〇号、二〇〇六年
押久保倫夫「個人の尊厳——その意義と可能性」『ジュリスト』一二四四号、二〇〇三年
重田園江「連帯の哲学」『現代思想』三五巻一一号、二〇〇七年
片岡昇『労働法理論の継承と発展』有斐閣、二〇〇一年
加藤栄一「現代資本主義の歴史的位置——『反革命』体制の成功とその代価」『経済セミナー』一九七四年二月号

金田耕一『現代福祉国家と自由――ポスト・リベラリズムの展望』新評論、二〇〇〇年
紙谷雅子「ジェンダーとフェミニスト法理論」岩村正彦ほか編『ジェンダーと法』岩波書店、一九九七年
川島武宣『所有権法の理論』岩波書店、一九四九年
川島武宣『法社会学における法の存在構造』日本評論社、一九五〇年
川島武宣『民法講義　1』岩波書店、一九五二年
菅孝行編『反差別の思想的地平』明石書店、一九八六年
菅孝行「差異／自然／異常」『年報差別問題研究　2』明石書店、一九九四年
菊池馨実『社会保障の法理念』有斐閣、二〇〇〇年
菊池馨実「社会保障法の理念」『法学教室』二五三号、二〇〇一年
菊池馨実「社会保障法における人間像」『法律時報』八〇巻一号、二〇〇八年
北垣徹「新たな社会契約――フランス第三共和政期における福祉国家の哲学的基礎」『ソシオロジ』一二三号、一九九五年
木田盈四郎『先天異常の医学――遺伝病・胎児異常の理解のために』中公新書、一九八二年
木部尚志「平等主義的正義への関係論的アプローチ――〈運の平等主義〉の批判的考察を手がかりに」『思想』一〇一二号、二〇〇八年
喜安朗『近代フランス民衆の〈個と共同性〉』平凡社、一九九四年
Ginsburg, N., *Class, Capital and Social Policy*, Macmillan, 1979
日下喜一『現代政治思想史』勁草書房、一九六七年
Glover, J., *What Sort of People Should There Be?*, J. Pemguin Books, 1984
Cohen, G. A., "On the Currency of Egalitarian Justice," *Ethics*, No. 99, 1989
小関隆「『アソシエイションの文化』と『シティズンシップ』――世紀転換期イギリス社会をどう捉えるか?」小

関隆編『世紀転換期イギリスの人びと――アソシエイションとシティズンシップ』人文書院、二〇〇〇年
後藤道夫「帝国主義と大衆社会統合――現代帝国主義把握の歴史的構図」後藤道夫・渡辺治編『現代帝国主義と世界秩序の再編（講座現代日本2）』大月書店、一九九七年
後藤道夫「新自由主義の人間観と〈自立〉」『月刊　国民医療』一六六号、二〇〇一年
後藤道夫「日本型社会保障の構造」渡辺治編『高度成長と企業社会（日本の時代史27）』吉川弘文館、二〇〇四年
後藤道夫「最低生活保障と労働市場」竹内章郎・中西新太郎・後藤道夫・小池直人・吉崎祥司『平等主義が福祉をすくう――脱〈自己責任＝格差社会〉の理論』青木書店、二〇〇五年
後藤道夫『戦後思想ヘゲモニーの終焉と新福祉国家構想』旬報社、二〇〇六年
後藤道夫・吉崎祥司・竹内章郎・中西新太郎・渡辺憲正『格差社会とたたかう――〈努力・チャンス・自立〉論批判』青木書店、二〇〇七年
後藤道夫・木下武男『なぜ富と貧困は広がるのか――格差社会を変えるチカラをつけよう』旬報社、二〇〇八年
後藤道夫『ワーキングプア原論――大転換と若者』花伝社、二〇一一年
後藤玲子ほか「対談　所得保障と就労支援――日本におけるワークフェアのあり方」『海外社会保障研究』一四七号、二〇〇四年
ゴフ、I（小谷義次ほか訳）『福祉国家の経済学』大月書店、一九九二年
小柳正弘「『自己決定』の系譜と展開」高橋隆雄・八幡英幸編『自己決定論のゆくえ――哲学・法学・医学の現場から』九州大学出版会、二〇〇八年
小柳正弘『自己決定の倫理と「私－たち」の自由』ナカニシヤ出版、二〇〇九年
斉藤貴男『機会不平等』文藝春秋、二〇〇〇年
佐々木雅寿「人権の主体――個人と団体」『公法研究』六七号、二〇〇四年
笹倉秀夫「基本的人権の今日的意味」岩田正美監修・秋元美世編著『社会福祉の権利と思想（リーディングス

日本の社会福祉5)』日本図書センター、二〇一〇年
笹沼弘志「日本国憲法の哲学と戦後人権論のプロブレマティック」『月刊フォーラム』五一号、一九九四年
笹沼弘志「人権論における近代主義」『法の科学』二四号、一九九六年
笹沼弘志「現代福祉国家における自律への権利」『法の科学』二八号、一九九九年
笹沼弘志「『自立』とは何か」『賃金と社会保障』一四三三／三四号、二〇〇七年a
笹沼弘志「『人間の尊厳』と憲法学の課題」『法学セミナー』六二九号、二〇〇七年b
笹沼弘志「社会保障権における憲法学の成果」『憲法問題』一九号、二〇〇八年
笹沼弘志「生活保護基準設定における大臣の裁量権と立憲主義的規制――老齢加算廃止をめぐって」『賃金と社会保障』第一五二九／三〇号、二〇一一年
佐藤幸治「人権の観念」『ジュリスト』八八四号、一九八七年
佐藤幸治「憲法学において『自己決定権』をいうことの意味」日本法哲学会編『現代における〈個人―協同体―国家〉』有斐閣、一九八九年
サン・グループ裁判出版委員会編『いのち――障害者虐待はどう裁かれたか』大月書店、二〇〇四年
サンデル、M（菊池理夫訳）『自由主義と正義の限界』嶺書房、一九九二年
椎名重明編『団体主義――その組織と原理』東京大学出版会、一九八五年
柴垣和夫「資本主義経済と基本的人権」東京大学社会科学研究所編『基本的人権1（総論）』東京大学出版会、一九六八年
柴田三千雄『バブーフの陰謀』岩波書店、一九六八年
障害者生活支援システム研究会編『どうなるどうする障害者自立支援法（障害者の人権とこれからの社会保障1）』かもがわ出版、二〇〇八年
Sterba, J. P., "Libertarian Justification for Welfare State," *Social Theory and Practice*, No. 11 (3), 1988

シューマッハー、E・F(斎藤志郎訳)『新訂 人間復興の経済』佑学社、一九七七年
ジンメル、G(居安正訳)『貨幣の哲学』白水社、一九九九年(Georg Simmel, *Philosophie des Geldes*, Amaconda Verlag, 2009)
スティグリッツ、J・E(楡井浩一・嶺村利哉訳)『世界の99%を貧困にする経済』徳間書店、二〇一二年
スミス、T(藤原孝ほか訳)『権利の限界と政治的自由』サンワコーポレーション、一九九七年
セン、A(石塚正彦訳)『自由と経済開発』日本経済新聞社、二〇〇〇年
センメル、B(野口建彦・野口照子訳)『社会帝国主義史――イギリスの経験 1895-1914』みすず書房、一九八二年
ダイシー、A・V(清水金二郎訳・菊池勇夫監修)『法律と世論』法律文化社、一九七二年(Dicey, A. V., *Lectures on the Relation Between Law and Public Opinion in England During the Nineteenth Century*, 1914, Transaction Books, 1981)
平子友長「マルクスの経済学批判の方法と形態規定の弁証法」岩崎允胤編『科学の方法と社会認識――実践的唯物論の方法と視角(上)』汐文社、一九七九年
平子友長『社会主義と現代社会』青木書店、一九九一年
平子友長「カント『永遠平和のために』のアクチュアリティ」東京唯物論研究会編『唯物論』七九号、二〇〇五年
平子友長「ハーバーマス『カント永遠平和の理念』批判」藤谷秀・尾関周二・大屋定晴編『共生と共同、連帯の未来――二一世紀に託された思想(哲学から未来をひらく3)』青木書店、二〇〇九年
高橋弦『ドイツ社会保障成立史論』梓出版社、二〇〇〇年
高柳信一『行政法理論の再構成』岩波書店、一九八五年
竹内章郎「『関係Verhältnis』規定と主-客問題」岩崎允胤編『ヘーゲルの思想と現代』汐文社、一九八二年

竹内章郎「ビオスの中のソキエタス」唯物論研究協会編『思想と現代』九号、一九八七年
竹内章郎「いのちを守る」佐藤和夫・伊坂青司・竹内章郎『生命の倫理を問う』大月書店、一九八八年a
竹内章郎「能力の『共同性』と『有用性』」池谷寿夫・後藤道夫・竹内章郎・中西新太郎・吉崎祥司・吉田千秋『競争の教育から共同の教育へ』青木書店、一九八八年b
竹内章郎『「弱者」の哲学』大月書店、一九九三年
竹内章郎「日常的抑圧を把握するための一視角」後藤道夫編『日常世界を支配するもの（ラディカルに哲学する4）』大月書店、一九九五年a
竹内章郎「リベラリズム哲学における『責任』概念の転換」日本哲学会編『哲学』四六号、一九九五年b
竹内章郎『現代平等論ガイド』青木書店、一九九九年
竹内章郎『平等論哲学への道程』青木書店、二〇〇一年
竹内章郎「アーレントの発想は現代の変革に資するか？」吉田傑俊・佐藤和夫・尾関周二編『アーレントとマルクス』大月書店、二〇〇三年
竹内章郎『いのちの平等論——現代の優生思想に抗して』岩波書店、二〇〇五年a
竹内章郎「『反私的所有（権）論』序説——マルクス思想からみた社会福祉基礎構造改革［改悪］と新自由主義」竹内章郎・中西新太郎・後藤道夫・小池直人・吉崎祥司著『平等主義が福祉をすくう——脱〈自己責任＝格差社会〉の理論』青木書店、二〇〇五年b
竹内章郎「現代の優生学的不平等を克服するために」唯物論研究協会編『唯物論研究年誌「戦後日本」と切り結ぶ思想』一〇号、青木書店、二〇〇五年c
竹内章郎「格差・差別・不平等——人権論再興への或る現在的視点（下）」『賃金と社会保障』一四一八号、二〇〇六年
竹内章郎「社会権的なものの『復興』からコミュニズムへ」藤谷秀・尾関周二・大屋定晴編『共生と共同、連帯

の未来——二一世紀に託された思想（哲学から未来をひらく3）』青木書店、二〇〇九年a

竹内章郎「新自由主義廃棄の第一歩——新自由主義の一体性・一重性と現実の矛盾・分裂」東京唯物論研究会編『唯物論』八三号、二〇〇九年b

竹内章郎『平等の哲学——新しい福祉思想の扉を開く』大月書店、二〇一〇年

竹内章郎『新自由主義の嘘』岩波書店、二〇一一年a（二〇〇七年初版）

竹内章郎「ベーシック・インカム論の『労働と所得との分離』論について」日本社会臨床学会編『社会臨床雑誌』一九巻二号、二〇一一年b

竹内章郎「社会権［法］の新たな基礎付けのために——市民権［法］の基礎付けの不備との関連を中心に」名古屋哲学研究会編『哲学と現代』二七号、二〇一二年a

竹内章郎「正義」香川知晶・樫則章編『生命倫理の基本概念（生命倫理学2）』丸善出版、二〇一二年b

竹内章郎・藤谷秀『哲学する〈父《わたし》〉たちの語らい　ダウン症・自閉症の〈娘《あなた》〉との暮らし』生活思想社、二〇一三年

竹内真澄『福祉国家と社会権——デンマークの経験から』晃洋書房、二〇〇四年

田崎慎吾「フランス農業組合の思想的性格」椎名重明編『団体主義』東京大学出版会、一九八五年

田口富久治「先進国革命の国家論」田口富久治編『講座史的唯物論と現代5』青木書店、一九七八年

武田徹『「隔離」という病——近代日本の医療空間』中公文庫、二〇〇五年

只野雅人「『社会権』と『自律』『社会的デモクラシー』」『憲法の基本原理から考える』日本評論社、二〇〇六年

立岩真也『自由の平等——簡単で別な姿の世界』岩波書店、二〇〇四年a

立岩真也「分配論の構図」塩野谷祐一ほか編『福祉の公共哲学』東京大学出版会、二〇〇四年b

田中拓道『貧困と共和国——社会的連帯の誕生』人文書院、二〇〇六年

棚瀬孝雄「共同体論と憲法解釈（上）」『ジュリスト』一二二二号、二〇〇二年

玉木秀敏「自律の価値と卓越主義的リベラリズム」田中成明編『現代法の展望――自己決定の諸相』有斐閣、二〇〇四年
堤未果『ルポ　貧困大国アメリカ』岩波新書、二〇〇八年
恒藤恭「個人の尊厳」尾高朝雄教授追悼論文編集委員会編『自由の法理』有斐閣、一九六三年
Taylor, C., "Atomism," *Justice in Political Philosophy*, Vol. 2, ed. by W. Kymlica, Edward Elgar Publishing Ltd, 1992
テイラー、Cほか著／ガットマン、E編（佐々木毅他ほか訳）『マルチカルチュラリズム』岩波書店、一九九六年
デュルケーム、E（井伊玄太郎訳）『社会分業論』講談社学術文庫、一九八九年
ドゥウォーキン、R（小林公訳）『法の帝国』未来社、一九九五年
ドゥウォーキン、R（小林公ほか彦訳）『平等とは何か』木鐸社、二〇〇二年
トロンブレイ、S（藤田真利子訳）『優生思想の歴史』明石書店、二〇〇〇年
内藤淳『自然主義の人権論――人間の本性に基づく規範』勁草書房、二〇〇七年
中嶋英里「海野幸徳の人種改造論と社会事業学論を巡る『優生学の限界説』の誤り」唯物論研究協会編『平和をつむぐ思想（唯物論研究年誌13）』青木書店、二〇〇八年
中島徹「憲法学における『公共財』」長谷部恭男ほか編『人権論の新展開（岩波講座憲法2）』岩波書店、二〇〇七年
中西新太郎「『自立支援』とは何か」後藤道夫・吉崎祥司・竹内章郎・中西新太郎・渡辺憲正共『格差社会とたたかう――〈努力・チャンス・自立〉論批判』青木書店、二〇〇七年
中西新太郎「社会文化を権利に埋め込む――生存権保障の一視点」『社会文化研究』一三号、二〇一一年
中村剛治郎「現代の公害・環境問題」講座今日の日本資本主義編集委員会編『日本資本主義と国民生活（講座今

日の日本資本主義9)』大月書店、一九八二年
中村睦男「人権観念の歴史的展開」高見勝利編『人権論の新展開』図書刊行会、一九九九年
西垣通「個人とは何か」『思想』九八七号、二〇〇六年
西川勝『ためらいの看護――臨床日誌から』岩波書店、二〇〇七年
西谷敏『労働法における個人と集団』有斐閣、一九九二年
ハンセン病問題に関する検証会議編『ハンセン病問題に関する検証会議最終報告書』日弁連法務研究財団、二〇〇五年
西原博史「〈社会権〉の保障と個人の自律――〈社会権〉理論の50年における〈抽象的権利説〉的思考の功罪」『早稲田社会科学研究』五三号、一九九六年
西原博史「保護の論理と自由の論理」長谷部恭男ほか編『人権論の新展開(岩波講座憲法2)』岩波書店、二〇〇七年
二宮厚美『ジェンダー平等の経済学――男女の発達を担う福祉国家へ』新日本出版社、二〇〇六年
沼田稲次郎『団結権思想の研究』勁草書房、一九七二年
沼田稲次郎『社会法理論の総括』勁草書房、一九七五年
沼田稲次郎『社会的人権の思想』日本放送出版協会、一九八〇年
ネーゲル、T(永井均訳)『コウモリであるとはどのようなことか』勁草書房、一九八九年
Nagel, T., *Equality and Partiality*, Oxford University Press, 1991
ノージック、B(島津格訳)『アナーキー・国家・ユートピア――国家の正当性とその限界(上・下)』木鐸社、一九八五・一九八九年
Harbermas, J., *Theorie des kommunikativen Handelns*, Bd. 2, Suhrkamp Verlag, 1981(丸山高司ほか訳『コミュニケイション的行為の理論(下)』未来社、一九八七年)

Habermas, J., *Der philosophische Diskurs der Moderne*, Suhrkamp Verlag, 1985
Habermas, J., *Einbeziehung des Anderen*, Suhrkamp Verlag, 1996
Habermas, J., *Faktizität und Geltung*, Frankfurt a. M., 1998 (1992)（河上倫逸・耳野健二訳『事実性と妥当性（上・下）』未来社、二〇〇二・二〇〇三年）
Habermas. J., *Zwischen Naturalismus und Religion*, Suhrkamp Verlag, 2005
ハーバーマス、J（高野昌行訳）『他者の受容――多文化社会の政治理論に関する研究』法政大学出版局、二〇〇四年
Hayek, F. A., *The Constitution of Liberty*, Routledge & Kegan Paul Ltd., 1960（気賀健三・古賀勝次郎訳『自由の条件（I～III）』春秋社、一九八六～八七年）
Hayek, F. A., *Law, Legislation and Liberty* 1, The University of Chicago Press, 1973（矢島釣次・水吉俊彦訳『法と立法と自由（I）』春秋社、一九八七年）
Hayek, F. A., *Law, Legislation and Liberty* 2, The University of Chicago Press, 1976（篠塚慎吾訳『法と立法と自由（II）』春秋社、一九八七年）
ハイエク、F・A（田中真晴・田中秀夫訳）『市場・知識・自由』ミネルヴァ書房、一九八六年
ハイエク、F・A（西山千明訳）『隷属への道』春秋社、一九九二年
橋本直人「『人権のための戦争』を許す論理」唯物論研究協会編『平和をつむぐ思想（唯物論研究年誌13）』青木書店、二〇〇八年
長谷部泰男『憲法の理性』東京大学出版会、二〇〇六年
花崎皐平・川本隆史「自己決定権とは何か」『現代思想』二六巻八号、一九九八年
濱真一郎「自律への権利は存在するか」『法律時報』七五巻八号、二〇〇三年
ピアソン、Ch（田中浩・神谷直樹訳）『曲がり角にきた福祉国家――福祉の新政治経済学』未来社、一九九六年

樋口陽一「人権主体としての個人」憲法理論研究会編『人権理論の新展開』敬文堂、一九九四年a
樋口陽一『近代憲法学にとっての論理と価値——戦後憲法学を考える』日本評論社、一九九四年b
樋口陽一『国法学——人権原論』有斐閣、二〇〇四年
ブキャナン、J・M（小畑二郎訳）『倫理の経済学』有斐閣、一九九四年
福島智・星加良司「〈存在の肯定〉を支える二つの〈基本ニーズ〉——障害の視点で考える現代社会の『不安』の構造」『思想』九八三号、二〇〇六年
福祉国家と基本法研究会・井上英夫・後藤道夫・渡辺治編著『新たな福祉国家を展望する——社会保障基本法・社会保障憲章の提言』旬報社、二〇一一年
福本英子『危機の遺伝子——蝕まれる生命、操られる生命』現代書館、一九八二年
藤井樹也『「権利」の発想転換』成文堂、一九九八年
藤田勇「フランス人権宣言と社会主義思想」長谷川正安・藤田勇・渡辺洋三編『フランス人権宣言と社会主義（講座　革命と法2）』日本評論社、一九八六年
藤田宙靖『行政法1（総論）第四版（現代法律学講座6）』青林書院、二〇〇五年
藤谷秀「暴力批判」唯物論研究協会編『暴力の時代と倫理（唯物論研究年誌4）』青木書店、一九九九年
藤谷秀「〈いのち〉の承認と連帯をめぐって」唯物論研究協会編『〈いのち〉の危機と対峙する（唯物論研究年誌17）』大月書店、二〇一二年
フロム、E（佐野哲郎訳）『生きるということ』紀伊國屋書店、一九七七年（E. Fromm, *To Have or to Be*, continuum, 1976）
フレイザー、N／ゴードン、L「〈依存〉の系譜学」仲正昌樹監訳『中断された正義——「ポスト社会主義的」条件をめぐる批判的省察』御茶の水書房、二〇〇三年
Hegel, G. W. F., *Nürnberger und Heidelberger Schriften*, In: Ders., *GEORG WILHELM FRIEDRICH HEGELWERKE*,

in zwanzig Bänden, Bd. 4, Suhrkamp Verlag, 1970

Hegel, G. W. F., *Wissenschaft der Logik, II*, In; Ders., *GEORG WILHELM FRIEDRICH HEGELWERKE, in zwanzig Bänden*, Bd. 6, Suhrkamp Verlag, 1970（武市健人訳『大論理学（中巻）』岩波書店、一九七三年）

Hegel, G. W. F., *Grundlinien der Philosophie des Rechts*, In; Ders., *GEORG WILHELM FRIEDRICH HEGELWERKE, in zwanzig Bänden*, Bd. 7, Suhrkamp Verlag, 1970（藤野渉・赤澤正敏訳「法の哲学」『ヘーゲル（世界の名著35）』中央公論社、一九七八年）

Hegel, G. W. F., *Enzyklopädie der philosophischen Wissenschaften im Grundrisse*, In; Ders., *GEORG WILHELM FRIEDRICH HEGELWERKE, in zwanzig Bänden*, Bd. 8, Suhrkamp Verlag, 1970（松村一人訳『小論理学（下）』岩波文庫、一九七四年）

Hegel, G. W. F., *Vorlesungen über Rechtsphilosopie 1818-1831*, Edition von Karl-Heinz Iltung, Bd. 4, frommann-holzboog, 1978

Baier, A. C., *A Progress of Sentiments*, Havard University Press, 1991

ベルンシュタイン、E（佐瀬昌盛訳）『社会主義の諸前提と社会民主主義の任務』ダイヤモンド社、一九七四年（Bernstein, E., *Die Voraussetzungen des Sozialismus und die Aufgaben der Sozialdemokratie*, Verlag von J. H. W. Dietz Rachs. 1906）

ホジソン、G・M（八木紀一郎ほか訳）『現代制度派経済学宣言』名古屋大学出版会、一九九七年

ホブソン、J・A（高橋哲雄訳）『異端の経済学者の告白　ホブソン自伝』新評論、一九八三年

ホブハウス、L・T（吉崎祥司監訳）『自由主義——福祉国家への思想的転換』大月書店、二〇一〇年（Hobhaus, L. T., *Liberalism*, Oxford University Press, 1911）

ポラニー、K（吉沢英成ほか訳）『大転換——市場社会の形勢と崩壊』東洋経済新報社、一九七五年

堀江孝司「シティズンシップと福祉国家」宮本太郎編『福祉国家再編の政治（講座・福祉国家のゆくえ 1）』ミ

ネルヴァ書房、二〇〇二年
毎日新聞社会部取材班『福祉を食う――虐待される障害者たち』毎日新聞社、一九九八年
マクファーソン、C・B（藤野渉・将積茂・瀬沼長一郎訳）『所有的個人主義の政治理論』合同出版、一九八〇年
マーシャル、T・H／ポットモア、T（岩崎信彦・中村健吾訳）『シティズンシップと社会的階級――近現代を総括するマニフェスト』法律文化社、一九九三年
松井茂記「福祉国家の憲法学」『ジュリスト』一〇二二号、一九九三年
松原洋子「日本」米本昌平・松原洋子・橳島次郎・市野川容考『優生学と人間社会――生命科学の世紀はどこへ向かうのか』講談社、二〇〇〇年
マーフィー、L／ネーゲル、T（伊藤恭彦訳）『税と正義』名古屋大学出版会、二〇〇六年
MEW1（『マルエン全集』第一巻）――『ヘーゲル国法論批判』
MEW3（『マルエン全集』第三巻）――『ドイツ・イデオロギー』
MEW5（『マルエン全集』第五巻）――『パリからベルンへ』
MEW7（『マルエン全集』第七巻）――『フランスにおける階級闘争』
MEW8（『マルエン全集』第八巻）――『ブリュメール18日』
MEW19（『マルエン全集』第一九巻）――『ゴータ綱領批判』
MEW23（『マルエン全集』第二三巻a、第二三巻b）――『資本論』第一巻
MEW25（『マルエン全集』第二五巻b）――『資本論』第三巻
MEW. Ergänzungsband（『マルエン全集』第四〇巻）――『経済学・哲学草稿』
MEGA II/1-1（高木幸二郎訳『経済学批判要綱』II、大月書店、一九五九年）
MEGA II/1-2（高木幸二郎訳『経済学批判要綱』III、大月書店、一九六一年）
MEGA IV/2（山中隆次訳『マルクスパリ手稿』御茶の水書房、二〇〇五年）――『ミル評注』

マルクス、K／エンゲルス、F（渋谷正訳）『ドイツ・イデオロギー』新日本出版社、一九九八年
御輿久美子「健康増進は国民の義務？」『いのちのジャーナル』八一号、二〇〇二年
宮川俊行「自己決定権と『補完性原理』――『選択の自由』の福祉倫理学的考察」『純心現代福祉研究』四号、一九九八年
宮沢俊義『日本国憲法（コメンタール2）』日本評論社、一九九五年
宮本太郎『生活保障――排除しない社会へ』岩波新書、二〇〇九年
宮本章史・諸富徹「『社会的投資国家』の経済思想――スウェーデンにおける積極的労働市場政策の思想的系譜」『思想』一〇四七号、二〇一一年
三好春樹『ウンコ・シッコの介護学』雲母書房、二〇〇五年
ミル、J・S「自由論」関嘉彦編『ベンサム／J・S・ミル（世界の名著38）』中央公論社、一九七九年
民医連（全日本民主医療機関連合会）『民医連新聞』一三七三号、二〇〇六年
村上淳一『近代法の形成』岩波書店、一九七九年
メイヤロフ、M（田村真・向野宣之訳）『ケアの本質――生きることの意味』ゆみる出版、一九九三年
メンダス、S（谷本光男・北尾宏之・平石隆敏訳）『寛容と自由主義の限界』ナカニシヤ出版、一九九七年
毛利健三『イギリス福祉国家の研究――社会保障発達の諸画期』東京大学出版会、一九九〇年
毛利透「市民的自由は憲法学の基礎概念か」長谷部恭男ほか編『人権論の新展開（岩波講座憲法1）』岩波書店、二〇〇七年
茂木俊彦『障害は個性か――新しい障害観と「特別支援教育」をめぐって』大月書店、二〇〇三年
森政稔「産業化と自由、そして連帯」佐々木毅編『自由と自由主義――その政治思想的諸相』東京大学出版会、一九九五年
森政稔「〈政治的なもの〉と〈社会的なもの〉――その対抗と重なり」『社会思想史研究』三四号、二〇一〇年

森村進『ロック所有論の再生』有斐閣、一九九七年
森村進『自由はどこまで可能か――リバタリアニズム入門』講談社現代新書、二〇〇一年
山田晋「福祉契約論についての社会法的瞥見」『明治学院論叢・社会学・社会福祉学研究』第一一七号、二〇〇四年
山田昌弘『希望格差社会――「負け組」の絶望感が日本を引き裂く』筑摩書房、二〇〇四年
Young, I. M., *Justice and the Politics of Difference*, Princeton University Press, 1990
湯浅誠『貧困襲来』山吹書店、二〇〇七年
吉崎祥司「平等と能力の問題をめぐって」『思想と現代』六号、白石書店、一九八六年
吉崎祥司『リベラリズム――〈個の自由〉の岐路』青木書店、一九九八年
吉崎祥司「『自立』の現在的位相――日本の場合」唯物論研究協会第二十九回研究大会シンポジウム、二〇〇〇年（http://www.zenkokuyuiken.jp/）
吉崎祥司「現在の課題としての社会的自由主義」『ポリティーク』四号、二〇〇二年
吉崎祥司「ホブハウス『自由主義』における〈社会的自由主義〉の全体構想」『北海道教育大学紀要（人文科学・社会科学編）』五三巻第二号、二〇〇三年
吉崎祥司「福祉国家をめぐるイデオロギー的対抗の基相」竹内章郎・中西新太郎・後藤道夫・小池直人・吉崎祥司『平等主義が福祉をすくう――脱〈自己責任＝格差社会〉の理論』青木書店、二〇〇五年
吉崎祥司「〈社会的自由主義〉における〈自立〉・〈自律〉」唯物論研究協会『自立と管理／自立と連帯（唯物論研究年誌12）』青木書店、二〇〇七年
吉崎祥司「福祉国家の思想」藤谷秀・尾関周二・大屋定晴編『共生と共同、連帯の未来――二一世紀に託された思想（哲学から未来をひらく3）』青木書店、二〇〇九年
吉崎祥司「社会権の根拠をめぐって」『社会文化研究』一四号、二〇一二年a

吉崎祥司「福祉国家の思想的基礎をめぐるいくつかの問題について――ホブハウス『自由主義』の理論的問題性を主題として」札幌唯物論研究会『唯物論』五六／五七号、二〇一二年b
吉永純「貧困の広がりと繰り返される孤立を直視した生活保護行政を」『賃金と社会保障』一五六六号、二〇一二年
読売新聞社編『完全な赤ちゃん――〇才からの人づくり』白揚社、一九六三年
ラズ、J／森際康友編『自由と権利――政治哲学論集』勁草書房、一九九六年
Rachels, J., *The End of Life*, Oxford University Press, 1986
ラクラウ、E／ムフ、S（山崎カオル・石澤武訳）『ポスト・マルクス主義と政治――根源的民主主義のために』大村書店、一九九二年
リフキン、J（鈴木主税訳）『バイテク・センチュリー――遺伝子が人類、そして世界を改造する』集英社、一九九九年
ルイス、O（高山智博・染谷臣道・宮本勝訳）『貧困の文化』ちくま学芸文庫、二〇〇三年
ルカーチ、G（平井俊彦訳）『歴史と階級意識』未来社、一九六二年（Lukács, G., *Geschichte und Klassenbewußtsein*, Sammlung Luchterhand, 1957）
ルクセンブルク、R（野村修訳）『ローザ・ルクセンブルク選集1』現代思潮社、一九六九年
Locke, J., *Two Treatises of Government (1690)*, *THE WORKS OF JOHN LOCKE*, Vol. 5, Scientia Verlag Aalen, 1963（伊藤宏之訳『全訳　統治論』柏書房、一九九七年）
ローグ、W（南充彦ほか訳）『フランス自由主義の展開　1870〜1914――哲学から社会学へ』ミネルヴァ書房、一九九八年
ロザンヴァロン、P（北垣徹訳）『連帯の新たなる哲学――福祉国家再考』勁草書房、二〇〇六年
ローティ「人権、理性、感情」シュート、S／ハーリー、S編（中島吉広・松田まゆみ訳）『人権について――オ

ックスフォード・アムネスティ・レクチャーズ』みすず書房、一九九八年
ロールズ、J（川本隆史・福間聡・神島祐子訳）『正義論』紀伊國屋書店、二〇一〇年
渡辺憲正「無所有の歴史的ポテンシャル」唯物論研究協会編『所有をめぐる〈私〉と〈公共〉（唯物論研究年誌7）』青木書店、二〇〇二年
渡辺康行「人権理論の変容」岩村正彦ほか編『現代国家と法（岩波講座現代の法1）』岩波書店、一九九七年
渡辺洋三『法社会学とマルクス主義法学』日本評論社、一九八四年

初出一覧

第1章　近代主義的な人権論の限界――社会的自由主義からの問い（初出：「福祉国家の思想――近代主義批判と社会的自由主義」藤谷秀・尾関周二・大屋定晴編『共生と共同、連帯の未来――二一世紀に託された思想』青木書店、二〇〇九年に一部加筆）

第2章　市民に呪縛された法思想の困難（初出：「社会権［法］の新たな基礎づけのために――市民権［法］の基礎づけの不備との関連を中心に」名古屋哲学研究会編『哲学と現代』第二七号、二〇一二年に一部加筆）

補論　ハーバーマス思想の市民権／法依存（書き下ろし）

第3章　近代主義的な社会権論の隘路（初出：「社会権の根拠をめぐって」社会文化学会『社会文化研究』第一四号、二〇一二年の一部、および「福祉国家の思想的基礎をめぐるいくつかの問題について――ホブハウス『自由主義』の理論的問題性を主題として」札幌唯物論研究会『唯物論』第五六／五七号、二〇一二年の一部）

第4章　自立・自律の再定義――社会的自由主義から社会権思想へ（初出：「〈社会的自由主義〉における〈自立〉・〈自律〉」唯物論研究協会編『自立と管理／自立と連帯』青木書店、二〇〇七年に一部加筆）

第5章　格差・差別・不平等への対抗――人権論の再構築に向けて（初出：「人権論再興への或る現在的視点（上）（下）」『賃金と社会保障』第一四一七／一四一八号、旬報社、二〇〇六年に一部加筆）

第6章　将来社会の展望と社会権（初出：「社会権的なものの『復興』からコミュニズムへ――現代コミュニズム論の端緒」藤谷秀・尾関周二・大屋定晴編『共生と共同、連帯の未来――二一世紀に託された思想』青木書店、二〇〇九年に一部加筆）

第7章　社会権の歴史的・現実的根拠（書き下ろし）

第8章　社会権の再構築へ（初出：「社会権の根拠をめぐって」社会文化学会『社会文化研究』第一四号、二〇一二年に一部加筆）

あとがき

本書刊行の母体となったのは、レム研（REM研：Radical Egalitarian Membership）と称している研究会である。このレム研は、唯物論研究協会（一九七八年創設、通称、全国唯研）の会員のなかでも、とくに平等主義的な議論を大事にすべきだと考えつづけている幾人かが、一九九〇年から始めた研究会である。今では、かなり若い仲間も参加してくれて相当な大所帯になり、また福祉国家構想研究会とも連動した活動も行うようになったこのレム研も、当初は、吉田千秋さん（岐阜大学元教授）、後藤道夫さん（都留文科大学名誉教授）、中西新太郎さん（横浜国立大学名誉教授）、中山一樹さん（立命館大学教授）、小池直人さん（名古屋大学教授）に、本書の共著者である吉崎祥司さんと竹内章郎を加えた、団塊世代＋高度成長期世代の七人でスタートした小規模な研究会だった。

レム研では、ほぼ二〜三カ月に一度、これらメンバーのその時々の研究・勉強の大筋を互いに検討しあったり情報交換をしながら、各人の論文や著作などについても報告・批評しあってきた。だからメンバーの九〇年代以降の個々の作品には、レム研での議論が反映されている。レム研での共同研究の直接の成果としては、二〇〇五年の共著『平等主義が福祉をすくう――脱〈自己責任＝格差社会〉の理論』と、二〇〇七年の共著『格差社会とたたかう――〈努力・チャンス・自立〉論批判』（ともに青木書店）がある。

レム研のメンバーは、広い意味では哲学系研究者でまた広い意味でのマルクス主義的な議論を土台としているが、各自の研究・勉強の主題は、現状分析や現代社会論から、青年文化やサブカルチャー、教育哲学や北欧社会論、マルクス思想やリベラリズム、障がい者論や生命倫理、社会保障問題や平等論と、多岐にわたっており、今もそうである。

しかしそうしたなかで、とくに吉崎さんと竹内の二人は、特別意識することもなく、それこそ自生的にかなり以前から、本書が主題とした社会権問題とでも言うべき議論をめぐる研究・勉強を自らの重要な理論的営為にしてきており、互いの議論を参照し合ってきた。しかも当然のことながら、二人は、社会権が軽視されている現状に対して、社会保障や労働保障を真に充実させるためにも、社会権重視の思想の重要性を説くべきだという点で一致しており、そのことは、本書に収録した二人の過去の論文に見られるとおりである。

我々二人にとっては、現下の生活保護制度改悪や高齢者医療縮減をはじめとする社会保障の削減や貧困の深刻化・格差の拡大の根幹に、日本において社会権が真に権利として位置づいてこなかった事実があるのは明白だった。だが、社会保障削減に反対する多くの人びともこの事実に言及することは少なく、そもそも自由権・市民権とは出自も性格も異なる社会権への意識すら薄い一方で、法学者をはじめ学者の多くも、また社会保障の充実を真剣に考える研究者の多くも、社会保障の危機を社会権自体の危機にまでさかのぼってはあまり考えていないようである。手前味噌を承知のうえで言わせてもらえば、我々二人は、こうした社会権それ自体の継子扱いとも言うべき状況に気づくのが早かったのかもしれない――全国唯研会員の竹内真澄氏の『福祉国家と社会権』(晃洋書房、二〇〇四年)などに触発されもしたが。だから本書が示す社会権「再興」といった志向において、共同・協同することができた。もちろん、本書を精読していただければ明らかなように、二人の社会権論には、現時点での力点のおき方などでは、微妙だがしかし大きな相違もあるので、そのあたりは読者の皆さんに評定していただきたい。

顧みればまだレム研もなかった頃に、竹内は、「能力と平等についての一視角――能力主義批判のために」（藤田勇編『権威的秩序と国家』東京大学出版会、一九八七年所収）で、吉崎さんの「教育における平等と能力の問題をめぐって」（唯物論研究協会編『思想と現代』第六号、白石書店）や「能力と平等をめぐって」（札幌唯物論研究会編『唯物論』第三〇号）で展開されている能力主義批判は、竹内の議論と当時有力だった堀尾輝久さんたちの議論とを「媒介するもの」だ、と指摘した。つまり、当時から自説に固執してその正当性ばかりを言い募る竹内が、吉崎能力主義批判は、機会平等のもとでの能力競争の結果を容認しかねない堀尾能力主義批判ほどには非難されるべきではないが、竹内の能力主義批判にまでは至っていない不十分なものだと、横柄にも書いたのである――往時のこの能力主義批判に関心が湧いた方は、上記の論稿に加えて、堀尾さんの『現代教育の思想と構造』（岩波書店、一九七一年）をあわせて読んで検討していただきたい。

上記の拙稿を書いた頃には、吉崎さんと竹内を含む七人の共著『競争の教育から共同の教育へ』（青木書店、一九八七年）を書くための勉強会や全国唯研などで吉崎さんとはよく議論も交わしていたが、上記の竹内の批評に対して吉崎さんが丁寧なコメントを返してくれて、より親密な理論的交流が始まったことが、我々の本格的な理論的共同のきっかけになったように思う。能力主義批判をめぐる上記の応答に最終決着がついたかどうかは、今もって定かではないと竹内は思っているが、本書に結実した内容の端緒は、この応答にあったのは確かであり、それから、おおかた三〇年が経過したことになる。こうした長い「理論的付き合い」が背景にあり、また新自由主義の跋扈を震源とする社会保障の削減やこれへの庶民的抵抗の弱さに切歯扼腕し、なんとかして克服する道筋を見出したいと二人でつくってきたのが本書である。そうしたねらいが成功しているかどうかの判断も、読者諸氏にお任せするしかないが、本書が共同研究のある種のスタイルを皆さんにお伝えできたのではないかとは思っている。

本書作成のきっかけは、二〇一〇年の初秋の頃だった思うが、二〇一一年春に吉崎さんが北海道教育大学を定年退職するさいの記念としても書籍を刊行したいと竹内が考え、出版自体がかなり遅れることになるのは承知のうえで、幾つかの二人の既発表の原稿を手にしながら、「これまで二人が、『独立に』書いてきたものだけど、こうやってよくよく見直してみると、また互いの議論を補い合えば、社会権思想に関するかなり斬新な問題提起的な共著ができるでしょう?」と、吉崎さんにもちかけたことによる。それから本書用に新たに書き起こした論稿にかなり時間を要したこともあり、足掛け八年も経過してようやく刊行の運びとなったのだから、吉崎さんの「退官記念本」としては本書はいかにも間が抜けているかもしれない。けれども、定年退職後もそれ以前と同じように旺盛な理論活動を続けてきた吉崎さんの姿を証明するような記念にはなったのではないかと思うし、こうした本のつくり方があってもよいとも思っている。

今後も吉崎さんとは、本書を基盤に社会権思想を近代思想全般や哲学的諸潮流のなかに位置づけて、社会権思想の深化拡大をはかりうるような理論的共同に取り組みたいと考えている。最後になるが、本当に出版事情が厳しいおりに、こうした理論書の出版のために尽力してくれた大月書店編集者の角田三佳さんに、心からの感謝の意を表したいと思う。

〈付記〉

二〇一六年七月末、津久井やまゆり園で一九人もの重度の障がいをもった人が、この園の元職員によって惨殺された。犯人の言動に〈重度障がい者を殺す権利を与えよ〉〈障がい者は不幸を生むだけだ〉といった優生思想を地でいくものがあり、しかも事件が、同年四月の障害者差別解消法の施行直後だったことは、本書の内容とも少なからず関わりがあるように思う。差別解消法が、禁止法にはならず違反への罰則規定ももたず、主眼とされる障がい者への「合理的配慮」も「過重な負担」とならない限りとされるなど、社会権/法的領域のなかに位置づく同法が中途半端なものになったり、優生思想がここまで根深く浸透していることの背景には、やはり現存の社会権/法全般の脆弱さがあるように思う。

竹内章郎

二〇一七年初春

執筆者

竹内章郎（たけうち　あきろう）

岐阜大学教授　1954年生まれ

主な著作：『現代平等論ガイド』（青木書店，1999年），『いのちの平等論――現代の優生思想に抗して』（岩波書店 2005年），『新自由主義の嘘』（岩波書店，2007年），『平等の哲学――新しい福祉思想の扉をひらく』（大月書店，2010年）

吉崎祥司（よしざき　しょうじ）

北海道教育大学特任教授　1945年生まれ

主な著作：『リベラリズム――〈個の自由〉の岐路』（1998年，青木書店），『階級・ジェンダー・エスニシティ――21世紀社会学の視覚』（共著，2001年，中央法規出版），『格差社会とたたかう――〈努力・チャンス・自立〉論批判』（共著，2007年，青木書店），L.T.ホブハウス『自由主義――福祉国家への思想的転換』（監訳，2010年，大月書店）

DTP　岡田グラフ

装幀　鈴木　衛（東京図鑑）

社会権――人権を実現するもの

2017年3月21日　第1刷発行

定価はカバーに表示してあります

著　者　竹内章郎　吉崎祥司

発行者　中川　進

〒113-0033　東京都文京区本郷2-11-9

発行所　株式会社　大月書店

印刷　太平印刷社

製本　ブロケード

電話（代表）03-3813-4651　FAX 03-3813-4656　振替00130-7-16387

http://www.otsukishoten.co.jp/

ISBN978-4-272-43100-7　C0010　Printed in Japan